독립연구자 정태인 칼럼모음(2004~2020)

신랄하지만
따뜻하게

I

진인진

독립연구자 정태인 칼럼모음(2004~2020) 신랄하지만 따뜻하게 Ⅰ

초판 1쇄 발행 | 2024년 6월 27일

지은이 | 정태인
편   집 | 배원일, 김민경
발행인 | 김태진
발행처 | 진인진
등   록 | 제25100-2005-000003호
주   소 | 경기도 과천시 관문로 92, 101-1818
전   화 | 02-507-3077-8
팩   스 | 02-507-3079
홈페이지 | http://www.zininzin.co.kr
이메일 | pub@zininzin.co.kr

ⓒ 정태인 2024
ISBN 978-89-6347-600-1 03300

* 책값은 표지 뒤에 있습니다.

발간사

고 정태인 박사가 떠난 지 1년반이 지났다. 1주기에 맞춰 그가 남긴 글과 추모포럼 발표문, 토론문과 추도사를 모아 책으로 내기로 했다. 유고집과 추모집을 겸한 한 권의 책을 생각하고 시작했지만 중간에 욕심을 내어 그가 오랜 기간 여러 지면에 남긴 글들을 모아 3권의 책이 되었다. 그로 인해 작업시간이 늘어나고 출간도 늦어졌지만 보람은 조금 더 커졌다.

이 책은 그 3권 중 고인의 칼럼들을 모은 칼럼집이다. 2권으로 된 책에 실린 글들은 그가 2004년부터 2020년까지 16년간 신문, 잡지에 쓴 칼럼들이다. 경향신문에 실린 글이 82건, 시사인과 한겨레 신문/한겨레21에 쓴 글이 각각 71건, 28건이다. 이렇게 모으니 181편, 600쪽 분량이었다. 칼럼들을 주제별로 10개 그룹으로 분류해서 묶었는데 분량을 고려해서 2권으로 나누었다. 고인의 관심사가 변화하는 모습을 입체적으로 살필 수 있도록, 발표 시기와 발표 매체를 기준으로 분류한 칼럼 전체 목록을 책 뒷부분에 붙였다.

1권에는 생태위기, 세계경제와 자유무역협정, 사회적경제와 사회혁신, 세계경제, 동북아 정세, 한반도와 남북관계 등 6개 주제의 글들을 실었고, 2권에서는 문재인 정부의 경제정책, 박근혜 정부의 경제정책, 한국경제 시평, 한국사회 위기분석 등 4개 주제의 글들을 담았다. 서론에 해당하는 글을 1권 맨 앞에 배치했는데 칼럼 제목은 '젊은 그들의 혁명을 지지한다' 로 2020년 12월 20일에 경향신문에 기고한 글이다. 내용으로나 시기적으로나 칼럼집의 성격을 대변한다고 생각한다.

생전에 '독립연구자'로 자신을 소개한 정태인은 청년 시절 마음으로 따랐던 '원조' 독립연구자 박현채가 그랬듯 정언명령(定言命令)처럼 주어진 현실상황을 마주하며 치열하게 고민하고 최선을 다해 글로 표현함으로써 조금이라도 더 나은 세상을 향한 길을 내려 했다. 여기 칼럼집에 실린 글에서는 그때그때 우리사회가 마주한 현실에서 보이지 않는 길을 찾던 그의 고민이 담기고 때로 분노와 몰입된 감정, 호흡까지도 전해지는 듯하다.

그런 글들을 한 데 모았다. 그때가 언제일지 또 그들이 누구일지 지금은 알 수 없지만 반드시 그처럼 새로운 사회로의 전환을 꿈꾸며 헌신하는 후배, 후학들이 있으리라 믿는다. 그때, 그들에게 무형의 자산으로 전승되는 데 필요한 최소한의 아카이브가 만들어진 느낌이다. 그 기록들을 정리해서 내어놓는 일을 마무리하게 되니 안도감과 함께 약간의 뿌듯함도 느껴진다.

책 발간까지 여러분의 도움과 수고가 있었다. 먼저 칼럼들을 묶어서 책으로 발간하고 싶다는 제안에 동의해주고 게재를 허락해준 경향신문, 시사인, 한겨레 신문에 감사의 마음을 전한다. 다음으로 추모 포럼에서 책 발간까지 제법 긴 시간 도움을 준 그의 동지이자 후배들인 김병권, 이진순, 이수연, 조현경, 한영섭에게 감사한다. 또 그와 오랜 인연을 이어온 진인진 출판사 김태진 사장에게 고마움을 전한다. 김태진 사장은 가장 적극적으로 칼럼집 출간을 제안해주었다. 책의 표지 디자인은 고인의 배우자 차정인 작가가 맡아주었다. 차정인 작가는 전문 일러스트레이터(삽화가)이자 아티스트북 작가이다. 고인의 생각과 삶의 기록을 묶어 펴내는 책이기에 의미도 있었지만 부담도 컸을 것 같다.

마지막으로 추모행사와 책 발간을 위한 크라우드 펀딩(crowd funding)에 참여해준 분들께 감사드린다. 덕분에 추모행사에 이어 책 발간까지 계획했던 일들이 어려움 없이 마무리될 수 있었다. 책 발간이 많이 늦어졌는데 기다려주고 격려해주어서 큰 힘이 되었다. 이 분들께 3권의 책을 바친다.

정태인 추모행사 기획에 함께한 사람들을 대표해서
정건화

2024.6.15

차례

....

서론
젊은 그들의 혁명을 지지한다

어쩌다 보니 서로 다른 매체에서 연이어 혁명을 부추기고 있다. 2015년에는 날로 치솟는 불평등 지수를 보면서 아이들에게 "차라리 혁명을 준비하렴"이라며 선동했고(한겨레, 6·1) 작년에는 전 세계의 젊은이들과 함께 기후위기에 맞선 툰베리의 이야기에 "아이야, 혁명의 때가 왔구나" 하고 환호했다(시사IN, 11·8). 이제 세 번째이자 마지막이다.

　지금 한국의 불평등은 피케티의 β를 기준으로(국민순자산/국민소득) 마르크스가 2년에 한번씩 혁명을 (그릇) 예언했던 1870년대보다 더 심하다. 옛날 같으면 혁명을 꿈꿨음직한 가장 '발칙한' 아이들이 "갭투자" "암호화폐" "다단계 판매"와 같은 각자도생의 길을 택했다.

　스스로 1987년 민주화 대투쟁의 주역이라고 자랑하는 왕년의 혁명가들은 정권이 위태로워질 때가 되어서야 겨우 종합부동산세 인상을 받아들였다. 물론 선거 기간 동안은 이미 충분히 낮은 종부세마저 올리지 않겠다고 다짐해서 부동산 가격 폭등을 부추겼다. 1987년생 국회의원 장혜영이 "사랑도 명예도 이름도 남김없이 싸우겠다던 심장이 어째서 식어버린 것이냐"고 질타했지만 누구 하나 부끄러워했다는 얘기는 들리지 않는다. 그들이 과반을 차지한 '혁명의회'는 '중대재해기업처벌법'도 외면했다. 그들이 표를 호소해야 할 사람들은 아파트 가격과 아이들 입시에 목숨을 거는 상위 10%, 그리고 이들이 만든 죄수의 딜레마 게임에 속절없이 끌려들어 가는 중산층이지, 산업재해로 하루 6명씩 죽어가는 하층 노동자들이 아니 다. 1992년생 국회의원 류호정이 고 김용균의 복장으로 호소를 해도 그들 은 여전히 웃만 바라봤다.

바이든 미국 대통령 당선자가 2050년 '넷제로'를 선언하고 시진핑 중 국 국가주석마저 2060년을 최종 시한으로 지목하자, 한국이 기후악당이 라는 사실을 부정했던 문재인 대통령도 10월 28일 국회에서 2050년 '탄소 중립'을 선언했다. 하지만 파리협정에 따라 제출한 실행계획(NDC)은 '적 폐 정부'가 제출했던 감축목표(30년 BAU 대비 37%)를 기준만 바꾼(17년 배출 량 대비 24.4%) 것이다. 탄소 배출 감축은 걸레의 물을 짤 때처럼 처음엔 쉽 지만 뒤로 갈수록 어려워진다. 그래서 2030년까지 10년 동안 절반가량을 감축해야 한다는 건데, 기후운동 시민단체가 3.5℃안이라고 평가한 수치, 즉 전 세계가 한국처럼 탄소 배출을 줄이면 2050년 지구 온도를 1.5도 한 계의 두배 이상 오르게 만들 값이라고 평가한 과거 수치를 그대로 제출한 것이다. 그뿐만 아니다. 전 세계 경제학자들이 탄소 배출을 줄이는 유력한 수단이라고 인정한 탄소세도 "아직 도입을 말할 단계가 아니라"는 것이 경 제부총리의 인식 수준이다. 생태위기는 지극히 정치적인 문제지만 실제로 목숨이 걸린 청년들의 목소리는 아직 약하고, 그보다 어린 세대는 투표권 조차 없다.

한국은 코로나19 방역 모범국으로, 방역과 경제에 성공한 동아시아 5 개국에 속했다. 하지만 지난 5월 바이러스의 극성이 잦아들자 한국 정부는 경제적 어려움을 풀자며 재빨리 방역을 완화했고 반대로 위험 신호에는 미적미적 반응했다. 늦은 봄부터 여름 내내, 가을의 대유행에 대비해서 방 역자원을 강화해야 한다는 목소리가 높았지만 정부와 국회는 예산에 반영 하지 않았다. 그리고 지금 기하급수로 사망자가 늘어나고 있는데도 복지부 장관은 방역 강도를 높이라는 전문가들에게 "경제를 모른다"고 훈시했다. "방역이 곧 경제"라는 사실을 전 세계가 거듭 입증했고 한국은 그 모범 사례였는데도 말이다.

위기는 시시각각 닥쳐오는데 적폐를 청산한다는 정당은 무능할 뿐 아니라 오만하기까지 하다. 절망은 죽음에 이르거나, 아니면 혁명을 낳는다. 투기는 탈출로가 아니라 파멸의 길이다. 미국이나 유럽에서 본 대로 거대 정당들이 야합할 때 절망에 빠진 국민들은 폭력적, 배타적, 고립주의적 포퓰리즘이라는, 사이렌의 유혹에 곧잘 넘어간다. 이런 개인적, 집단적 퇴행을 모두 막을 수 있는 것도 혁명이라는 이름으로 불렸던 어떤 사건이다.

고백하건대 어떻게 해야 혁명을 할 수 있는지 나는 잊었다. 아니 알 수 없다. 단지 배신하지 않았다고 해서 이미 굳어버린 사고와 감성으로 미래의 길을 가늠할 수 없기 때문이다. 다행히 17살 툰베리는 비전을 보여줬고 영화감독 이길보라는 연대의 공동체라는 열쇠를 제시했다. 소수의 청년 정치인들은 한 걸음씩 그 희망을 향해 내딛고 있다. 우리는 들불이 되지 않으면 촛불도 희망으로 이어지지 못한다는 사실을 생생히 보았다. 이미 시작된 그들의 혁명을 온몸으로, 또 진심으로 지지한다.

경향신문 / 정태인의 경제시평 / 2020.12.22.

1부
생태위기

'탄소중립', 때 놓치고 후회할 텐가

'2050 탄소중립 추진전략'은 '정의로운 전환'을 수용했다는 점에서 환영받을 만하다. 되도록 빨리 탄소세를 도입해야 하는데 아직은 한가하다. 대통령이 직접 회의에 참여해 실행을 주도해야 한다.

드디어 나왔다. 대통령이 10월 28일 '탄소중립(넷제로)'을 선언한 지 한 달열흘 만에 정부는 '2050 탄소중립 추진전략'을 발표했다. 한국판 뉴딜에 그린 뉴딜이 추가된 7월 14일부터 치면 거의 5개월 만이다.

보고서는 깔끔했다. '적응적 감축'에서 '능동적 대응'으로 탄소중립, 경제성장, 삶의 질 향상을 동시에 달성하겠다는 비전도 올바르고, '1. 경제구조의 저탄소화 2. 신(新) 유망 저탄소산업 생태계 조성 3. 탄소중립 사회로의 공정 전환'으로 짠 3대 정책 방향도 훌륭하다. 특히 '공정 전환'이라는 이름으로 흔히 생태운동에서 주장하는 '정의로운 전환'을 수용한 데 대해 아낌없는 박수를 보낸다.

보고서는 각국의 탄소중립 선언 가속화, 특히 중국(2060년)과 일본의 선언이 압박을 가했고, 유럽연합(EU)의 탄소국경세 논의나 자동차 배출규제 강화, 플라스틱세 신설 등 곧 닥칠 압력이 직접적 계기가 되었음을 숨기지 않는다.

탄소중립의 제도적 기반 강화를 위해 '탄소가격 시그널 강화+탄소중립 분야 투자확대 기반 구축'을 잡은 것도 우리 정부가 핵심 고리를 알고 있다는 증거다. 탄소배출 저감 목표를 달성할 때까지 계속 올라가는 탄소가격은 국내 행위자들에게 명확한 신호를 보낼 뿐 아니라, 글로벌 공유지의 비극을 해결할 수 있는 방책이기도 하다(시장이 무임승차자를 응징하게 만드는 방법이다).

　　다만 탄소가격 시그널 강화를 위해 "세제, 부담금, 배출권 거래제 등 탄소가격 부과 수단을 종합적으로 검토해 가격체계를 재구축하겠다"라는 대목에 이르면 의구심이 불쑥 솟아오른다. 2019년 1월16일 노벨 경제학상 수상자 27명을 포함한 37명의 경제학자가 '탄소배당 경제학자 선언'을 발표했다. 미국의 주류 경제학자 대부분이 서명했을 만큼 탄소세는 탄소가격 매기기의 확실한 수단으로 인정받았다. 하지만 아나나 다를까, 홍남기 경제부총리는 기자들과의 일문일답에서 "탄소세는 종합적으로 검토해서 방침을 결정할 것…, 현 단계에서 탄소세 도입 여부 등에 대해 말하기는 적절하지 않다"라고 말했다. 정부가 2015년 도입한 탄소배출권 거래제에 미련을 가지고 있는 것은 분명하고, 새로운 세제의 도입은 언제나 격렬한 저항을 부르니 이해할 만도 하다.

　　그러나 탄소배출권 거래제는 시행 4년 만에 탄소가격을 t당 36달러까지 높인 적이 있음에도 한국의 탄소배출량은 계속 증가했다. 한전이 화력발전소에 가격의 80%를 보조했고 BAU(온실가스 배출 전망치)에 맞춰 무상으로 배출권을 배당했는데도 가격이 36달러까지 올라간 것은 기업들이 미래의 탄소가격 상승을 예측해서 배출권을 매집한 데 기인한 것일 테다. 한국보다 먼저 도입되어 제도적으로 성숙한 유럽의 탄소배출권 거래시장도 가격 변화가 심해서 '시장에 명확한 시그널'을 보내는 데 실패했다. 가능한 한 빨리 탄소세를 도입해야 하는데 이제야 용역을 준다니 한가하다(탄소세 항목은 말미의 추진 일정에 나오지도 않는다). 홍 부총리는 종부세 인상을 미루고 미루다 부동산 가격 안정에 실패했다는 사실을 기억해야 할 것이다.

대통령이 참여하는 탄소중립위원회 빨리 구성해야

때를 놓쳐 한탄하는 상황은 앞으로도 계속될 듯하다. 보고서가 제시한 '정책 캘린더'에는 내년 6월까지 탄소중립 시나리오를 짜고, 추진전략이 마무리되는 것은 내년 말이며, 2023년까지 국가계획에 반영한다고 적혀 있다. 우리는 2030년까지 일단 탄소배출량을 2010년 대비 45% 이상 감축해야 하는데, 10년 중 3년을 계획 짜는 데 허비하겠다는 얘기다. 더 서둘러야 한다.

　　마지막으로 탄소중립을 실천해나갈 '탄소중립위원회'를 되도록 빨리 구성하고('사회적경제위원회' 설립 법안은 3년 6개월이 넘도록 국회 문턱을 넘지 못했다), 대통령이 모든 회의에 직접 참여해서 결정한 사항을 해당 부처가 즉각 실천해야 한다고 신신당부한다. 지금 우리 눈앞에 닥친 기후위기는 그리 한가하지 않다. 뭐 하나라도 당차게 실행하는 모습을 보여줘야 지금도 신심을 잃지 않은 추종자들에게 면이 서지 않겠는가?

시사인/ 629호 / 2020.12.22.

동아시아 방역이 '선방'한 이유

올 한 해 내내 전 세계를 뒤흔든 바이러스의 '활동기록', 각국의 신규 확진자나 사망자의 변화 추이를 살펴본다. 마찬가지로 지나치게 간단한 지표지만 경제성장률도 함께 들여다본다.

바이러스 관련 지표는 세 가지 유형으로 명확히 구분된다. 첫 번째 미국형은 신규 확진자나 사망률 모두 일정한 비율로 증가했고(1, 2, 3차 파동이라고 부르는 세 번의 낮은 봉우리는 확인되지만) 10만명당 총 사망자가 한국의 약 80배에 이른다. 다음은 유럽형이다. 바이러스는 뚜렷하게 1, 2차 파동을 보이며 10만명당 사망자는 가장 좋은 성과를 보인 핀란드나 노르웨이도 한국의 약 6배다(영국과 스페인, 이탈리아 등은 미국보다도 많다). 중국, 한국, 대만 등 동아시아 유형은 신규 확진자나 사망자 양쪽에서 탁월한 성과를 보였다. 현재 2차 파동을 맞고 있지만 아직은 의료자원이 붕괴되지 않아서 사망자가 급증하지 않는다. 미국형의 그래프 모습이 수평을 그리는 것은 실제의 봉쇄(lock-down)가 제대로 이뤄진 적이 없기 때문일 것이다.

경제는 유럽이 최악이어서 각국 성장률은 -10%를 기준으로 넓은 분포를 보인다. 사실상 '집단면역' 가설을 택한 미국과 스웨덴은 -5% 언저리, 동아시아 국가들은 0% 정도의 성장률을 기록할 것으로 보인다. 중간 정도의 방역을 꾸준히 한 동아시아 국가들이 탁월한 성장률을 기록했고, 자유방임에 가까운 미국이 중간 정도의 성적을 거뒀다. 반면 방임과 강력한 봉쇄를 반복한 유럽의 경제는 처참하다.

이러한 '방역 다양성'은 저 유명한 '자본주의 다양성 이론'으로 설명할 수 없다. 예컨대 가장 강력한 대통령제와 다수대표제를 지닌 동아시아는 비례대표제의 유럽보다 더 나은 성과를 보였다. 경제와 방역을 동시에 고려할 때, 일반 신뢰나 정부에 대한 신뢰라는 면에서 완전히 반대쪽에 있는 미국과 스웨덴이 같은 집단에 속한다. 가장 나은 것으로 평가되는 국가보건체제(NHS)를 지닌 유럽 나라들도 바이러스에 잘 대응하지 못했지만 (의료재정의 축소가 결정적인 것으로 보인다), 민간의료보험 체제를 지닌 미국보다는 나았다(단, 영국과 이탈리아, 스페인 등은 비슷하다).

　　경제와 방역을 동시에 고려할 때, 미국과 유럽 중 어느 쪽이 나은가는 사망자의 가치를 얼마나 높게 평가하느냐에 따라 다르게 평가될 것이다. 그러나 동아시아는 그 가치를 어떻게 평가하든 방역과 경제를 합친 점수에서 다른 지역을 압도했다. 이 결과는 흔히 아시아 하면 떠오르는 부정적 이미지, 즉 전체주의나 민주주의의 결여로 설명할 수 없다. 분명히 프리덤 하우스 등의 일반적인 기준으로 볼 때 중국과 싱가포르는 권위주의 국가에 속하지만 한국과 대만은 민주주의 국가로 분류된 지 오래다. 즉 정부의 권위가 만들어냈든, 자발적으로 만들었든 이들 나라의 시민들은 마스크 쓰기 등 바이러스와 싸우기 위한 규칙을 지켰다. 말하자면 모두의 생명이라는 공동의 목표를 달성하기 위해 이들은 오스트롬의 '자치의 원칙'을 제대로 실천한 셈이다.

　　이런 성과는 이제 빛이 한참 바랬지만 중국의 경제성장을 설명하기 위해 지금도 종종 불려 나오는 '동아시아의 기적'을 연상케 한다. 국내의 자원을 총동원해서 경제성장이라는 공동의 목표를 달성한 모델이 방역에서도 힘을 발휘한 것은 아닐까? 반면 대륙형 코포라티즘이든, 앵글로색슨형 시장구율이든 제도가 촘촘해지면서 개인주의가 공동체적 규범을 대체해버린 서방은 지리멸렬했다. 〈정의란 무엇인가〉로 한국에서 대대적인 인기를 끈 샌델 교수는 최근 발간된 〈능력의 횡포〉에서 "성공을 향한 끝없는 개인 간 경쟁"을 강력하게 비판했다. 즉 공동선을 달성하기 위한 공동체적 규범의 붕괴가 미국(과 유럽) 사회의 분열과 포퓰리즘을 초래했으며 미국의 민주당(과 유럽의 사회민주당)도 여기에 일조했다는 것이다.

지난 칼럼('전쟁기의 정책')에서 언급한 기후위기와 불평등위기는 바이러스 위기처럼 모두의 생명과 사회 자체를 위협한다. 두 위기로부터의 탈출이 절체절명의 공동 목표가 되고, 수긍할 만한 정책 수단이 제시된다면, 어쩌면 동아시아 모델은 또 한번 기적을 이룰 수 있을지도 모른다. 문제는 정치가 이런 역할을 할 수 있을 것이냐에 달려 있다. 특히 불확실성으로 가득 차 있기에 끝없이 전술을 보완해야 하는 전쟁에서 민주적 동아시아 모델은 유일한 희망일지도 모른다. 물론 샌델이 지적했듯이, 시장경쟁만이 문제를 해결할 수 있고, 여기서 발생한 승패를 개인의 능력(과 노력)의 결과로 치부하는 정치집단은 실패할 것이다. 공동체 민주주의의 정신을 지닌 정당과 지도자야말로 동아시아적 잠재력을 실현할 수 있을 것이며, 두 위기 해결에서 모범을 보인다면 우리는 바야흐로 '제3지대'를 선도하는 역할을 할 수 있게 될 것이다. 미국 민주당을 모델로 삼고 있는 한국의 민주당은 지금, 아직 그 힘을 보여주고 있는 우리의 공동체정신마저 해체하고 있는 것은 아닐까?

경향신문 / 정태인의 경제시평 / 2020.11.24.

말세를 맞은 한반도의 자세

기후위기와 경제위기가 인류를 위협하고 있지만, 세계 1, 2위 국가는 사사건건 대립하고 있다. 지금 어느 쪽에 붙을까 고심할 때가 아니다. 모든 제3국과 함께 두 거인에게 요구해야 한다.

내 60 평생만 놓고 봐도 이렇게 어마어마한 일들이 동시에 터진 경험은 없었던 거 같다. 옛 어른들이 입에 달고 다니던 "말세여, 말세"가 실감난다.

먼저 50일째 계속되어 역대 최장이었던 2013년의 49일, 그리고 가장 늦게 끝났던 1987년의 8월10일 기록을 갈아 치워버린 '장마'. 8월12일 오전 10시30분 기준 41명이 사망하고 9명이 실종됐다.

"나비효과처럼 북극과 시베리아에서 발생한 기후변화로 인해 우리나라를 비롯한 동아시아 지역에 비를 퍼붓는 파생효과가 나타났다"라고 기상청은 말했다. 지난 6월20일 세계에서 가장 추운 지역으로 알려진 시베리아 베르호얀스크 마을의 수은주가 38℃를 가리켰고, 예년보다 5℃ 이상 높았던 기온 때문에 발생한 시베리아 산불은 115만ha의 산림을 태웠다. 과학자들은 인간이 유발한 기후변화를 빼고는 설명이 거의 불가능하다고 결론을 내렸다. 앞으로도 시베리아의 기온이 계속 높아진다면 올해와 같은 장마나 가뭄이 계속되리라는 얘기다.

'초협력자' 인간이 수만 년 동안 터득한 협동

모든 나라, 모든 지역, 모든 사람이 2030년까지, 2010년 대비 탄소 배출을

45% 줄이기 위해 할 수 있는 모든 행동을 당장 실천해야 한다. 이산화탄소 배출 7위에 빛나고 국내총생산(GDP)당 에너지 효율성 최하위권인 한국 정부는 말 그대로 무임승차를 즐기고 있다. 대통령은 "기후 악당"이라는 비난을 이해할 수 없다고 말하며, 시민사회의 아우성으로 '한국판 뉴딜'의 한 자리를 차지한 '그린 뉴딜'은 가히 '느린 뉴딜'이라는 비아냥을 들을 만큼 한가하기 그지없다. 천문학적 돈을 들여 한국 재벌의 국제 경쟁력을 유지하기만 하면 이 문제가 해결된다는 말인가? 문재인 정부는 전 인류가 걸린 '공유지의 비극'을 솔선수범 구현하고 있다.

아직도 고개를 수그리지 않는 코로나19 바이러스 역시 기후위기와 같은 뿌리를 가지고 있다. 경제학이 당연하다는 듯 가정한 인간의 무한한 욕망은 자연을 파고들었고, 삼림의 동물과 공생하던 바이러스가 인간을 숙주로 삼았다. 태양의 불꽃을 닮았다고 하여 코로나라는 접두사가 붙은 이 바이러스는 계속 돌연변이를 만들어 우리를 공격할 것이다. 바이러스 하나에 5000만 명이 감염되고 수십만 명이 죽어나가는 중이다. 지금처럼 자연을 계속 파괴하면 코로나19는 코로나22, 코로나24로 진화할 것이 분명하다.

'초협력자' 인간이 수만 년 동안 스스로 터득한 협동을 글로벌 수준으로 확대해야 인류는 생존의 실마리를 찾을 수 있다. 불행하게도 세계 1, 2위 국가는 사사건건 대립하고 있다. 코로나19의 발원지가 어딘가라는 극히 쓸데없는 논쟁을 하면서, 17만 명 이상 사망자를 낸 미국은 세계보건기구(WHO)마저 무력화하고 있다. 미국은 세계 2위의 이산화탄소 배출국이면서 그나마 겨우 만든 파리협정도 무단으로 탈퇴했다. 부동의 1위 중국은 그저 성장에 목매달고 있다.

전 세계 유수의 나라들이 일제히 마이너스 성장률을 기록한 경우는 자본주의 역사상 없었을 것이다. 이에 버금가는 위기를 맞았던 2008년에는 20개의 힘 있는 나라들(G20)이 공동의 대책을 마련했다. 이번에는 반대

다. 이미 상호 관세 보복을 일삼던 두 거인은 아예 생산 사슬을 분리하려고
한다.

바로 투키디데스 함정(신흥 강국의 부상으로 전쟁이 발발하는 것)이 불러온
근시안이다. 패권국의 교체기에 어김없이(16건 중 12건) 나타난 투키디데
스 함정은 21세기에 이르러 두 나라 간의 전쟁뿐 아니라 이제 세계 모든 나
라, 인류의 절멸을 불러온다. 지금 어느 쪽에 붙을까, 어떻게 눈에 안 띌까만
고심할 때가 아니다. 모든 제3국과 함께 두 거인에게 싸움을 멈추고 기후위
기와 경제위기에 힘을 모으라고 목소리를 높여야 한다. 우리부터 제대로 된
'그린 뉴딜'을 실천해야 한다. 한반도의 두 나라가 먼저 '평화체제'를 선언하
고 두 거인에게 상응하는 조치를 요구해야 한다. 몸집만 거대한 강대국들
에게 제발 눈을 뜨고 멀리 보라고 소리쳐야 한다. 협동을 외쳐야 한다.

시사인 / 677호 / 2020.09.12.

생태위기 극복의 조건

현재 코로자19의 신규 확진자 수는 248명(31일 0시 기준)이다. 지난 2월 27일 909명의 정점 이후 두 번째 최고치였던 8월 27일의 확진자 441명에 비하면 나흘 만에 200명 가까이 줄었다. 바이러스와 함께한 7개월여 동안 몇 가지 사실이 확실해졌다. 이 바이러스는 마치 인간과 게임을 하듯, 정부와 시민의 경각심이 높아지면 슬그머니 숨었다가, 약간만 풀어지면 즉각 발호한다. 아시아형, 유럽형의 이름이 붙을 만큼 시간과 장소에 따라 변형(진화)하고, 한번 걸려서 완치된 사람이 다시 감염되는 사례도 나타났다. 백신에 의한 항체도 재생산이 잘 안 될 것이라는 연구 결과도 나오는데, 이 바이러스는 모든 전문가들의 예상을 뒤엎고 여름에도 기승을 부렸다.

다행히 바이러스 감염을 통제하는 요령도 뚜렷해졌다. 첫째, 마스크 쓰기와 물리적 거리 두기 등 시민의 자발적 협력은 바이러스 통제에 필수적이다. 둘째, 국가의 강력한 방향 설정이 중요하다. 중국과 같은 강력한 사회 통제에 의해서든, 아니면 한국과 같이 시민사회의 협력이 큰 비중을 차지하든 국가의 방침이 제대로 실천되어야 한다. 셋째, 정보와 지식이 확실하지 않을 때는 감염 위험을 최소화하는 쪽을 택해야 한다. 넷째, 방역 인프라를 갖추고 반복 연습을 한 쪽이 훨씬 더 나은 결과를 낳는다. 다섯째, 국제협조가 필수적이다. 독감 백신의 경우 세계보건기구(WHO)의 '글로벌 인플루엔자 감시 및 대응시스템(GIRS)'하에서 세계의 전문가들이 1년에 두 번 모여서 어떤 백신을 개발할 것인가를 결정하고 110개국의 실험실에서 정보를 공유했지만 트럼프는 WHO의 이런 기능마저 마비시켰다.

특히 셋째 요인은 지금도 중요하다. 예컨대 방역의 강도와 경제성장은 반비례할 것이라는 가설, 즉 방역을 완화하면 경제가 되살아날 거라는 믿음은 현재 한국에서도 위력을 발휘하고 있다. 하지만 이 '집단면역가설'에 가깝게 대단히 자유로운 방역 방침을 실행한 스웨덴의 성과는 방역에서도, 경제에서도 실패했다. 과하다 싶을 정도의 방역으로 감염을 막을 때, 경제도 가장 나은 성과를 보였다. 즉 '방역이 곧 경제'다.

이러한 다섯가지 교훈은 다음 번의 바이러스위기뿐 아니라 생태위기 대응에도 시사하는 바가 크다. 바이러스위기나 생태위기 모두 엄청난 규모의 '공유지의 비극' 또는 'N명 죄수의 딜레마'이다. 모든 이가 마스크를 쓴다면 나는 마스크를 안 써도 된다. 유럽의 여러 나라가 열심히 탄소 배출을 줄이면 한국은 무임승차해서 경제만 신경 써도 된다. 모두 이렇게 행동하면 인류는 절멸한다. 기후위기는 바이러스보다 감염 전파가 훨씬 더 빠르다. 이산화탄소의 축적을 국경폐쇄로 막을 수 없다. 한번 티핑포인트를 넘기면 훨씬 더 많은 비용을 치러야 한다는 사실도 유사하다. 둘 다 명확히 복잡계의 원리를 따른다.

극복의 방향도 유사하다. 우선 시민의 협력이 필수적이다. 국가, 시장, 공동체가 할 수 있는 정책을 다 동원해서 결합해야 하지만(오스트롬의 '다중심성 원리') 특히 시민들의 합의와 실천은 결정적으로 중요하다. 마스크 쓰기가 그러했듯, 자발적 '에너지 절약'은 생태위기 극복의 전제조건이다. 2030년까지 이산화탄소 배출 절반 줄이기(2010년 대비)는 아득한 목표로 보이지만 당장 시민들이 합의해서 전기소비를 30% 줄이면(마스크 쓰기보다는 덜 불편할지도 모른다) 석탄발전소 75%를 당장 없앨 수 있다. 탄소포집기술과 같은 기술혁신에 대한 환상은 버리는 편이 안전하다.

국가의 방향 설정은 시장을 움직이기 위해 필수적이다. 2050년 넷제로의 목표를 명확히 하고 국가는 물적, 인적 자원을 총동원해 탄소배출을 줄이는 쪽으로 혁신이 일어나도록 해야 한다. 탄소 1t당 50달러의 탄소세를 도입해 20년에 걸쳐 125달러 수준까지 높이는 일은 국가가 할 수밖에 없다. 2015년 메르스 유행 때 만든 방역 인프라가 한국의 검사-추적-치료를 가능케 했듯 생태 인프라를 지금 건설해야 한다. 전기차 충전소, 분산 발전이 가능토록 하는 스마트그리드, AI에 의한 탄소 배출원의 추적 시스템 등의 생태 인프라, 그리고 이를 뒷받침하는 사회 인프라의 수립은 국가가 솔선수범해야 한다. 바이러스위기와 생태위기는 인류의 삶을 위협하는 전쟁이다. '동아시아 발전국가'는 이런 상황에서 더 나은 성과를 거뒀으며 방역은 이를 새삼 확인했다.

국제협력은 최대의 난제이지만 유럽, 중국 등과 협력해서 탄소가격과 탄소관세를 공동으로 설정하는 '탈탄소 동맹'부터 시작할 수 있다. '방역이 곧 경제'인 것처럼 '생태가 곧 경제'인 시기가 곧 온다. 시민과 함께하는 전환적 리더십이 절실하다.

경향신문 / 정태인의 경제시평 / 2020.09.01.

시베리아 산불과 한국판 뉴딜

동영상과 그래픽으로 보는 시베리아 산불은 공포스러웠다. 매일 계속된 산불은 115만ha의 산림을 태웠다. '세계 기후 특성(World Weather Attribution)' 네트워크의 국제 과학자 팀은 금년 1월에서 6월까지의 지속적 고온은 인간이 유발한 기후변화를 빼고는 "설명이 거의 불가능하다"고 결론을 내렸다.

6월 20일 세계에서 가장 추운 지역으로 알려진 시베리아 베르호얀스크 마을의 수은주는 38도를 가리켰다. 이 지역 1월에서 6월까지의 평균기온은 예년보다 5도 이상 높았다. 이러한 기후변화는 시베리아에 열풍이 불 가능성을 600배 높였다. 산업시대가 시작된 이래 지구의 평균기온은 1도 높아졌지만 북극 지역은 두배 더 올랐고 시베리아 일부 지방은 4배나 더 상승했다. 북극의 기온 상승은 빠른 속도로 빙하를 사라지게 만들고 메탄을 품고 있는 시베리아의 영구 동토를 녹인다. 메탄가스는 온실가스의 4.8%에 불과하지만 지구온난화에 미치는 영향은 이산화탄소의 80배로 알려져 있다. 툰드라지역에서 대규모의 메탄가스가 방출된다면 현재의 기후위기는 예상보다도 더 심각해질 것이다.

이 연구팀은 2019년에서 2020년에 걸쳐 일어난 오스트레일리아 전역의 산불도 인간이 유발한 기후 변화 때문이라고 결론지었다. 인류세의 기후 변화는 가장 높은 주간 폭염지수(Fire Weather Index)를 적어도 30% 이상 높였다. 폭염지수는 1979년부터 위험을 키우는 방향으로 뚜렷하게 변화했는데 1900년의 기후와 비교할 때 2019/2020년의 폭염지수 가능성은 4배 이상 높아졌다. 자연은 자기파멸의 모습으로 우리의 미래를 보여주고 있다.

한국 정부는 지난 7월 14일 발표한 '선도국가로 도약하는 대한민국

대전환' 전략으로 '한국판 뉴딜'을 제시했다. 이 전략의 토대는 고용사회안전망 강화이고 두 기둥은 '디지털 뉴딜'과 '그린 뉴딜'이다. '글로벌 기후 변화 대응'이 시급해서 '저탄소 경제로의 전환'이 필요하다는 것이다.

하지만 대통령이 시민사회의 요구를 수용해서("그린 뉴딜은 우리가 갈 길이다") 겨우 끼워 놓은 듯, 내용은 실망스러웠다. 2020년 코로나19 위기 이후 발표된 세계의 그린 뉴딜(EU는 '그린 딜')은 예외 없이 2050년 '넷제로 선언'으로 시작하지만 이 계획은 '탄소중립(Net-Zero)을 지향'할 뿐이다. 말만 다른 것이 아니다. 한국에서도 정의당과 녹색당의 그린 뉴딜은 2050년 넷제로, 2030년 탄소배출 50% 저감 목표를 향해 정책을 총동원하는 것으로 짜여 있다. 즉 자연과 사람의 생명을 살리기 위해 세계적으로 합의한 목표를 어떻게 달성할 것인가가 핵심이다.

그린 뉴딜은 지난 200년(한국은 100여년) 동안의 탄소기반경제를 물리적으로도 완전히 뒤바꿔야 하기 때문에 인프라 투자가 필수적이고, 모든 에너지원의 전기화, 그리고 재생가능발전에 의한 전기 생산이 그 시작이다. 그러나 정부의 저탄소·분산형 에너지 확산은 다른 항목과 달리 목표가 없다. 다만 스마트 그리드를 확대하고 섬 지방의 디젤엔진 발전기를 재생에너지로 전환하며, 대규모 해상풍력단지를 조성하고 주민참여형 태양광발전을 늘리겠다는 방향만 제시되어 있다(반면 전기차·수소차는 자동차 대수와 충전기 숫자까지 밝혔다).

8월 2일 유럽계 에너지 분야 컨설팅업체인 '에너데이터'의 발표에 따르면 한국의 2019년 재생에너지 발전 비중은 4.8%로, 조사 대상 44개국 중 40위로 평균 26.6%에 훨씬 못 미친다(한국보다 순위가 낮은 세 나라는 중동 산유국이다). 아시아 8개국 평균도 23.7%일 뿐 아니라 증가 폭도 우리보다 크다(한국의 비중은 10년 동안 3.1%포인트 오른 반면 아시아 평균은 15%포인트 올랐다). 말 그대로 '기후악당'이요, 파렴치한 '무임승차자'다.

정부의 목표는 성장(과 고용)에, 4차 산업에 맞춰져 있고, 방법은 재벌과의 '협치'다. 수소차에 목매달고 비메모리 반도체에 초점을 맞추고 난데 없는 원격의료, '비대면 산업'을 들먹이는 이유가 거기에 있다. 고용안전망 강화가 들어 있지만 노동계의 목소리를 직접 반영한 것은 아니다.

그린 뉴딜에는 '그린'이 없고 한국판 뉴딜에는 '노딜(no deal)'만 있다. 한마디로 한국판 뉴딜은 신형 재벌주도 녹색성장, 또는 신형 재벌주도 창조경제이다. 세계의 자연은 여기저기서 머지않은 미래의 아마겟돈을 암시하는데 정부는 세계의 탈탄소 노력에 무임승차해서 재벌의 경쟁력만 높이면 된다고 생각한다. 아서라, 고용안전망 강화의 첫발만 제대로 내디뎌도, 국토를 많이 파헤치지 않고 4대강 보만 철거해도 나는 만족하련다.

경향신문 / 정태인의 경제시평 / 2020.08.04

문재인 정부가 '그린 뉴딜' 추진하는 이유

"그린 뉴딜이 우리가 가야 할 길이다"라고 말한 문재인 대통령의 말에 박수를 보낸다. 늘 그렇듯 문제는 정치다. 그린 뉴딜과 소득주도성장, 종부세 강화는 마땅히 함께 실행되어야 할 정책이다.

"그린 뉴딜은 우리가 가야 할 길임이 분명하다." 문재인 대통령의 말이다. 큰 박수를 보낸다. 환경부를 주무 부처로 삼은 것에도 환호성을 지른다. 건물의 에너지 효율 향상이 일자리를 대폭 늘릴 것이라는 사례를 든 것에도 웃음 짓는다.

　단, '한국형 뉴딜'에 그린 뉴딜과 디지털 뉴딜이 나란히 들어 있을 게 아니라, 그린 뉴딜을 향해 디지털 뉴딜을 적극 활용하는 한국형 뉴딜이 되어야 한다. 어떤 혁신기술이나 혁신정책이 탄소 배출을 줄이는 것이라면 마땅히 우선순위를 주어야 한다. 실로 4차 산업혁명에는 생태 전환을 위한 기술이 들어 있다. 스마트 그리드는 재생에너지의 약점인 불규칙성을 보완하고, 사물인터넷은 예컨대 30% 에너지 절약 목표를 달성하는 데 꼭 필요한 기술이다. 탄소 배출에 관한 모든 정보를 모아서 분석하는 데 빅데이터와 인공지능은 빼어난 활약을 할 수 있다.

　내가 옮긴이의 말에서 '문재인 정부를 위하여 번역한다'고 밝힌 책 〈자본주의를 다시 생각한다〉는 국가가 생태 기술혁신을 선도해서 대규모의 민간투자를 일으키기 위해 사용해야 할 11가지 경제정책을 모아놓았다. 이러한 투자전략은 당연히 소비 증대에 중점을 둔 소득주도성장 전략을 보완한다. 즉, 그린 뉴딜과 소득주도성장은 함께 가야 더 빛을 발할 정책 조합이었다.

언제나 그렇듯 문제는 정치다. '그린 뉴딜', 나아가서 더 포괄적 개념인 '생태 전환'은 화석 인프라에 입각한 산업의 반대에 부딪힐 것이다. 석탄산업이나 정유산업, 자동차산업의 노동자들도 불만을 품을 수 있고, 일반 시민도 당장 에너지 소비를 줄여야 한다는 데서 불편을 느낄 수 있다. 80억 인구, 또는 250여 개 국가들이 벌이는 죄수의 딜레마('남이 안 하면 나도 안 한다. 왜 나만 손해를 봐?')이기 때문에 국가경쟁력 담론에 쉽게 패배할 수도 있다. 세계적인 혁신 이론가 페레즈는 '생태 전환'의 기술혁신이 곧 경쟁력이며, 이미 무너진 '포드주의적 삶'을 대체할 새로운 삶의 양식을 만드는 나라가 승리할 것이라고 주장한다. 환경부 등 정부가 먼저 이를 숙지하고 정치적 반대를 헤쳐나가야 한다.

휘황찬란한 말만 늘어놓고 결국 '녹색 분칠'로 끝난 이명박 정부의 녹색성장을 되풀이하지 않기 위해서는 '탈탄소 사회'의 목표를, 예컨대 '2050년 넷제로(탄소 순배출량 제로)'를 선언해야 한다. 탄소세를 도입해서 탄소 가격을 만들어내고, 먼저 중국·일본 등과 공통의 탄소 가격에 합의해야 한다. 앞으로 이러한 '생태 동맹'은 기존 안보 동맹보다 훨씬 더 중요해질 것이다. 유럽연합(EU)은 재생가능 에너지로 생산하지 않은 부품은 수입하지 않을 계획이며, 곧 '탄소 관세'도 부과할 것이다.

탄소세, 그린 뉴딜 성패의 시금석 될 것

참여정부의 종부세가 자산 불평등을 시정하겠다는 정책 의지를 표현했고, 문재인 정부의 최저임금 인상이 소득주도성장, 즉 소득 불평등 시정의 상징이었듯이 '탄소세'는 그린 뉴딜 성패의 시금석이 될 것이다. 현재 환경·에너지 관련세를 탄소세로 대체하면 탄소 1t당 약 30달러가 되는데, 이 액수를 2030년 75달러, 2050년 125달러까지 올려야 넷제로에 도달할 수 있다. 이를 위해서는 모든 에너지를 전기로 충당하고 재생에너지로 발전시켜야 한다. 할 일이 많으니 일자리도 많이 생길 테고(시장 실패의 시정을 넘어선 시장 창출이 핵심이다), 기술혁신 없이 감당할 수 없는 목표이므로 젊은 과학기술자들의 활약이 빼어나야 한다.

'일생의 패배로 무능이 증명됐다. 이제는 깨끗이 손 떼야 한다'고 매일 다짐하지만 어쩌면 정책가로서 나는 성공했는지도 모른다. 참여정부 때 실무책임자로서 종부세의 설계에 관여했고, 2012년 소득주도성장 이론을 소개했으며, 2017년 생태 전환의 구체적 정책을 제시했으니 말이다. 이제 남은 2년 문재인 정부가 종부세 강화, 소득주도성장과 '전 국민 고용보험'의 결합, 그린 뉴딜의 실행을 통해 대성공을 거둘 일만 남았다. 이 세 정책은 마땅히 함께 실행되어야 하며 그때 비로소 불평등 위기와 기후위기를 극복할 길이 열릴 것이다. 그 어느 때보다도 '전환적 리더십'이 절실하다.

시사인 / 663호 / 2020.06.03.

'한국형 뉴딜'과 그린뉴딜

지난 10일 문재인 대통령은 취임 3주년을 맞아 대국민담화를 발표했다. '포스트 코로나' 구상을 발표할 것으로 예고됐지만 이태원클럽발 감염이 늘어나면서 대통령은 "끝날 때까지 끝난 게 아니"라고 강조했고 '장기전의 자세로' "2차 대유행에도 대비해야 하는 상황"이라는 말도 잊지 않았다.

질병관리본부의 질병관리청 승격, 전문인력 확충과 지역체계 구축, 감염병 전문병원과 국립 감염병 연구소 설립이 발표됐고, 무엇보다도 대통령은 "공공보건 의료체계와 감염병 대응 역량을 획기적으로 강화"하겠다고 다짐했다.

문제는 경제다. 대통령은 이 위기를 기회로 바꾸기 위해 첫째로 '선도형 경제'를 약속했다. 예의 ICT, BT를 기반으로 비대면 의료서비스와 온라인 교육, 온라인 거래 등 '포스트 코로나 산업'을 발전시키겠다는 것이다. 둘째, '전 국민 고용보험시대'의 기초를 놓겠다고 다짐했다. 저임금 비정규직노동자, 특수고용노동자, 플랫폼노동자, 프리랜서, 예술인 등도 이제 고용보험의 혜택을 받을 것으로 전망된다. 여기에 실업부조제도인 '국민취업 지원제도'의 도입도 약속했다. 셋째, 새로운 국가프로젝트인 '한국판 뉴딜'은 사실 선도형 경제에 대한 투자를 통해 '새로운 일자리'를 만들겠다는 것인데, 아마도 데이터 인프라 구축에 일손이 꽤 필요할 것이다. 노후 SOC의 디지털화에서도 일자리는 생길 것이다. 넷째는 "사람의 생명과 안전을 우선시하는 연대와 협력의 국제질서를 선도"하겠다는 것이다.

기재부가 이미 발표한 '한국판 뉴딜'을 대통령이, 첫 번째의 산업과 세 번째의 일자리로 나눠서 세심하게 발표했으니 이 사업의 앞날은 창창하다. 두 번째의 '전 국민 고용보험시대'는 우여곡절을 겪는 중이고 앞으로도 난항일 것이다. 이 구상은 원래 청와대에서 나왔고, 며칠 뒤 더불어민주당은 보험료 납부 대상자의 반발 등으로 "현실적인 어려움이 있다"고 결론을 내렸다. 우선 고용보험 사각지대를 없애는 일부터 해야 한다는 것이다. 대통령 담화는 청와대와 당의 얘기를 모두 담았는데 실제론 고용보험과 실업부조를 어떻게 조합하느냐에 따라 여러 모델이 나올 수 있다. 더구나 기재부의 '뉴딜' 또한 플랫폼의 데이터 수집 및 처리와 밀접하게 연관되어 있어서 이른바 '프리캐리아트'(불안정한 저임 노동자)를 양산할 것이므로 두 번째 문제의 해결은 첫 번째 과제 성공의 선결 조건이기도 하다.

'선도형 경제'는 지난 3년 동안, 아니 박근혜 정부의 '창조경제' 때부터 귀에 못이 박히도록 들은 이야기다. 이 경제는 4차 산업혁명이 일자리를 없앨 거라는 공포와 관련이 있을 뿐 이번의 바이러스 위기와 그로 인한 '실업대란'과 별 관계가 없고 원래 의미의 뉴딜, 즉 '새로운 사회계약'과는 아무런 관계도 없다. 지난가을 유엔에서 스웨덴의 17세 툰베리는 "우리의 앞날이 이렇게 어두운데 당신들은 어떻게 감히 하던 그대로(business as usual) 하겠다고 말하느냐"고 세계 정상을 질타했다. 바로 그 "business as usual"이 기재부의 '한국형 뉴딜'이자 대통령의 '선도형 경제'이다.

코로나19 위기는 우리 문명의 민낯을 보여주었다. 우리는 선진국 정부들이 우왕좌왕하는 가운데 시민들이 죽어가는 모습을 보았고 가장 국제협력이 필요한 시점에 바이러스의 진원지를 놓고 서로 삿대질하는 강대국들의 목소리를 들었다. 정부와 시장은 무능했다.

요행히 금년 말 또는 내년에 코로나19에서 벗어난다 하더라도 또다시 변신한 코로나22, 코로나27을 연이어 맞닥뜨려야 할 것이다. 우리가 기진맥진할 즈음에는 '인류세(Anthropocene) 위기'를 맞아야 할지도 모른다. 우리는 작년 몇달 동안 수천만의 생명을 빼앗은 호주 산불을 보았다. 지금 미국 서부는 때 아닌 한여름 더위를 맞았고 동북부는 오히려 기온이 떨어지고 있다. 지난 10여년 겪은 각종 이상 현상이 전 세계 곳곳에서 한꺼번에 벌어진다고 상상해 보라.

그리 먼 얘기가 아니다. 자율주행차가 다니고 드론이 택배를 하는 '멋진 신세계'보다는 기후위기의 '아마겟돈'이 먼저 찾아올 것이다. 지금 당장 필요한 기술혁신의 목표는 탈탄소여야 한다. 지금 당장 필요한 인프라투자는 전기·수소자동차를 위한 것이어야 하고 건물의 에너지 효율성을 높여야 한다. 무엇보다도 지역별로 재생에너지 발전을 대폭 늘려야 한다. 지난 5개월간 전 세계 탄소 배출이 5% 감소했다고 한다. '그린뉴딜'은 고용을 늘리면서도 탄소배출을 줄이는 성장을 목표로 한다. 하지만 이 뉴딜은 민주당 일각에서 논의가 됐을 뿐 이번 대통령 담화에도, 기재부의 뉴딜에도 없다.

경향신문 / 정태인의 경제시평 / 2020.05.11.

경제회복의 조건

여전히 오리무중이다. 하지만 눈앞의 안개는 걷히면서 현재까지 어떤 전략이 옳았는지 드러났다. 방역에서 '통제(containment) 전략'은 '집단면역(herd immunity) 전략'보다 우월했다. 동아시아 국가들이 서방 국가들에 승리했고, 특히 바이러스 패닉이 경제위기로 전이된 미국은 대표적 실패국가가 되었다. 그러나 이제 고작 4개월 지났고 갈 길은 멀다.

상대적으로 낮은 치사율(1~2%) 및 기본재생산지수(2.5, 한 명의 환자가 무감염 환경에서 몇 명이나 감염시키는가)를 믿고 트럼프 미국 대통령은 "일반 독감이나 별 다를 바 없다"고 호언했고, 존슨 영국 총리는 "사랑하는 가족과 이별할 준비"를 당부하기까지 했다. 어차피 인구 60%가 면역이 되어야 사태가 끝날 테니 유증상자 중심으로 검사하여 중증환자만 치료함으로써 한정된 의료자원을 효율적으로 사용할 수 있다. 이 집단면역 전략하에서는 사람들이 정상적으로 활동할 것이기에 상대적으로 경제적 성과도 좋을 것이다.

하지만 현실은 참혹했다. 집단면역이 생기기 전에 집단패닉이 발생했다. 감염자의 급증은 이들 국가의 의료자원을 붕괴시켰다. 놀란 국가들은 (반)강제 자가격리, 재택근무, 국경폐쇄, 나아가서 지역폐쇄로 경제의 흐름을 단절시켰다. 평소 30만명 수준이던 미국의 실업수당 신청자는 3월 둘째 주에 330만명이라는 놀라운 수치를 기록하더니 셋째 주와 넷째 주에는 연속으로 660만명까지 치솟았다. 1929년의 대공황 상황이 재현된 것이다. 사회적 신뢰와 강한 개인적 책임을 바탕으로 집단면역 전략을 고수하던 스웨덴도 이웃 노르웨이나 핀란드의 10배에 이르는 사망자 앞에서는 손을 들 수밖에 없을 것이다.

반면 5년 전, 치사율 20%를 넘는 메르스의 공포를 겪었던 한국, 대만, 싱가포르 등 동아시아 국가들은 확진자가 나타나자마자 동선을 파악해서 대대적인 검사를 했다. 2월 29일 하루 909명의 신규 확진자가 발생해서 의료자원 붕괴 직전까지 갔으나 3월 중순부터 확진자가 100명대 수준으로 떨어지더니 4월 10일부터는 30명 선에 머무르는 안정세를 보이고 있다. 총 사망자도 4월 12일 0시 기준 214명에 그쳤다. 최근 초·중·고 개학, 외국인 노동자 밀집 지역의 감염, 경로를 알 수 없는 확진자 발생 등으로 싱가포르가 비상에 빠지고 대만도 입국자 때문에 비슷한 상황을 맞으면서 가히 한국은 방역 1위 국가라는 칭송을 받고 있다. 실로 불확실성 속에서 기존 지식에 지나치게 의존하지 않아 긴장을 늦추지 않았으며 무엇보다도 시민들이 손 씻기, 마스크 쓰기, 자가격리를 실행한 한국은 일상적·사회적 활동도 그리 위축되지 않았다(구글의 빅데이터에 의한 추정).

　　하지만 여전히 2차, 3차 감염 사이클이 발생할 수 있으며 무엇보다도 팬데믹은 글로벌 현상이다. 경제도 글로벌로 전개되었다. 글로벌 또는 지역 생산사슬의 단절, 동아시아 국가들의 외환위기 가능성, 선진국 전체의 위기 심화로 한국 경제 역시 침체로 빠져들고 있다.

　　2008년부터 시작된 금융위기를 호되게 겪은 미국과 유럽의 중앙은행들은 초유의 양적완화를 단행했다. 또 이들 나라는 GDP의 10%가 넘는 돈을 국민에게 직접 현금으로 지불하거나 실업 보조와 임대료 지원에 사용함으로써 사람들이 거리로 쏟아져 나오는 것을 막고 있다. 실업자와 노숙인은 경제위기를 다시 바이러스 위기로 옮길 것이다. 방역 실패국가의 오명을 쓴 서방 국가들이 경제 쪽에서는 강력한 초동 대응을 하고 있다.

　　지금까지 방역에서 선전했기 때문일까? 현재 정부의 재정 지원은 GDP의 1% 수준으로 다른 나라에 비해 턱없이 적고, 그나마 이번 위기의 성격에 맞춘 지원 기준도 보이지 않는다. 이번 위기는 1997년 외환위기나 2008년 금융위기와 다르다. 과거에는 기업들이 구조조정과 대규모 정리

해고 등으로 생산비용을 줄이면 원화의 평가절하에 따라 수출이 증가했고 자신감을 찾은 기업의 투자로 이어지면서 경제가 회복되었다. 그러나 이 메커니즘은 더 이상 작동하지 않는다. 구조조정으로 기업 비용을 줄인다 해도 수출할 데가 없고 일거리를 찾아 헤매는 실업자는 고사하던 바이러스를 부활시킬 뿐이다.

이것이 '전례 없는 경제위기'의 성격이다. 긴급재난수당을 지급하고 실업보험을 확대하며 실업부조로 사람들을 살려야 한다. 강제퇴거는 대통령 명령으로라도 막아야 한다. 이런 정책을 내세운 후보는 경제회복의 최소 조건을 충족시킨다. 대규모 '그린뉴딜' 투자로 단기 회복을 꾀하고, 머지 않아 닥칠 기후위기까지 대비하는 정당을 찍으면 우리의 미래도 보장될 것이다.

경향신문 / 정태인의 경제시평 / 2020.04.13.

최고의 방역에 빈곤한 대책

코로나19에 대한 각국의 대응은 가히 '방역 다양성(Variety of Disinfection, VoD)'이라고 부를 만한 차이를 보였다. 처음에 서방 언론은 중국과 한국의 차이를 부각시켰다. 최초로 신종 바이러스의 출현을 알렸다가 서구 '허위 사실 유포죄'로 체포되어 결국 사망한 중국 의사 리원량, 우한이라는 거대도시의 봉쇄, 일주일 만의 병원 건설 모두 권위주의 중국의 파탄을 상징했다. 반면 기민하게 최초의 확진자를 발표(1월 10일, 30대 중국인)하고 방역체계를 신속하게 작동시킨 한국은 민주주의의 승리로 칭찬을 받았다.

하지만 영국 파이낸셜타임스의 그래프가 명확하게 보여주듯이 하루 33명의 확진자가 증가하는 세계의 평균 추세에서 중국과 한국은 100명의 환자가 발생한 지 열흘경부터 확실하게 벗어났고 홍콩, 싱가포르는 처음부터 아주 낮은 증가세를 나타냈다. 놀랍게도 대만에서는 15일 현재 겨우 확진자 59명만 나타났을 뿐이다. 가히 '동아시아 유형'이라고 부를 만하다. 홍콩을 제외하면 이들은 모두 대대적 검사와 동선 추적이라는 적극적 통제(containment) 정책을 사용해서 성공을 거두고 있다.

일반적으로 훨씬 우수한 의료체계를 지닌 것으로 평가받는 유럽은 기대 이하의 성과를 보이고 있다. 지금 이탈리아 롬바르디의 의사들은 누구를 살리고 누구를 방치할 것인가를 매시간 결정해야 한다. 의료기술이 아닌 의료자원(특히 병상과 의료진)의 한계를 넘어섰기 때문이다. 세계에서 고령자가 많기로 손꼽히는 이곳에서 나이는 종종 이 비윤리적 결정의 기준이 되었다. 유럽의 오랜 긴축 재정이 이런 비극을 낳았다. 의료시설 축소에 앞장섰던 칭가레티는 이탈리아 정치인 중 첫 번째 확진자가 되었다. 브렉시트의 주역, 영국의 존슨 총리는 '지연(delay) 전략'을 택함으로써 사실상 통제를 포기했다. 이제 사람들은 알아서 살아남아야 한다.

　오는 11월3일 대선을 앞둔 미국의 트럼프 대통령은 매년 유행하는 독감으로 치부하다가 바이러스가 미국 전역으로 확산되자 부랴부랴 '국가비상사태'를 선언하고 급여세(payroll tax) 전원 면제 같은 긴급대책을 발표했다. 유럽과 달리 민간 의료체계를 지닌 미국이 과연 동아시아와 같은 적극적 통제를 할 수 있을까가 관건이다.

　방역은 전쟁을 닮았다. 전장에서는 시장에서처럼 시행착오의 실험을 할 수 없다. 과거의 경험에서 가장 효과적이었던 방법을 신속하게 실행할 수 있는 당국의 능력 그리고 시민의 적극적 참여능력(동원)이 전략의 성패를 결정한다. 목표와 수단이 확실할 때 국가가 자원을 총동원하는 것이 바로 동아시아 (경제)모델이었다. 그 원조 격인 일본은 노쇠한 탓인지 이런 능력이 현저하게 떨어졌고 오히려 상황을 은폐하려는 것으로 보인다.

　팬데믹(세계적 대유행)으로 확산된 현재의 사태가 어떤 경제적 결과를 낳을지 말할 수 있는 사람은 아무도 없다. 동아시아 생산네트워크의 마비로 인한 공급쇼크는 곧 해결될 것으로 전망되지만 유럽과 미국의 생산네트워크는 당분간 회복하기 어려울 것이다. 자본주의체제에서 생산이 중단되면 수입도 없고 시차를 두고 수요쇼크가 이어진다. 금융 비대화는 오랫동안 버블을 부풀렸으니 큰 폭의 널뛰기를 하는 현재의 금융시장이 붕괴할 가능성도 상당히 크다(금융쇼크). 더구나 현재의 미국 대통령은 재선이 어렵다 싶으면 제2차 경제전쟁도 일으킬 만한 인물이다.

　전장은 한치 앞도 볼 수 없는 포연(불확실성)으로 가득한데 정부의 병참계획은 결국 시장에 맡기겠다는 것이다. 문재인 대통령은 "비상한 경제시국"의 "전례없는 대책"을 강조했지만 그의 정책실장은 단기재정정책의 원칙으로 "적시성, 특정성, 한시성"을 내세워, 예컨대 '재난기본소득'과 같은 긴급 대책을 부정했다. 하지만 이 정책은 정책설계를 필요로 하지 않으니 비상시국의 적시성에 정확히 들어맞는다. 바이러스는 사람을 가리지 않으니 특정성은 해당 사항이 없다. 금융 전공의 김상조 실장은 왜 바이러스 감염병엔 보험이 성립되지 않는지 잘 알 것이다. 어느 누구도 영구적 기본소득을 주장하지 않고 오히려 딱 한번의 지급을 주장했으니 한시성도 100% 충족시킨다(그래서 원래 의미의 기본소득은 아니다).

그의 '원칙'이 관철된 긴급 추경은 '경제 활성화 대책'의 재판이다. 3년 동안, 아니 세 정권 내내 효과를 보지 못한 기재부의 정책이 "전례 없는 대책"으로 둔갑한 것이다. 세계 최고의 방역에 빈곤하기 이를 데 없는 대책이 결합되었다.

경향신문 / 정태인의 경제시평 / 2020.03.16.

탄소 순배출량 '0'을 위하여

2050 저탄소사회 비전 포럼이 '2050 장기 저탄소 발전전략(LEDS)'을 발표했다. 유엔이 권고한 목표에는 이르지 못하지만 지금까지와는 질적으로 다른 보고서이다.

2월5일 2050 저탄소사회 비전 포럼이 '2050 장기 저탄소 발전전략(LEDS)'을 발표했다. 정부는 올해 말까지 같은 이름의 계획을 유엔 기후변화협약에 제출해야 한다. 지구의 평균온도 상승률을 2℃ 이하로, 나아가서 1.5℃ 이하로 억제하기 위해 참가국들이 각기 스스로 결정한 감축 목표(NDC)를 제출해야 한다. LEDS는 NDC 설정을 위한 중장기 비전이다. 그러니까 환경부가 공개한 이 보고서는 파리협정의 '약속과 검증(pledge and review)' 절차를 밟기 위한 첫 번째 단계로 '민간'의 의견을 종합한 것이다.

보고서는 2050년 배출 목표로 다섯 가지 시나리오를 제출했다. 2017년 약 7억t의 온실가스 배출을 기준으로 삼아 1안은 약 75%(1억7890만t 배출, 석탄발전 비중 4%), 2안은 69%, 3안 61%, 4안 50%, 5안 40%를 감축하는 안이다. 현재 제출되어 있는 한국 정부의 감축 계획이 지구의 온도를 3℃에서 4℃ 올릴 정도로 '매우 불충분'하다는 점을 감안하면 일취월장했다. 하지만 가장 강력한 1안도 유엔이 권고한 2050년 '넷제로(탄소 순배출량=총배출량-탄소 흡수량=0)' 또는 '탄소 중립'에 이르지 못한다.

LEDS는 문재인 정부의 '전환 전략'이 되어야 한다

이 보고서는 기술혁신을 핵심으로 발전, 건축, 교통 등 분야에서 일어나야 할 전환의 내용을 담았다는 점에서 그동안 문재인 정부의 경제정책 방향이나 정책기획위원회의 2050 전략이 기후위기를 거의 완전히 외면한 데 비하면 괄목할 만한 성과를 보였다.

하지만 이 보고서에는 교토의정서 이래 각국의 약속과 계획이 계속 실패한 이유를 다루지 않았다. 기후위기가 글로벌 공공재 게임, 또는 126개국 70억명이 참여하는 'n명 죄수의 딜레마 게임'이라는 사실을 어떻게 극복할 것인가는 처음부터 논의 주제에 오르지 않았던 것으로 보인다. 똑같은 이유로 파리협정의 앞날도 그리 밝지 않다. 각국은 세계 전체가 감축해야 할 총배출량에서 되도록 적은 비중을 차지하려고 경쟁할 것이다. 일부 유럽 국가를 제외한 모든 나라가 5안을 채택할 강력한 유인을 지니고 있으며(미국 상원이 교토의정서를 비준하지 않은 이유가 바로 이것이었다), 그 약속마저 지키지 않는다 해도 적절하게 응징할 방법도 없다.

이런 문제를 해결하는 방안은 세계 공통의 탄소 가격을 설정하는 것이고(이 보고서 42쪽에도 나오듯이 2020년 이산화탄소 t당 40~80달러, 2050년 50~100달러가 제시되고 있다), 모든 나라의 합의를 끌어내기가 어렵다면 주요국 몇 나라가 탄소동맹(클럽)을 맺어 먼저 2020년 50달러를 선언하고 장차 역외국에 탄소관세도 부과하는 것이다. 공통의 탄소 가격은 우리가 부담을 갖는 만큼 다른 나라에도 부담이므로 모든 나라가 줄이기 경쟁을 하지는 않는다. 만일 이들 나라가 탄소기금을 만들 수 있다면 후진국에 전환 보조금을 주어 참가국을 늘릴 수 있을 것이다.

각국은 이 가격에 맞춰 국내 탄소세를 매길 수 있다(이 보고서는 배출권 거래제도의 획기적 전환을 제시하고 있다). 국내에서 생산된 1차 에너지원과 수입 에너지원에 탄소 함유량에 따라 세금을 매기면 탄소를 포함한 상품이나 서비스의 가격도 차례로 올라갈 것이다. 기술혁신과 에너지 전환, 산업 전환의 비용이나 속도에 비춰서 넷제로가 일어날 때까지 탄소 가격은 올라간다. 물론 탄소세 수입(2020년 탄소세를 50달러로 한다면 현재의 에너지 관련 세를 제외한 추가 20달러분에 대한 세수 약 14조원이 증가한다)은 이 전환에 따라 피해를 많이 보는 국내의 하위 계층과 탄소집약적 산업의 구조조정에 사용될 수 있을 것이다.

죄수의 딜레마를 해결하는 방법은 '남이 하면 나도 한다'는 협동을 유도하는 것이고, 공통의 탄소 가격은 모두에게 협동의 유인을 제공하는 제도이다. 물론 그레타 툰베리의 연설, 〈한겨레〉에 '기후악당 대한민국'을 기고한 초등학생 김아진양의 글을 보며 반성하고 생태시민의 규범과 행동양식을 확립하는 것도 그에 못지않게 중요하다. 여태까지와는 질적으로 다른 이번 보고서가 이런 전략적 핵심을 반영해서 실제로 정부의 전환 전략이 되기를 간절히 바란다.

시사인 / 648호 / 2020.02.22.

한·중·일 공통 탄소가격

2019년 11월 5일, 153개국 1만1258명의 과학자들이 '기후 비상사태 선언'을 했다. 이에 앞서 1월 16일 노벨 경제학상 수상자 27명을 포함한 37명의 미국 경제학자가 발표한 탄소세에 기초한 '탄소배당 경제학자 선언'은 1년이 지나면서 서명자가 3400명에 이르렀다. (https://www.econstatement.org 1월 19일 접속). 기후위기에 특히 둔감한 경제학자들의 이런 행동은 상황이 얼마나 절박한지 보여준다. 과거 기후위기 대책을 거부하는 첫번째 논거인 '과학적 불확실성'은 이미 사라지고 있다.

그러나 실천은 여전히 더디다. 1992년의 역사적인 교토 의정서(protocol) 이후에도 이산화탄소 배출량은 과거와 마찬가지 속도로 늘어났고 2015년 파리협정(agreement) 이후의 전망도 그리 밝지 못하다. 오존층 보호에 관한 1987년 몬트리올 의정서를 성공으로 이끌었던 미국이 2017년 파리협정을 탈퇴한 것은 앞날을 더욱 어둡게 한다.

압도적으로 강력한 국가가 주도하고 많은 비용을 부담하지 않는 한 국제적 합의는 지켜지기 어렵다. 미국이 온갖 부담을 짊어진 결과 미국의 경쟁력이 약화됐다는 트럼프 대통령의 주장은 기후대책을 무력화하는 두번째 논거이기도 하다. 하지만 1970년대 석유위기의 경험은 이 주장을 뒤집는다. 1973년에서 1985년까지 12년 동안 미국은 정보기술(IT)혁명으로 이어진 에너지 절약기술에 매진해서 탄소 배출량을 줄이는 데 성공했고 경제성장률은 여전했다. 반면 소련 등 사회주의 나라들은 값싼 오일머니를 이용하여 선진국의 자본재를 수입하다 결국 1980년대 말 붕괴됐다.

과학적 불확실성과 경쟁력 약화는 기후정책을 만들 때마다 등장하는 반대 논거이며 한국도 물론 예외가 아니다. 나는 탄소배출량을 획기적으로 줄이기 위해 국가가 온 나라의 과학기술 역량을 집중하고 시민들이 적극적으로 참여한다면 기술 선진국에 도달할 뿐 아니라 세계의 존경도 받게 될 거라고 믿는다. 반대로 지금처럼 경쟁 상대인 독일이나 일본에 비해 40% 이상 싼 산업전기료를 고집하면 한국의 대재벌마저 서서히 침몰할 것이다.

한·중·일 공통의 탄소가격은 생태전환을 돕는 유력한 제도다. 스턴과 스티글리츠에 따르면 기온 증가를 2도 이하로 묶으려면 2030년까지 이산화탄소 배출 1t 가격을 최소한 75달러까지 올려야 하는데, IMF의 탄소저감 비용편익분석에서 한국이 최대 이익을 누리는 가격도 75달러이다. 현재의 에너지 관련 세수(약 22조7000억원)는 30달러 정도의 탄소세에 해당한다. 여기에 탄소배출 비율에 따라 탄소세 20달러를 추가하면(surtax) 우리는 50달러의 탄소가격에서 출발할 수 있다. 이후 경제적 영향을 고려하면서 기존 에너지세를 점차 완전한 탄소세 체계로 재편하면 된다.

일본의 전기료와 교통비가 대충 2배인 것은 일본의 탄소가격이 우리보다 훨씬 높다는 것을 의미한다. 따라서 일본은 50달러 정도의 탄소가격이라면 동의할 가능성이 높다. 한편 중국은 강력한 규제정책(예컨대 내연기관 자동차 규제)과 보조정책(재생에너지와 전기자동차 보조)으로 탄소배출을 줄이고 있으며 연구·개발자금이나 인력 면에서, 생태기술에서 선두를 다투고 있다. 최소탄소가격의 설정은 이런 규제정책에 시장의 힘을 추가한다. 어쩌면 중국은 자국의 1인당 GDP와 경제성장의 필요성을 들어 t당 30달러를 주장할 수 있다. 만일 한국과 일본이 이 제안을 받아들이면 이 '탄소클럽(또는 생태클럽)'의 공통 탄소가격은 30달러가 된다. 물론 각국은 필요에 따라 이 이상의 탄소가격을 설정할 수 있다.

이제 이 클럽은 최소탄소가격만큼 각국의 상대적 비용을 덜 수 있고 역외 국가에 대해서는 가격 차이에 비례해서 국경세(탄소관세)를 부과할 수 있다. 예컨대 30달러 차이에는 2%, 50달러에는 3% 등의 관세가 제안되어 있다.

　세 나라의 거대한 외환보유액(약 4조5000억달러) 중 일부를 탄소배출량에 비례해서 생태기금으로 적립한다. 이 기금은 미세먼지, 황사 대책 등 공동 정책, 공동의 생태기술 혁신(예컨대 신소재 배터리 기술), 역내 지역의 구조조정 보조, 탄소클럽에 들어오려는 개발도상국에 대한 보조에 사용될 것이다.

　이들 세 나라의 공통 탄소가격은 그 자체로 탄소 배출 감소에 큰 영향을 미치며 EU 등의 '생태클럽'과 경쟁하게 되면 효과가 더욱 커질 것이다. 지금처럼 각국이 스스로 저감계획을 세우고 검증하는 시스템은 교토의정서와 똑같은 이유로 실패할 가능성이 높다.

경향신문 / 정태인의 경제시평 / 2020.01.20.

'녹색 전환'과 발전국가

이제 생태형 발전국가가 필요하다. 온실가스 순배출 제로를 선언하고 전기료의 체계적 인상과 녹색 전환을 위한 구체적인 산업정책을 제시하는 정치인을 선택해야 한다.

시장의 힘은 혁신에 있다. 산업혁명 이래 자본주의는 이 끝없이 새로운 방법의 생산을 찾아내려는 시장 참가자들의 노력에 의해 생산성을 향상시켰다. 또 시장의 힘은 수긍에 있다. 사람들은 시장가격에 적응 경쟁을 했고, 특별히 독점이라거나 국가의 편애가 없다면 결과에 수긍하는 편이다(정부에 대한 불만과 비교해보라).

　　시장이 하지 못하는 일도 있다. '전환(transformation)'이라는 역사적 격변기에 가격은 널뛰었고 행위자들은 떼로 몰려다니거나 아예 시장을 벗어나려고 했다. 첫 번째 자본주의로의 전환(칼 폴라니의 '거대한 전환')이나 두 번째 전환(사회주의 국가들의 '침체불황') 모두 국가의 역할은 지대했고 현명한 산업정책을 사용한 발전국가만 순조롭게 전환에 성공했다.

　　이 두 역사적 사례보다 더 거대한 '녹색 전환'이 일어나야 한다. 2018년 기후변화에 관한 정부 간 협의체(IPCC)가 1.5℃ 이하에서 지구온난화를 막으려면(즉 티핑포인트에 다다르지 않으려면) 2050년까지 온실가스 순배출 제로를 달성해야 하고, 2030년까지는 40% 이상 감축해야 한다고 밝혔다.

값싼 전기료는 대기업에 '독'이 될 것

시장의 힘을 이용하려면 탄소(온실가스) 가격을 대폭 높여야 한다. 마지막 소비 단계의 배출을 줄이려면 전기를 쓰면 된다. 하지만 그 전기는 어떻게 만들 것인가? 우리나라는 발전 부문이 85%의 온실가스를 배출한다. 탄소세란 이산화탄소 배출량에 따라 세금을 매기는 것이다. 석탄발전이 가장 많은 세금을 낼 것이고 전기료 또한 그만큼 높아질 것이다.

지난해 8월 영국 기업에너지산업전략부가 발표한 국제 비교를 보면 한국의 가정용 전기요금은 kWh당 8.47펜스(약 125원)로 경제협력개발기구(OECD) 국가 중 최저 수준이다(2019년 국회 예산정책처의 발표로는 3위). 거대한 유전을 보유하고 수력발전으로 대부분의 전기를 충당하는 노르웨이보다도 낮다. 산업용 전기요금은 7.65펜스(약 113원)로 중간 수준이었다.

우리나라의 철강, 석유화학, 자동차, 반도체 등 에너지 다소비형 산업이 아직도 버티는 건 이런 보조금 때문이다. 기후변화가 훨씬 절박한 문제라면 높은 세율의 탄소세를 매길 수밖에 없다. 내셔널 챔피언을 지키겠다고 에너지 가격을 현재 수준에 묶어둔다고 이 산업 부문의 경쟁력이 보장되는 것도 아니다. 중국이 무서운 속도로 거의 다 쫓아왔기 때문이다.

누구나 제조업 최강국으로 꼽는 독일과 일본의 산업용 전기료는 우리보다 45%와 65% 더 높다(가정용은 215%와 107%). 독일과 일본의 제조업은 비싼 에너지 가격을 상쇄하기 위해 기술혁신을 해야 했다. 1000달러의 부가가치당 한국의 에너지 투입은 0.314TOE(석유환산톤)로 독일의 두 배(0.160TOE), 일본의 세 배(0.095TOE)가량 많다. 즉 전기료 인상을 기술혁신으로 돌파할 수 있는 기업만 중국과의 경쟁에서도 살아남을 것이다. 값싼 전기료로 오히려 기술혁신을 뒤로 미루다가는 우리 대기업은 조만간 모두 사라질 것이다.

재생에너지 발전 비율은 전기료가 높을수록 빨리 달성된다. 적정 가격이 얼마일지는 아직 계산된 바가 없지만 독일 수준의 재생에너지 발전 비율, 제조업 경쟁력을 갖추려면 10년 동안 두 배까지 지속적으로 올려야 한다. 에너지 효율을 높이는 한편 절대적 에너지 투입(가정은 소비)도 줄여야 한다. 예컨대 에너지 효율이 매년 7~8% 향상된다면 10년 동안 100% 전기료 인상도 견뎌낼 수 있을 것이다. 만일 5%씩밖에 향상시키지 못한다면 나머지 2~3%씩 투입(소비)을 줄여야 한다.

정부는 이를 위한 모든 정책을 패키지로 만들어서 제시해야 한다. 기업과 국민이 무엇을 해야 전환에 성공할 수 있는지 손에 잡히는 산업정책을 내놓아야 한다. 이제 생태형 발전국가가 필요하다. 어느 정당과 정치인이 2050년 순배출 제로를 선언하고 전기료의 체계적 인상과 순조로운 전환을 위한 구체적인 산업정책을 제시하는가? 그것이 다가올 총선의 가장 중요한 선택 기준이어야 한다.

시사인 / 640호 / 2019.12.29.

온실가스 순배출 제로 시대

정의당 심상정 대표는 지난 10월31일 국회 비교섭단체 대표연설에서 "2050년 이산화탄소 순배출 제로(넷 제로)"를 선언했다. 영국, 노르웨이, 스웨덴, 프랑스는 이미 넷 제로를 법에 명시한 국가이며 칠레, 뉴질랜드도 뒤를 이을 것으로 전망된다. 2019년 현재 탄소 넷 제로를 선언한 나라는 16개국에 이른다. 한국은 의원 6명의 미니 정당 하나만 국제적 책임을 다해야 한다고 호소했다.

한국은 2017년 현재 온실가스의 핵심인 이산화탄소 배출량 세계 7위, 1인당 배출량 2위를 차지했고 2007년 대비 10년 동안 이 수치는 24.6% 증가했다. 같은 기간 OECD 전체 배출량이 8.7% 감소한 것과 비교하면 우리는 분명히 파렴치한 무임승차를 하고 있다. 우리 정부가 발표한 감축 목표를 보면 이런 책임에 대한 감각조차 없다는 것을 알 수 있다. 2009년 이명박 정부는 배출량을 2020년 5억4300만t까지 줄이겠다고 약속했고, 박근혜 정부는 2030년 5억3600만t으로 후퇴했다. 불행히도 문재인 정부는 박근혜 정부의 '적폐'를 그대로 이어받았다. 이 목표는 3.5도 기후 상승에 대응하는 것으로 파리협약의 2도, 최근 '유엔 기후변화에 관한 정부 간 협의체(IPCC)'의 1.5도 권고와 비교하면 터무니없는 수치다.

'생태전환'은 지금 우리에게 절박한 정책기조이다. 생태전환의 기본 정책수단은 탄소세에 의한 시장의 변화와 녹색산업정책, 특히 정부주도의 기술혁신과 인프라 투자이다. 넷 제로로 가는 기본 경로는 모든 에너지를 전기로 바꾸고, 에너지 효율적 기술 혁신과 소비 축소로 전기 사용량을 줄이며, 여기에 들어가는 전기를 태양광 등 재생에너지 발전으로 충당하는 것이다. 정부와 기업, 시민들이 전력을 다하면 초기 10년 동안 대대적 투자가 일어나서 성장이라는 '생태배당'을 얻게 되고 기술혁신에도 성공해서 역대 정부의 목표인 기술 선진국의 지위에 오를 수 있다.

기온 상승을 1.5도 내로 묶으려면 탄소세는 어느 수준이 되어야 할까? 스턴과 스티글리츠는 2017년까지 제출된 시나리오를 종합해서 2도 파리목표를 달성하려면 2020년까지 이산화탄소 1t 당 40~80달러, 2030년에는 50~100달러여야 한다고 추정했다. 즉 우리는 2030년까지 대략 t당 75달러 이상의 탄소세를 부과해야 한다. IMF는 한국의 배출권 거래시장의 탄소가격을 근거로 현재의 가격을 22달러로 추정했는데 이 계산에 의하면 11년간 50달러 이상을 인상해야 한다. 탄소배출 순제로에 이르려면 2050년까지 125달러까지 올려야 할 것으로 보인다.

t당 탄소세 75달러는 각종 에너지 가격에 어떤 변화를 가져올까? IMF의 최근 추정에 따르면 한국의 경우 전기 42%, 석탄 220%, 천연가스 47%, 가솔린 6%의 가격 상승이 일어난다. 이 정도가 되더라도 현재 우리보다 각각 45%와 65% 높은 독일과 일본의 산업용 전기가격 수준에 미치지 못한다. 낮은 전기료로 버텨온 우리 제조업이 에너지 효율성을 독일과 일본 수준까지 높이지 않으면 앞으로 살아날 길은 없다. 화석연료 보조금은 우리 산업을 병자로 만든 마약이다.

모든 구조 전환은 자본과 노동의 급격한 이동을 동반한다. 정부의 녹색 산업정책은 이러한 이동을 촉진한다. 신생 생태산업을 지원하고 쇠퇴산업 지역의 재생 또는 변화를 정부가 주도해야 한다. 예컨대 내연기관 자동차를 전기차로 바꾸려면 배터리 기술의 급진적 혁신이 필요하고 자동차 부품이 절반 이하로 줄어들기 때문에 대구에서 창원에 이르는 지역의 경제를 새로운 산업으로 무장시켜야 한다. 이런 '거대한 전환'을 위해서 경비성 경비와 복지 예산을 뺀 모든 예산을 전환투자에 써야겠지만 t당 75달러 때의 탄소 세수 약 27조원은 전적으로 이러한 구조조정에 쓰여야 할 것이다. 군·구의 주민들이 자기 지역에 걸맞은 에너지 믹스(예컨대 태양광과 풍력과 바이오매스의 최적 조합)를 찾아내고 군·구의 발전 협동조합(주식회사)을 운영하는 것도 핵심적 사업이다.

　지난 19일 정부는 '2020년 경제정책 방향'을 발표했다. 대대적 투자를 통해 현재의 침체 국면을 돌파하는 동시에 성장잠재력을 높이겠다는 것이다. AI와 빅데이터, 스마트 시티 등 최근 유행어로 가득 찬 123쪽의 문건 어디에도 생태전환의 장기 전략은 없다. 다만 '미래 선제 대응' 항목에서 미세먼지 배출원과 수입폐기물 관리의 강화, 그리고 '기후변화 선제 대응' 항목에서 여전히 부족하기 짝이 없는 목표(2017년 대비 2.5% 감축)를 달성하기 위한 배출권 거래시장 기능 강화에 단 세 쪽(pp.100~102)을 할애했을 뿐이다. 이들은 왜 27명의 노벨상 수상자들을 포함한 주류경제학자 48명이 "탄소세가 가장 비용효과적인 탄소배출 감축 수단"이라고 선언했는지, 현재의 경제구조 개혁에서 생태전환이 왜 핵심적 지위를 차지해야 하는지 생각조차 한 적이 없다. '전환적 지도자'와 '전환적 정당'이 절실하게 필요한 시점이다.

경향신문 / 정태인의 경제시평 / 2019.12.23.

아이야, 혁명의 때가 왔구나

"어쩌면 아이야. 너희들은 혁명을 해야 할지도 모르겠다." 2015년 거침없이 악화하는 불평등을 보며, 그리고 여야 거대 정당이 오히려 이를 부추기는 걸 한탄하며 나는 한 칼럼에서 아이들을 선동했다. 2년 전, 한 청년 활동가가 찾아와서 "혁명을 어떻게 하면 되느냐"라고 진지하게 물었다. 그 글에서 소개한 "친구들과 연대해서 더 나은 공동체를 만들어야겠다"라는 이길보라 감독의 말밖에 더 할 얘기가 없었다.

아이들이 연대해야 할 친구를 드디어 찾았다. 한눈에도 당차게 보이는 툰베리는 혁명가였고, 그의 연설은 슬픔의 절규이자 질타였으며, 그리고 경고였다. 그의 연설에 박수를 치고 환호한 세계의 정상들은 정말로 이 "혁명 선언"을 알아들었을까?

연설은 "내 메시지는 우리가 당신들(정상들)을 지켜보겠다는 것이다"로 시작했고, "당신들이 감히 어떻게(how dare you)"라는 말을 몇 번이고 반복했다. "당신들은 공허한 말로 내 꿈과 유년 시절을 빼앗았으며… 돈과 영원한 경제성장이라는 동화밖에 얘기할 줄 모른다." 그 누가 세계의 정상들에게 이리 말할 수 있을까?

툰베리는 세계 각국이 외면하고 있는 유엔의 목표도 비판했다. 10년 내에 온실가스 배출을 반으로 줄여서 50%의 확률로 기온 상승을 1.5℃ 내로 억제하자는 주장은 "당신들에게 받아들일 만할지 모르겠지만… 우리는 그 결과와 더불어 살아야 한다." 이제 그 확률을 67%로 높이려면 2018년 1월1일 기준으로 세계는 420기가톤의 이산화탄소를 남기고 있을 뿐이며 (1년8개월 남짓 지난) 오늘 350기가톤 미만으로 줄었다. 그런데 "당신들이 감히 어떻게 단지 '통상의 방식으로(business as usual)', 그리고 몇몇 기술로

이 문제를 해결할 수 있는 척하는가?"

2018년 8월, 스웨덴 의회 앞에 앉아서 홀로 피켓 시위를 하던 툰베리의 외침은 "전 세계 청소년들이여 연대하라"로 번졌다. 뉴욕, 베를린, 캔버라, 그리고 서울에서 아이들이 "정부는 온실가스 배출 감소를 위한 모든 노력을 다하라"고 외치고 있다.

기후 위기는 지극히 정치적인 문제이다. 자본주의 300년이 화석연료 위에서 발전했기 때문에, 가장 전형적인 '시장 실패'이며 동시에 가장 규모가 큰 '공유지의 비극'이기 때문에 오직 시민들의 정치적 연대만이 문제를 해결할 수 있다. 정작 처참한 결과를 떠안을 이해당사자인 미래 세대에게는 투표권이 없다. 생태 문제에는 민주주의가 작동하지 않을 가능성이 크다. 어른들은 쏟아지는 정보 중에서 자신에게 유리한 것을 택할 가능성이 높으며(확신 편향), 그런 정보를 제공할 화석연료 대기업은 얼마든지 있다.

아직 파리협정 이행계획도 못 낸 한국

툰베리와 아이들은 핵심을 꿰뚫었다. 곧 세계의 아이들은 정부에 대한 호소를 멈추고 '악'과의 싸움을 시작할 것이다. 툰베리가 연설한 날, 한국의 문재인 대통령도 (일설에 따르면 주최 측의 거부에도 불구하고 겨우) 정상회의에서 연설을 했다. 한국은 계속 석탄 발전을 늘리는 나라, 1인당 이산화탄소 배출량 1, 2위를 다투는 나라이면서 아직 파리협정 이행계획도 내지 못했다. 겨우 내놓은 2030년 온실가스 감축 목표조차 3℃ 내 억제 수준에 머문다고 비판받고 있다. 그런데도 대통령은 "파리협정을 충실히 이행하고 있다"면서 "푸른 하늘의 날" 같은 공허한 말만 했다.

아이들에겐 투표권이 없다. 어른들의 선택권은 어떨까? 기후 위기 집회에 참석한 아이들을 처벌하라고 교육부 장관을 다그치는 당은 물론 선택의 대상이 아니다. 이들보다 조금 낫지만 불평등이건 기후 위기건 구체적인 노력조차 하지 않는 당 역시 툰베리에겐 그저 '악'일 뿐이다. 10년이나 남았으니 그때부터 해결책을 모색하면 되는 건 절대로 아니다. 지금 당장 시한을 정하고(예컨대 2030년까지 이산화탄소 배출 50% 이상 감축) 모든 조치를 취해야 10년 뒤, 아이들이 그래도 뭔가를 해볼 기회라도 남는다. 현실을 직시하고 어떤 당이 툰베리와 아이들의 외침에 반응을 보이는지 살펴야 한다. 99%의 부모에게 내 아이만 살 길은 없다(1%는 '토탈리콜'의 특수 돔 안에서 살 수 있을지도 모르지만)

시사인 633호 / 2019.11.08.

너도 나도 '생태 시민'이 되어야 한다

한달여 전, 유엔 기후정상회의에서 18세 툰베리가 한 연설이 지금도 귀에 쟁쟁하다. 세계의 정치지도자와 전문가들이 박수와 환호를 보냈지만 툰베리의 굳은 얼굴은 풀리지 않았다. 제정신의 어른들이었다면 미안해서 차마 얼굴을 들지 못했을 것이다.

기후위기는 경제학 교과서에도 나오는 대표적인 시장실패 또는 외부성 문제이다. 77억여 지구인, 200여개의 나라 모두가 걸려 있는 최대 규모 '공유지의 비극'이기도 하다. 우리가 알고 있는 경제학의 처방전은 과연 유효할 것인가.

바로 떠오르는 영국의 경제학자 피구의 해법은 탄소세 부과와 전기료 인상이고, 코즈 정리를 신봉하는 경제학자라면 탄소배출권 거래시장을 제안할 것이다. 충분히 높은 세율을 설정하고 새로운 시장에서 나타날 부작용을 처리할 수 있다면 둘 다 당장 시행해야 할 정책임에 틀림없다.

공유지의 비극에 대한 오스트롬의 해법, 특히 '다중심 접근'은 특히 중요하다. 글로벌한 문제이니 만큼 파리협정의 합의 또는 2018년 IPCC의 1.5도 특별보고서 처방대로 2030년까지 2010년 대비 45% 이상 감축, 2050년까지 순제로(net zero) 배출에 대한 합의가 있어야 한다. 각국은 이 목표에 맞춰 이행 전략을 제출하고 자국에 맞는 구체적인 정책을 실행해야 한다. 재생가능 에너지 믹스를 찾아내고 스스로 규칙을 세워 에너지 낭비를 막는 일, 지역 커먼스를 활용한 수익 사업 등은 시·군·구 단위에서 해야 할 일이다. 개인들도 에너지 소비를 극소화하는 '좋은 삶'의 모델을 새로 만들어내야 한다.

1997년 교토의정서 때부터 보더라도 20여년 동안 이산화탄소 배출 증가율은 거의 같은 기울기로 늘어났다. 인류의 생존을 위한 생태 전환은 역사상의 어떤 '거대한 전환(자본주의의 탄생이건, 사회주의에서 시장경제로의 전환이건)'보다도 더 커다란 구조 변화를 요구하고 있다. 자본주의는 화석연료 위에 쌓아올린 경제이다. 산업자본이건, 금융자본이건, 그리고 일반인의 삶이건 모두 화석연료 인프라 위에서 구축되었다. 200년 이상 축적된 기득권의 힘은 어마어마하고 보통 사람들도 익숙한 삶을 쉽사리 버리지 않는다. 이들 모두가 강력한 저항세력이다.

아예 위기 가능성 자체를 부정하는 이들도 많다. 세계 최강국의 대통령이 그런다면 문제는 심각하다. 200여개의 나라들이 모두 단기 국익을 추구하고 민족주의나 인종주의가 이를 뒷받침한다면 무임승차는 당연한 선택이다. 국내 정치도 마찬가지다. 전기료 인상과 탄소세 도입은 언제나 차기 선거 이후로 미뤄진다. 또는 이런 정책이 국회를 통과하려면 압도적인 다수의 지지가 필요하다는 호소에 이용될 뿐, 그 선거 공약은 지켜지지 않는다. 가장 직접적인 피해당사자인 어린 세대는 투표권이 없고, 어른들은 자기 세대에게 유리한 '증거'에 귀를 기울인다. 우리의 민주주의 역시 기후위기 해결에는 무력했다.

전문가들의 진단은 절박해서 위에서 얘기한 모든 처방을 한꺼번에 시행해도 2030년까지 기온 상승을 1.5도 이하로 묶기 어려워 보인다. 2018년 IPCC 보고서 저자 중 한 명인 앨런(Myles Allen)이 제시한 간단한 사고 방법을 보자. 그에 따르면 배출된 이산화탄소 1t을 제거하는 데 드는 비용은 약 200파운드(약 30만원)이며 글로벌 탄소 프로젝트(GCP)가 추정한 2018년 한국의 1인당 이산화탄소 배출량은 12.4t(세계 4위)이었다. 즉 매년 1인당 270만원을 지출해야 현재의 탄소 스톡을 유지할 수 있다. 3인 가족이라면 매년 800만원 정도의 세금을 추가로 내야 하는데 그럴 수 있는 이들은 별로 없으니 이산화탄소 배출 자체를 줄여야 한다.

우선 산업, 건물, 교통의 에너지원을 전기로 바꾸고 최대한 재생가능

에너지로 발전해야 한다. 그래도 나오는 쓰레기는 순환경제로 처리한다. 국가는 생태기술의 혁신을 주도해서 새로운 시장을 창출해야 한다. 이렇게 화석 기반 인프라 자체를 바꾸고 시장을 창출하는 대규모 투자는 당분간 경제성장률을 끌어올리고 새로운 일자리를 만들어낼 것이다. 약 10여 년의 전환기에 부여되는 '생태 배당(ecological dividend)'인 셈이다. 최근 미국 정치권에서 활발히 논의되고 있는 그린뉴딜 정책이 바로 이런 전략이다.

진정으로 아이들을 위한다면 시민 스스로 나서서 올바른 전략을 요구하고 고통과 비용을 나누어 져야 한다. 행동하는 생태 시민(eco-citizen)이 없다면 전환은 불가능하다. 툰베리의 외침은 지금 전 세계 젊은이들의 행동으로 번지고 있다. 이 젊은이들이 '녹색 수호대(green guardian)'가 되어 정치를 주도할 때 비로소 우리는 전환에 성공할 수 있을 것이다.

경향신문 / 정태인의 경제시평 / 2019.10.28.

수소경제를 위한 변명

기술혁신은 불확실성이 지배한다. 최고기술을 지닌 대기업이 특정 기술궤적과 상용화만 고집하다가(lock-in) 몰락한 사례는 기업사에 흔전만전이다. 예컨대 개인용 컴퓨터 기술도 가지고 있었지만 메인프레임(대형 컴퓨터)에 집착했던 IBM은 그만 서비스 업체가 되었고 애플이 컴퓨터 업계를 호령한 바 있다. 테슬라가 거대 내연기관 자동차 기업을 제치는 사례가 추가될지도 모른다.

지난 1월 정부는 '수소경제 활성화 로드맵'을 발표했고 내 주위는 "미친 짓"이라는 비판으로 가득 찼다. 수소경제는 바야흐로 "새로운 성장 동력으로 미래경제의 핵심+친환경 에너지혁명"(p1)을 불러일으킬 텐데도 말이다. '에너지 자립, 분산형 에너지, 친환경적 경제'에 생태운동 쪽 사람들이 반대의 목소리를 높이다니, 왜 이런 상황이 벌어졌을까.

보고서의 '수소차' 역시 전기차다. 다만 배터리로 모터를 돌리는가 (Battery Electronic Vehicle), 연료전지로 모터를 돌리는가(Fuel Cell Electronic Vehicle)의 차이만 있을 뿐이다. '연료전지'라는 번역 역시 배터리를 연상시키지만 이 장치는 수소와 산소를 결합해서 전기를 만드는, 소규모 발전소다. 어차피 전기로 가는 차라면 왜 굳이 수소를 싣고 다니면서 한번 더 발전을 하는가가 수많은 비판 중 핵심이다. "우주물질의 75%를 차지할 정도로 풍부하지만" 수소는 물에, 그리고 메탄과 같은 가스 속에 화합물로 존재한다. 여기서 수소를 추출하려면 열이나 빛, 전기와 같은 에너지가 필요하다. 물을 전기분해(수전해)하려면 전기가 필요하고 메탄을 개질(reforming)하려 해도 열에너지가 필요하다. 현재 생산되는 수소의 96%는 화석연료(천연가스, 원유, 석탄)에서 추출되며 오직 4%가 수전해인데 여기 들어가는 에너지 역시 대부분 화석연료에서 나왔을 것이다. 최초의 에너지원이 화석연료라면 수소의 생산과 두 번째 발전에 들어가는 전기만큼 수소차는 반환경적이다(이 보고서는 암묵적으로 부생수소-암모니아 생산 등에서 부산물로 나오는 수소-를 사용하면 되는 것처럼 기술되어 있는데, 그 자체도 의심스럽지만 이 보고서가 실은 수소차만 염두에 두었다는 증거다).

수소와 전기는 똑같이 에너지 담지자지만 수소는 전기와 달리 에너지 저장수단이 될 수 있다. 수소경제의 진정한 매력은 바로 여기에 있다. 사용되지 않은 전기는 곧바로 사라지고 현재 배터리에 담을 수 있는 양은 극히 제한적이다. 재생에너지, 특히 풍력에너지는 불규칙하게 전기를 생산하므로 장차 이 에너지원으로 상당량의 전기를 생산한다면 때에 따라 많은 전기를 버려야 할 것이다. 이때마다 이 전기를 수소 생산에 사용한다면 필요할 때 다시 쓸 수 있을 것이다. 수소경제를 대중화한 리프킨이 극찬했던 것도 바로 이 '녹색수소'이다.

즉 대통령 보고서가 '수소차 활성화 로드맵'이 아닌 '수소경제 활성화 로드맵'이라면 녹색수소의 생산과 저장, 운반과 배송의 로드맵이어야 했고, 특히 재생에너지에 의한 수소 생산을 어떻게 획기적으로 늘릴 것인가에 초점을 맞춰야 했다. 생태 쪽의 비판은 여기에서 비롯됐을 것이다. 이명박 정부의 '녹색성장'은 원자력 발전에서 수소를 얻는 방안을 검토했고, 현 정부는 "대규모 재생에너지 단지"를 거론하고 있다. 양자 모두 당장 어디에 지을 것인가가 문제이고 그 이후엔 이들이 만들어낼 새로운 생태 문제를 해결해야 한다. 재생에너지원에서 전기를 얻는 방법은 지역마다 다르다. 정부가 제대로 수소경제를 만들려면 지역마다 에너지 효율을 높이는 동시에 가장 바람직한 재생에너지원 믹스를 찾아내 분산 발전을 늘리도록 해야 한다. 수소를 압축하거나 액화해서 운반할 수 있다면 무인도에 대규모 재생에너지 단지를 만들 수도 있을 것이다.

그래도 일단 전국 곳곳에 부생수소 충전소(수소주입소)를 지어 수소차에서 앞서가야 하지 않느냐는 주장이 나올 만하다. 전기 인프라는 200년 동안 지속적으로 확충되고 보완되어 왔다. 한성에 전기가 들어온 지도 120년이다. 수소 인프라를 단기간에 그만큼 갖추는 건 매우 어렵다. 다행히 현대기아차는 전기차 기술도 세계 최고 수준에 도달해 있다(수소차도 전기차다). 그런데도 정부의 지원을 받아 현대기아차가 한정된 자원을 수소차의 특유한 장치 개발에 쏟아부었는데 기술궤적이 기존의 전기차 쪽으로 전개된다면, 예컨대 다른 나라에는 수소차 인프라가 만들어지지 않는다면 한국 자동차 산업은 바로 위기에 빠질 것이다. 불행히도 우리나라에는 테슬라가 없다.

수소차만을 위한 인프라가 아니라 수소경제 전체에 이용할 수 있는 범용인프라를 고려해야 한다. 우리나라뿐 아니라 전 세계적으로 수소를 싸게 생산, 저장, 운반할 수 있게 된다면 운행거리와 출력 면에서 강점을 지닌 수소차가 경제성을 확보할 수 있을 것이다. 요컨대 재생에너지원의 충분한 확보와 전기분해기술의 고도화가 수소경제를 위해서도, 결국 수소차를 위해서도 먼저 추진해야 할 일이다.

경향신문 / 정태인의 경제시평 / 2019.02.18.

'반도체 전쟁'의 전화위복

삼성과 SK 등이 대규모 투자로 실리콘밸리 같은 혁신 클러스터를 만들 수 있다면 일본과의 무역분쟁이 전화위복이 될 수 있다. 하지만 대기업이 관행에 따라 설계하면 반드시 망한다.

지난 30여 년 동안 한국의 역대 정부는 부품소재 산업의 국산화를 거듭 천명했다. 자동차 산업은 엔진과 트랜스미션 등 핵심 부품 90% 이상의 국산화라는 성과를 거두었지만 반도체 산업은 별 변화가 없다. 삼성의 설비투자 및 증산은 대일본 적자를 거의 같은 비율로 증가시킨다.

한국의 IT 산업과 일본의 부품소재 산업은 동아시아 고유의 장기 거래에 기초한 분업을 이뤘다. 장기 거래는 신뢰를 낳고 상대에 관한 정보를 공유하므로 안정적이면서도 안성맞춤인 기술 발전도 일궈낸다. 하지만 이 관계가 쌍방 독점에 가까워지면 이른바 "근본적 전환"(경제학자인 올리버 윌리엄슨의 용어)이 일어나서 발목잡기 문제(hold up problem)가 발생한다. 이제 상대가 배반을 해도 응징할 수단이 마땅치 않으므로 일정 정도 이상의 특화를 초래하는 투자를 꺼리게 된다는 것이다. 이 문제도 '죄수의 딜레마'에 속하며 해법은 수직통합, 또는 자체 생산이다.

마침 삼성은 시스템 반도체에 133조원을 투자하겠다고 발표했고, SK도 122조원 규모의 반도체 클러스터를 용인에 건설하겠다는 계획을 확정했다. 만일 이들 대기업의 대규모 투자로 실리콘밸리 같은 혁신 클러스터를 만들 수 있다면 일본이 일으킨 무역분쟁이 오히려 전화위복이 될 수 있다. 기존 기업이나 대학교와 연구소의 입지, 연구 인력의 선호, 금융 등 지원서비스의 질 등 클러스터의 핵심 구성 요소 측면에서 수도권은 압도적으로 유리하다. 그러나 수도권 규제와 국토 균형발전이라는 목표 때문에 중앙정부는 이 지역의 혁신 클러스터를 적극적으로 추진할 수 없었다.

판교와 광교의 연구개발 중심 혁신 클러스터(테크노밸리)가 지방정부 주도형으로 상당한 성과를 거둔 것도 이 때문이다. 물론 클러스터를 형성하는 데는 오랜 시간이 걸리기 때문에 대기업 투자가 곧바로 일본의 수출 규제 문제를 해결할 수는 없다. 앞으로 경제적 의존이 정치적 압력의 빌미가 되는 일이 빈번하게 일어날 것이라면 한국 내부에서 핵심 부품과 소재를 생산해야 할 것이다.

1980년대 이래 실리콘밸리의 재현은 각국 정부의 꿈이었지만 현실이 된 사례는 별로 없다. 실리콘밸리의 대부로 알려진 프레더릭 터먼 스탠퍼드 대학 교수도 미국 곳곳에서 실험을 했지만 대부분 실패했다. 예컨대 뉴저지 지역의 경우에는 저 유명한 벨 연구소가 주도했지만 기존 기업들 간 협력을 유도하지 못했고, 코넬 대학은 학술적 연구에만 관심을 쏟을 뿐이었다.

삼성의 폐쇄적 네트워크, 연구기관 등에 개방되어야

한국의 카이스트 설립은 터먼의 실험 중 대표적 성공사례로 꼽힌다. 과학기술부 산하에 최고 수준의 대학을 설립해 한국 산업의 수준을 한 단계 높였다는 것이다. 공동학습을 통해 혁신을 이루고 그 성과를 공유하는 것(네트워크 외부성)이야말로 클러스터 성공의 핵심인데, 카이스트는 미국 거주 한국인 연구자를 유치하고 기업과 밀접한 관계를 맺음으로써 그 목표를 달성했다.

문제는 현재의 대기업이 과연 단기적인 이익 극대화를 넘어 이러한 목표를 달성할 수 있느냐이다. 무엇보다도 삼성의 악명 높은 폐쇄적 네트워크가 연구기관과 중소기업에 개방되어야 한다. 휴렛팩커드와 인텔 등 실리콘밸리의 대기업은 공동의 장비 사용(삼성도 최근에 외부 기업이나 연구자에게 파운드리를 개방하기 시작했다)을 촉진하고 스타트업의 투자를 지원했다. 캘리포니아는 노동자의 이직에 따른 정보 유출에 관대한 법을 지니고 있으며 대기업은 스핀오프를 장려하기도 한다.

지식과 정보의 공유를 통한 생존 전략은 현재 재벌의 행동양식, 규범과 날카롭게 맞부딪친다. 단 20년 만에 실리콘밸리에 버금가는 규모와 네트워크의 질을 확보한 중국 중관촌(베이징)과 선전의 혁신 클러스터를 이제라도 따라잡지 못한다면 조만간 중국 기업에 추월당할지 모른다. 대기업이 관행에 따라 클러스터의 거버넌스를 설계하면 반드시 망한다. 정부가 인프라를 제공하고 대기업이 목표를 설정하되 대학이나 연구소, 중소기업들이 자신의 혁신 능력을 최대한 발휘할 수 있도록 해야 한다.

시사인 / 618호 / 2019.07.26. 2019.09.02.

김현종 본부장의 빛바랜 소신

2006년 2월3일 김현종 통상교섭본부장이 느닷없이 한·미 FTA 협상 개시 선언을 한 뒤, 오랜 세월이 흘렀다. '투자자–국가 중재제도 (ISDS)'는 그중에서도 핵심 쟁점이었고, 언제나 미국은 밀어붙이고 한국은 방어하는 양상을 띠었다.

대체로 미국에서 좌파는 이 제도가 환경·복지·노동 제도의 공공성에 미칠 영향을 우려했고, 우파는 미국 사법권의 훼손 때문에 반대했다. 민주당 대부분의 의원을 포함한 한국의 우파는 오로지 투자자의 권리를 보호해야 한국 경제가 산다고 주장했다.

상전벽해의 대반전이 일어났다. 트럼프 대통령은 후보 시절부터 북미자유무역협정(NAFTA·나프타)의 투자 관련 챕터(11장과 19장)에 반대했다. 미국 기업의 해외 투자를 줄여서 국내 일자리를 늘려야 하기 때문이란다. 트럼프 대통령이 임명한 라이트하이저 미국 무역대표부(USTR) 신임 대표의 한마디가 간명하게 대변한다. "멕시코의 미국인 투자를 보호하는 조항이 어떻게 미국에 도움이 된다는 말인가?"

나프타에서 투자 챕터 전체가 빠질 가능성도 상당해 보인다. 지난 7월25일 한국 국회에서 열린 '투자자–국가 분쟁해결제도 개선' 온라인 국제 세미나에 참석한 멜린다 루이스(미국, '글로벌 무역 감시를 위한 퍼블릭 시티즌' 홍보책임자)는 라이트하이저가 사실상 ISDS를 제거한 협상안을 제출했다고 증언했다. 그뿐만 아니라 환태평양경제동반자협정(TPP)이 다수의 지지를 획득하지 못한 것처럼 ISDS를 포함한 협상안은 앞으로 미국 의회를 통과할 수 없을 것이라고 자신했다.

한국에서도 변화의 조짐이 일어나고 있다. 한국·벨기에 투자보장협정에 기대 론스타 펀드가 47억 달러짜리 중재 요구(외환은행 주식 매각처분 승인 지연과 매각 차익에 대한 과세처분)를 한 이래, 한·미 FTA에 입각해서 엘리엇은 삼성물산과 제일모직 간 합병을 문제 삼아 최소 7억7000만 달러의 배상을 요구했고, 메이슨 캐피털도 똑같은 이유로 1억7500만 달러를 요구했다.

　　줄을 잇고 있는 중재 요청에도 한국 정부는 문제없다며 큰소리쳤지만 급기야 패소 판정도 나왔다. 한국·이란 투자보장협정에 근거해서 이란의 엔텍합이 중재를 요청한 대우일렉트로닉스 사건에서 한국 정부는 패소했고 국민의 세금 730억원이 허공으로 날아가게 생겼다.

　　특히 엘리엇과 메이슨은 재벌도 깜짝 놀라게 만들었다. 3세 승계를 위한 신종 수법들이 외국인 투자자라는 또 하나의 장벽을 넘어야 할 운명에 처했기 때문이다. 그래서인지 전국경제인연합회(전경련)는 '미국이 ISDS 폐지를 주장하는 상황에서 우리 정부가 ISDS를 협상의 지렛대로 활용하겠다는 것은 상황에 맞지 않는 판단(《한·미 FTA 개정 협상과 한국의 대응 전략》 보고서, 2018)'이라고 주장했다. 원래 재벌은 ISDS를 공기업과 공공서비스의 민영화를 되돌릴 수 없게 만드는 '강철 보검'쯤으로 여겼지만 그 칼날이 족벌 체제를 향하자 정반대로 태도를 바꾼 것이다. 이유야 어떻든 냉철한 판단이다.

투자자—국가 중재제도는 협상의 지렛대인가, 볼모인가

김현종은 무얼 하고 있는 걸까? '한·미 FTA의 ISDS 제도는 투자자 보호 및 국가의 규제권한 간에 균형을 이룬 발전된 형태로서… 우리의 법·제도와 조화를 이룬 여러 안전장치를 마련한' 훌륭한 제도라는 게 정부의 공식 입장(산업통상자원부 '종합 의견')이다. 김현종의 통상교섭본부는 "남소 방지 차원에서 한국 정부의 정책 권한을 계속 유지하면서 이행할 수 있도록 의견을 제시"했다. 그들은 미국이 이런 의견을 순순히 받아들여서 놀랐다며 망외의 성과를 거둔 것처럼 굴었다.

과연 그럴까? 미국 무역대표부가 나프타를 교본 삼아 한·미 FTA에서도 투자 챕터를 사실상 제거하자고 요구했다면? 정부의 주장대로 ISDS를 협상의 지렛대로 농산물과 자동차에서 뭔가를 얻어낸 것이 아니고 정반대로 ISDS를 볼모로 잡혀서 농산물과 자동차를 더 많이 양보했을 가능성이 매우 높다.

시사인 / 569호 / 2018.08.10.

공공정책 찌르는 ISD라는 칼

정부는 한 번도 ISD(투자자 국가제소)를 당하지 않았으므로 문제가 없다고 주장한다. 하지만 ISD는 명백한 현실이다. 현재까지 제기된 ISD의 대상은 거의 모두 공공정책이었다.

투자자 국가제소(ISD)의 망령이 한국을 휘감고 있다. 미국계 사모펀드 론스타가 한국 정부를 제소한 중재는 완전히 비밀로 진행되고 있다. 현재 알려진 소송액수는 43억 달러(약 4조6590억원)이고 정부가 이 소송에 쓴 예산만 해도 2013년 47억5000만원, 2014년 106억500만원, 그리고 추경까지 합쳐서 올해 126억원이 배정되어 있다. 이뿐 아니라 이란의 엔텍합 그룹, 아랍에미리트의 국제석유투자회사도 정부에 중재 의향서를 제출했다고 한다. ISD는 간혹 발생하는 일이 아니라 이제 모든 기업의 일상적 고려 사항이 된 느낌이다.

더구나 FTA에 들어 있는 ISD와 투자협정에 들어가 있는 ISD는 또 다르다. 정부에 불리한 결정이 나와서 정부가 이에 불복했을 때 한·미 FTA의 ISD는 보복관세를 물릴 수 있도록 했다. 론스타 사건이 벌어졌을 때는 한·미 FTA가 발효되지 않은 상태였기 때문에 한국·벨기에 투자협정을 근거로 했지만 앞으로는 가장 강력한 투자 조항이 들어 있는 한·미 FTA를 이용할 것이 틀림없다.

소송이라는 용어를 썼지만 별도의 국제재판소가 존재하는 건 아니다. 론스타와 한국 정부가 각각 한 명의 법률전문가(변호사)를 택하고, 이 둘이 합의한 또 한 명의 전문가, 총 3명이 중재위원회를 구성한다. 재판 과정은 공개하지 않으며 단 한 번으로 끝난다.

한국 측은 한·벨기에 투자보장협정이 한국의 국내법을 준수한 투자만 보호하도록 한 조항에 희망을 걸고 있다. 론스타는 산업자본이어서 애초에 외환은행을 인수할 자격이 없고 외환카드 주가조작 등 불법행위를 했으므로 협정의 대상이 아니라는 것이다. 하지만 현재 증인으로 거론되고 있는 금융위원회 공무원들은 당시에 론스타의 대주주 적격성 심사를 제대로 하지 않은 채, 오히려 론스타의 외환은행 인수를 적극 도왔던 사람들이다.

또 론스타가 중재 의향서에서 밝힌 것처럼 금융 당국의 외환은행 매각 승인 지연, 국세청의 과세 등이 정당한 행위인지도 쟁점이다. 론스타는 외환은행 주식을 2006년 KB금융지주, 2007~2008년 영국계 글로벌 은행인 HSBC 등에 매각하려 했지만 금융 당국이 매번 국민 정서 등을 이유로 매각 승인을 늦췄다고 주장한다. 이에 따라 주식을 제값에 팔지 못했다는 것이다. 론스타는 또 벨기에 기업이므로 한국 기업의 지분 매각으로 얻은 수익에 대해 한국에서 세금을 납부할 의무가 없다고 주장한다.

이러한 제소에서 흔히 문제가 되는 원칙은 내국민 대우, 최혜국 대우, 최소기준 대우이다. 이 중에서 최소기준 대우 위반 여부를 판단하는 건 지극히 어렵다. 국제관례에 비춰볼 때 과도한 정책인지, 아닌지를 판단해야 하기 때문이다. 과연 론스타에 세금을 부과하고 매각을 늦추도록 요구한 것이 국제관례에 어긋나지 않는 것일까? 오로지 세 사람의 판단에 달려 있다. 모든 국민이 원하는 정책이라 하더라도 국제관례에 어긋난다고 세 명의 민간인이 판단하는 순간 휴지조각이 되고 정부는 그 피해액을 현금으로 보상해야 한다. 이렇게 공공정책의 강화를 사전에 막는 것을 위축효과 (Chilling Effect)라고 한다.

민간 법률가 세 명의 판단에 달린 우리의 삶과 국가의 운명

정부는 우리가 한 번도 ISD를 당하지 않았으므로 아무 문제가 없다고 주장했지만 이제 ISD는 명백한 현실이 되었다. 아무도 북한의 핵폭탄이 아직 터지지 않았으므로 문제가 아니라고 말하지는 않는다. 이미 폭탄은 째깍거리며 초읽기를 하고 있다. 현재까지 제기된 ISD의 대상은 거의 모두 공공정책이었다. 환경 규제나 식품 규제 등 공공의 이익을 위한 정부 규제는 거의 언제나 기업의 이익을 침해할 테니 이런 현상은 오히려 당연하다고 봐야 한다.

　　　왜 공공정책의 운명을 민간 법률가 세 명의 판단에 맡겨야 하는가? 이는 공공행정의 영역을 사적인 중재에 맡기는 것이다. 2001년 아르헨티나의 예에서 보듯이 경제위기 때 국가가 취하는 긴급조치도 ISD의 대상이다. 최근 노벨경제학상 수상자 스티글리츠 교수는 '비밀스러운 기업인수(The Secret Corporate Takeover)'라는 칼럼을 썼다. 사실상 기업이 정부를 인수한 것이나 다름없으므로 오바마 대통령에게 환태평양경제동반자협정(TPP)에 ISD가 들어가면 안 된다는 편지를 보냈단다. 과연 이 편지가 위력을 발휘할 것인가? 글의 마지막 문장을 보면 그도 그렇게 생각하지 않는 것처럼 보인다. "미국, 유럽, 그리고 태평양의 시민들이 우렁차게 'No'라고 외치기를 바란다."

시사인 / 402호 / 2015.06.01.

기어이 난파선에 타려는가

타조효과와 장두노미(藏頭露尾)

'타조효과'(Ostrich Effect)라는 게 있다. 갈라이와 사드(Galai & Sade)는 사람들이 명백히 위험한 금융 상황에서 마치 그런 상황이 존재하지 않는 것처럼 행동하는 현상을 발견했다. 타조가 큰 위험을 만나면 머리를 땅에 박아버리는 행동(실제론 그렇지 않단다)과 마찬가지라는 것이다. 지난해 교수들이 '올해의 사자성어'로 선정한 '장두노미'(藏頭露尾·꿩이 머리를 땅에 박고 꼬리를 드러낸다)도 똑같은 얘기니, 이런 현상은 비단 현대의 금융시장뿐 아니라 동서고금 언제나 나타난 인간 본성에서 비롯됐다고 할 만하다.

미국과 FTA할 나라 당분간 없을 듯

사람들은 왜 현실을 외면할까? '설마 그렇게 큰일이 일어나랴' 하는 안이함과 자신에게 유리한 정보만 받아들이려는 속성(언제나 주가가 오를 것이라고 예측하는 애널리스트들의 분석은 얼마나 달콤한가), 정부 같은 큰 기관의 주장을 믿고 싶어하는 심리('설마 정부가 거짓말을 하진 않겠지') 등이 복합적으로 작용할 것이다. 더구나 '그렇게 큰일은 나와 상관없다' '남들도 똑같이 당하는 거면 괜찮다'는 생각도 그 밑에 도사리고 있을지 모른다.

지난 몇 년 동안 우리는 그런 엄청난 상황을 거푸 맞닥뜨렸다. 첫째는 한-미 자유무역협정(FTA)이라는 건국 이래 최대의 정책이요, 둘째는 현재 진행형인 세계 금융위기다. 두 번째 상황은 우리가 어떤 결정을 하건 큰 방향을 틀 정도의 영향력을 끼치지 못한다. 따라서 이 상황은 이제 다른 모든 결정의 전제조건이 됐다. 그러나 한-미 FTA가 발효되느냐 마느냐는 전적으로 우리 결정에 달려 있다. 세계 금융위기 상황에서 우리가 꼭 한-미 FTA를 비준해야 할까?

정부의 한-미 FTA 당위론은 "다른 나라들이 다 FTA를 맺는데 우리만 안 하면 손해. FTA 후진국이 되어서는 안 된다"는 주장과 "우리가 먼저 한-미 FTA를 체결해서 미국 시장을 선점하자"는 주장이 한 쌍으로 결합돼 있다.

세계 금융위기가 진행 중인 지금, FTA를 맺겠다고 나서는 나라는 아무데도 없다. 특히 위기에 빠진 미국과 교섭을 진행할 나라는 앞으로 당분간 없을 것이다. 그러므로 첫 번째 주장은 원인 무효가 되었다. 두 번째 우리만 먼저 FTA를 맺어서 관세율 2.5% 인하의 혜택을 얻으면 과연 무역 흑자가 확 늘어날까? 미국의 수입은 당분간 정체하거나 감소할 것이다. 수요를 부추기려 해도 마땅한 정책 수단이 없기 때문이다. 경기 부양을 위해 이제 수출밖에 매달릴 곳이 없는 미국은 자국의 무역 적자를 줄이려고 저 악명 높은 '슈퍼 301조' 등 온갖 수단을 동원할 것이다. 그런데도 우리나라의 무역 흑자가 증가할까? 이건 오히려 확실성 영역에 속한다. 이미 발효된 한-유럽연합(EU) FTA는 그 미래를 지금 보여준다.

정부의 또 다른 당위론은 한-미 FTA가 생산성을 획기적으로 증가시켜 한국 경제를 한 단계 도약시킨다는 것이다. 이 주장은 서비스 시장 개방 등 신이슈(지적재산권·서비스·투자)와 연관됐고, 기실 이것이야말로 한-미 FTA 추진의 근본 이유다. 한국의 기획재정부(옛 재정경제부)는 오래전부터 중국의 성장에 놀라 하루바삐 대한민국을 '서비스 선진국'으로 만들어야겠다는 강박에 가까운 신념을 가지고 있었다. 당시 '글로벌 스탠더드'였던 개방과 규제 완화, 민영화는 그 첩경이다. 그러나 내부의 완고한 반대와 첩첩의 공공 규제는 이 '유일한 활로'를 가로막는 거대한 벽이다. 한편, 삼성 등 재벌은 한국 경제에서 마지막 남은 '황금알을 낳는 거위'인 공공서비스 분야에 진출하는 것이 간절한 소원이다. 의료민영화가 대표적이고 장차 철도 등 네트워크 산업도 좋은 먹잇감이다. 한-미 FTA는 이 둘의 소망을 동시에 해결해주고, 김현종 전 통상교섭본부장은 이를 "미국의 선진 시스템을 도입하는 것"이라고 정의했다. 그리고 2005년 말 노무현 전 대통령은 '외부 쇼크에 의한 내부 개혁'에 의해 "대한민국을 확 바꾸겠다"고 결심했다.

붕괴한 '선진 시스템'의 직수입

대공황에 버금가는 현재의 금융위기는 그 '선진 시스템'이 붕괴한 것이다. 금융뿐만 아니라 지난 30년간 지배해온 '글로벌 스탠더드'의 실상이 적나라하게 드러나고 있다. 오죽하면 젊은이들이 "월스트리트를 점령하라"며 월가가 지배하는 미국 정치에 항의하려고 노숙을 자처하겠는가? 금융, 의료 등 공공서비스, 부자 감세, 형편없는 인프라, 1%의 민주주의, 기후변화에 대한 태도 등 시장만능론이 빚어낸 모든 미국 시스템이 도마 위에 오르고 있다. 불만에 가득 찬 철부지들의 울부짖음이 결코 아니다. 오히려 시대의 변화를 감지한 젊은 영혼의 공명으로 보는 것이 옳다. 김현종의 공언대로 한-미 FTA는 바로 그 시스템을 직수입하는 것이다. 서비스, 지적재산권, 투자 분야의 우리 법과 제도는 모두 한-미 FTA의 각 조항으로 대체될 것이다. 모든 분야에서 최소한의 공공성이 사라지고, 시장이 모든 것을 지배하게 된다. 우리 스스로 기어코 이 난파선에 올라타야 하겠는가?

　참여정부는 짐짓 부정했지만 이명박 정부가 드러내놓고 강조하는 세 번째 이유는 한-미 동맹 강화다. 미국에 간 대통령이 "아시아 모든 국가들이 중국을 두려워하고 있다"는 철부지 발언을 할 정도다. 실로 한-미 FTA

는 미국과의 동맹을 강화해 중국에 대한 경계를 한껏 높일 것이다. 현재 같은 남북관계라면 한반도의 양쪽이 각각 중-미 대립의 앞잡이로 전락할 공산이 크다.

　　우리나라만 비준하지 않으면 한-미 관계가 악화될 것이라고 걱정하는 사람들도 있다. 그러나 한-미 FTA가 발효된 뒤, 건강보험이 없어지거나 시골 철도가 끊어지고 전체적으로 경제가 심각한 불황을 겪는 등 도저히 감당할 수 없는 일이 벌어져 한-미 FTA를 폐기할 수밖에 없는 상황이 온다면 과연 한-미 관계는 어떻게 될까? 최악의 경우 단교 상태까지 이른다면 동아시아에서 중국의 영향력이 너무나 커지는, 결코 바람직하지 못한 상황이 벌어질 것이다. 한-미 관계를 위해서도, 그리고 평화와 번영의 동아시아 공동체를 원한다면 덜컥 한-미 FTA를 비준해서는 안 된다. 동아시아의 냉엄한 국제관계는 우리에게 최대의 신중을 요구하고 있다.

한–EU FTA 결과 본 뒤 판단해도

그런데도 우리는 정부를 믿고 그저 국회 비준을 바라만 봐야 할까? 한-미 FTA가 빚어낼 우리 아이들의 미래는 지금 우리가 내린 선택의 결과다. 결코 타조나 꿩처럼 머리를 박고 정부나 재벌에 판단을 맡겨서는 안 된다. 천보 만보 양보해서 앞으로 1년간 미국이 어떻게 되는지, 그리고 이미 발효된 한-유럽연합(EU) FTA가 어떤 결과를 낳는지 본 뒤 판단해도 전혀 문제될 게 없다. 신중하고 또 신중해야 한다.

한겨레21 / 882호 / 2011.10.24.

국회는 '독소'를 보기나 했나

왜 이 시점에 한-미 자유무역협정인가? 지금 이명박 정부는 위기를 빌미로 시장만능의 정책을 본격적으로 밀어붙이고 있다. 한-미 자유무역협정은 그 최후의 일격이다. 지난 3년간 지겹도록 얘기했지만 이 협정의 본질은 미국의 법과 제도를 한국에 이식하는 것이다. 미국발 금융위기는 이런 법과 제도가 어떤 문제를 일으키는지 여실히 보여주었다. 바로 역사가 우리 눈앞에 낫을 들이댔는데도 정부와 한나라당은 기역자가 어떻게 생겼는지 모르쇠로 일관하고 있다.

힐러리 클린턴 미국 국무장관이 큰 성과를 거두었다고 자평한 서비스시장 개방, 투자, 지적재산권 분야가 특히 문제. 이동걸 전 금융감독위 부위원장은 한-미 자유무역협정이 발효되면 한국의 은행들이 미국 금융상품의 판매수수료나 챙기는 신세로 전락하리라고 예측했다. 이 예언은 이미 실현된 우리의 미래다. 법원이 불완전 판매로 판정한 우리은행의 파워인컴펀드가 바로 그것이다. 예금하러 간 할머니에게 높은 수익률을 약속한 은행원들이 미국의 파생상품을 제대로 이해하기나 했겠는가. 미국 금융당국도 제대로 감독을 하지 못했고 지금 수습도 하지 못하는 그런 상품이 일으킬 위기를 우리 금융위원회가 미연에 방지할 수 있으리라고 믿을 수 있을까?

이런 위험은 곳곳에 도사리고 있다. 현재유보에 대한 래칫 조항의 적용(더 많은 개방은 가능하지만 거꾸로 돌아가는 것은 금지), 미래의 최혜국대우(앞으로 다른 나라에 허용하는 특혜는 자동적으로 미국에도 적용), 그리고 저 악명 높은 투자자국가제소권이 한-미 자유무역협정의 4대 독소조항이다. 이 중 투자자국가제소권은 미국 의회마저 심각하게 문제를 제기하고 있는데 우리 정부는 외국인 투자를 유치하기 위해서 꼭 필요한 조항이라고 굳게 믿고 있다. 심지어 한-유럽연합(EU) 자유무역협정 협상 과정에서 우리 정부가 이 조항을 넣어야 한다고 우겼다니 협상단의 무능은 가히 하늘을 찌른다.

철도를 민영화했던 영국은 대형 사고가 잇따르자 시설부문을 재국유화했고 미국의 애틀랜타시는 수에즈사와 20년 계약을 맺은 물 민영화로 수질이 악화되고, 심지어 화재를 진압하지 못하자 중도에 계약을 파기했다. 한-미 자유무역협정이 발효되면 위 독소조항들 때문에 이런 시정 조처도 사실상 불가능하다.

이명박 정부는 세계경제의 흐름과 완전히 거꾸로 가고 있다. 신자유주의의 종주국에서 고든 브라운 영국 총리와 앨런 그린스펀 전 미국 연방제도이사회 의장까지도 스스로 파산을 선언한 바로 그 정책들을 위기의 해법인 양 뿜어내고 있다. 한-미 자유무역협정은 이들 정책으로 인해 바야흐로 빈사상태에 빠질 공공성을 확인사살하고 사경에 이른 환자의 수술조차 불가능하게 만든다.

딱 한마디로 진실을 말하라면 한-미 자유무역협정은 폐기되어야 한다. 그러나 외교나 정치적 문제를 고려한다면 최소한 모든 조항을 하나하나 국회에서 뜯어보아야 한다. 오로지 쇠고기 협상만 제대로 국회가 들여다보았을 뿐이다. 문제점 하나하나를 짚어가며 국민이 동의할지 말지 결정할 수 있도록 해야 한다.

재벌-경제관료-조중동이라는 지배 삼각동맹의 영원한 이익을 위해서 정부-한나라당이 비준을 서두르는 것뿐이다. 미국이 원하는 것은 뻔하다. 일정한 비율의 자동차시장 점유율과 30개월 이상의 쇠고기까지 완전한 개방이 그것이다. 국민 몰래 (예컨대 부속 서한으로) 이런 걸 약속하면서까지 기어코 파국으로 폭주할 열차의 고동을 울려야겠는가?

한겨레신문 / [연속기고] ① 다시보는 한-미 FTA / 2009.03.30.

눈 내린 들판을 걸어가더라도

"눈 내린 들판을 걸어가더라도 결코 발걸음을 어지러이 하지 말라."(踏雪野中去 不須胡亂行) 서산대사의 말씀이다. 눈밭에 남은 발자국은 뒤따르는 사람의 이정표가 되기 때문이다. 사소한 일도 가벼이하지 말라는 뜻일 텐데, 특히 역사적인 결정은 따로 말해 무엇하랴.

지금 국회에서는 한-미 자유무역협정(FTA) 비준동의안 상정을 놓고 실랑이 중이다. 내 보기에 이 협정은 건국 이래 최대의 정책이다. 2년여 안간힘을 쓰던 반대의 목소리가 지치고 지쳐 잦아들 즈음에도 국민의 절반이 여전히 회의를 표했다.

우리뿐 아니라, 우리의 아이들, 그리고 그 아이들의 운명까지 결정할 이 어마어마한 협상이 얼마나 졸속으로 시작되고 불공정한 결과를 낳았는지 반복할 필요는 없다. 당장 검색엔진으로 2년 동안의 기사를 검색해 보라. 반대파의 우려는 불행히도 고스란히 현실이 됐고 정부의 호언장담은 거의 모두 거짓이었다는 것을 확인할 수 있을 것이다.

상황은 더 나빠졌다. 이명박 차기 정부는 마구잡이로 규제 완화와 민영화를 밀어붙이고 있다. 앞으로 경제자유구역이 더 지정되는 것은 물론 '전국토의 준특구화'가 이뤄질 것이다. 그럴듯해 보이는 광역클러스터 정책도 실은 수도권 규제 완화를 노린 것이다. 이런 정책이 부동산 투기 등 온갖 부작용을 불러일으키더라도 한-미 자유무역협정은 되돌아갈 길을 끊어 버린다. 경제자유구역은 '현재 유보'에 포함돼 있어서 '역진 불가능' 조항이 적용되고 이 지역들에 미국 자본이 투자한다면 그때부터 투자자 국가소송제가 적용된다.

노무현 대통령은 건강보험을 걱정하는 반대론자에게 '괴담을 유포시킨다'고 비난했지만 이명박 정부가 추진하는 민간보험 확대, 당연 지정제 폐지는 마이클 무어의 영화 〈시코〉(SiCKO)가 곧 우리의 현실이 되리라는 것을 증명한다. 더구나 미국은 바야흐로 장기침체에 들어가고 미국발 금융위기의 불똥은 전세계로 번지고 있다. 한-미 자유무역협정은 우리 경제를 지킬 방화벽마저 무너뜨린다. 우리의 삶이 국보 1호 숭례문처럼 되기를 바라는가?

정부는 엉뚱하게도 우리가 먼저 비준을 해야 미국에 압력을 가할 수 있다고 주장한다. 민주당이 수적 우위를 점하고 힐러리, 오바마 등 유력주자가 반대하는 한-미 자유무역협정을 미국 의회가 먼저 비준할 가능성은 '0'이다. 한-미 자유무역협정 비준을 미루는 연간 기회비용은 15조원이 아니라 당연히 0원이다. 멕시코가 미국에 앞서 '나프타'를 비준한 후 미국 의회는 설탕의 수입금지를 요구해서 관철시켰다. 먼저 비준하는 것은 오히려 우리의 마지막 무기마저 내팽개치는 일이다.

오바마는 미국이 맺은 자유무역협정들이 서민의 삶을 개선했다는 증거가 없다며 정곡을 찔렀다. 현재의 미국형 자유무역협정은 두 나라 거대자본의 배만 불릴 뿐, 사회의 공공성을 여지없이 파괴하기 때문이다. 그들의 재검토 기간에 우리 국회도 국정조사를 통해 정말 꼼꼼히 협정문을 파헤쳐서 국민에게 알려야 한다.

국회의원들에게 묻는다. 정말로 한-미 자유무역협정이 일반 국민에게 도움이 되리라고 확신하는가? 협상안을 제대로 읽어보기라도 했는가? 비준안에 서명하는 것은 역사의 눈밭에 발자국을 찍는 것이다. 총선이 문제가 아니다. 그리도 당당하다면 왜 무기명 비밀투표로 발자국을 지우려 하는가? 당신의 자랑스러운 결정을 역사에 생생하게 남겨서 후세의 귀감으로 삼을 일이다.

한겨레신문 / 시론 / 2008.02.11.

때 아닌 초록

지형의 영향일까, 아니면 늙은 노부부가 잠깐 한눈 판 사이 콤바인 차례가 밀려서일까. 같은 예산인데도 어느 들은 비었고, 어느 들은 가을 햇살을 황금빛으로 튕겨낸다. 아니, 이런! 원추형으로 세운 낟가리가 비닐을 뒤집어쓴 빈 들판 가운데 몇몇 이랑은 초록이, 나도 보아달라는 듯 수줍게 까치발을 서고 있다.

"충남에서도 보리를 하나요?" 어렸을 적 맨 옥수수에 쌀이 몇 알 섞인 밥을 내내 먹었노라, 그 밥이 식으면 깔깔하기 이를 데 없어서 목이 아플 정도였노라, 40여 년 전을 회고한 P형에게 묻는다. "아니, 벼야." "예?"

수시로 논밭 갈아엎는 농부들

지난가을, 때 아닌 태풍 탓이다. 손이 딸려서, 아니면 애써봐야 품도 안 나오는 현실 때문에 그냥 내버려둔, 맥없이 쓰러진 벼 이삭이 그예 싹을 틔운 것이다. 아뿔싸, 하루 종일 그랬듯 자연의 놀라운 생명력, 그 아름다움에 대한 찬미를 이 광경 앞에서도 반복할 수는 없다. 어찌 자연 탓을 하랴. 지구의 기생충이 만들어낸 기후변화로 이삭이 엉뚱하게 물에 잠기고, 또 싹까지 틔웠으니 혹독한 겨울에 얼어죽든지 용케 살아남아도 봄에는 갈려 뭉그러질 운명이다.

인간은 기후만 변화시킨 게 아니다. 이제 농부들은 논밭을 수시로 갈아엎는다. 예나 지금이나 변함없이 흘린 땀 값이 운송비에도 미치지 못한다면 차라리 분노를 폭발시키는 게 그나마 정신건강을 지키는 길이기 때문이다.

그냥 시장경제라서, 농산물은 수요와 공급의 가격탄력성이 적어서(가격이 오른다 해서 갑자기 많이 길러낼 수도 없고, 또 수요 쪽도 확 줄어들지는 않는다) 그런 것이 아니다. 제조업 수출을 늘려야 '우리'가 먹고산다고, 선진경제가 되어야 한다고 광개토대왕처럼 미국 시장을 '정벌'해야 한다고 괜스레 맺는(또는 상층의 몇몇이 자신들의 이익을 위해 그악스럽게 추진하는) 한-미 자유무역협정(FTA) 앞에서 빗줄기를 헤치며 벼를 묶어 일으켜세울 힘이 어디 남아 있겠는가.

또 있다. 우리 정부가 중뿔나게 앞장서 시장에서 경쟁해야 좋은 서비스를 누릴 수 있다며 철도, 수도, 가스, 우편, 의료를 줄줄이 민영화하고 있으니 여기 시골은 공공서비스마저 끊기게 생겼다.

앞으로 우리 농업이 겪게 될 고초를 말할 때 깊게 이랑이 파인 얼굴들은 별 반응이 없다. 어디 이번뿐인가. 우루과이라운드, 한-칠레 FTA, 세계무역기구(WTO) 협상, 아니 연륜이 깊은 이들은 일제시대 공출부터 떠올릴지도 모를 노릇이다.

강둑은 모두 나서서 막는 수밖에

"건강보험이 없어질 수도 있습니다. 어르신들뿐 아니라 서울의 아이들, 손주들이 아파도 병원에 못 갈 수도 있습니다. 시골은 이제 보조금을 줄 수 없어서 철도, 수도, 우편 요금이 폭등하거나 끊길 수도 있습니다." 이제야 허리를 내밀어 귀를 기울이신다. "서비스업이 잘돼야 제조업이 잘된다면야 도시로 간 애들은 괜찮은 거 아니냐. 얼마 남지 않은 생, 쭉 그랬던 것처럼 견디고 말지." 이런 생각들을 하고 계셨던 것일까.

방금 전 김정희 고택에서 본 얼굴 용자처럼 살 수는 없을까. 1천 필의

붓자루가 닳아 없어질 정도의 경지가 되면 날렵한 글씨가 스스로 웃는다는
데, 납득할 수 없는 인간사가 모두 용납되려면 어찌 해야 하는 것일까. 논밭
을 갈아엎듯 분노를 터뜨려 막고 봐야 하는 것이 아닐까. 태풍으로 위태위태
한 강둑은 모두 나서서 막는 수밖에 없는 것 아닌가. 지장보살이 아닐지라도
세상이 죽음의 고통인데 어찌 해탈할 수 있으랴. 그 무슨 소용이랴.

한겨레21 / 683호 / 2007.11.02.

대한민국의 구조조정이 다가온다

한-미 FTA는 어떤 미래를 빚어낼 것인가…관세 인하를 위해 법·제도·관행을 송두리째 포기

　4월2일 오후 '괴물'이 탄생했다. 협상단은 같은 이름의 영화로 치자면 진실을 은폐하는 한국 정부 역이 딱 맞는데, 어찌된 일인지 이들은 마치 괴물과 맞서 싸운 송강호 가족인 양 스타가 됐다. 한숨만 쉬고 있을 일이 아니다. 이왕 영화처럼 흘러가고 있으니 이제는 괴물을 죽일 차례다. 송강호 가족은 영화와 마찬가지로 국민, 특히 한-미 자유무역협정(FTA)으로 가족마저 파괴될 수 있는 바로 우리 서민들이다.

쇠고기·약값 우리 건강을 팔아먹나

괴물의 탄생이 미국 탓이라 해도 영화에서는 어디까지나 우연이다. 그러나 현실의 괴물은 정확히 미국 의도의 산물이었다. 미국은 한-미 FTA의 목적을 명확히 밝혔다(미 의회조사국 리포트 2006년 5월). 관세 장벽을 목표로 하기보다는 비관세 장벽을 없애겠다는 것, 결국 한국의 법과 제도, 관행을 바꾸겠다는 것이다. 무엇을 위해서? 바로 미국 초국적 기업의 이익을 위해서다.

　협상단이 자화자찬하는 성공은 '관세 인하'이다. 예컨대 3천cc 이하 자동차의 관세를 즉시 철폐했다는 것이다. 그 대가는 참혹하다. 우리나라 자동차 세제 개편 등 온갖 비관세 장벽, 즉 우리의 법과 제도를 미국 자동

차 산업의 요구대로 바꿔야 했다. 미국 차를 한 대라도 더 팔게 해주기 위한 눈물겨운 노력의 결과, 대형차의 소비는 진작되고 가뜩이나 문제 많은 우리의 대기는 더욱 오염될 것이다.

섬유의 관세 인하를 얻어내기 위해선 엉뚱하게도 유전자 변형 생물체(LMO) 대한 수입규제를 완화하는 계획을 제출했다(정부는 부정하고 있지만). 말 그대로 돈 몇 푼 벌자고 우리 아이들, 그리고 그 아이들의 아이들 목숨까지 내맡기려 한 것이다. 또 5월에 수입하기로 약속한 뼈 있는 쇠고기 수입을 위해 우리의 위생검역제도는 허수아비가 되어야 한다. 광우병 의심을 지울 수 없는 쇠고기, 그리고 다이옥신 검출로 상징되는 유전자 변형 생물체의 수입은 한-미 FTA라는 괴물이 앞으로 가져올 '위험 사회'를 미리 보여준다.

미국이 심혈을 기울이는 지적재산권, 서비스, 투자 분야에서 우리가 얻은 것은 하나도 없다. 예컨대 의약품 분야의 결과를 보자. 유시민 보건복지부 장관이 야심차게 '약값 적정화 방안'을 발표했을 때 나는 "잘하고 있다"고 지지를 보냈다. 그러나 단서를 붙였다. 만일 오스트레일리아처럼 미국과 FTA를 맺으면서 미국이 요구한 여러 제도, 즉 의약품 특허기간 20년을 사실상 3~5년 연장하는 제도, 재심위원회를 설치해 미국의 거대 제약회사가 약값 결정에 관여하는 제도를 만들면 이 정책은 말 그대로 유명무실로 끝날 것이라고, 즉 사실상 사기라고 규정한 바 있다.

결과는 꼭 그렇게 됐다. 유 장관 스스로 밝혔듯이 미국의 요구를 받아들인 결과 5년간 6천억원에서 1조원(의료단체의 주장으로는 약 10조원)의 추가 약값 지출이 불가피하다. 4월 4일 보건복지부는 피해액을 연간 1천억원으로 대폭 축소해 발표하며 이는 최저 약가제를 받아들이지 않은 결과라고 하지만 실은 제약회사의 피해만 계산했기 때문인 것으로 보인다(오스트레일리아의 경험에 비춰볼 때 대체로 연간 5천억~1조원의 피해가 예상되지만 이는 충분히 자료를 공개해 객관적으로 검증할 사안이다).

당장 피해를 보는 사람들은 환자들이다. 특히 불치병 환자의 가족에게는 치명적이다. 대부분 제네릭(복제약)을 생산하는 우리 제약회사들도 심각한 타격을 입는다. 복제약을 시장에 내놓는 조건이 굉장히 까다로워졌기 때문이다. 또한 우리 국민 모두가 보험료를 더 내지 않으면 건강보험이 붕괴하는 건 시간 문제다.

미국 비관세 장벽은 바라만 볼 뿐

미국 FTA의 목표, 오로지 초국적 기업의 이익을 위한 법과 제도의 변경은 이렇게 실현된다. 별로 저작권이 많지도 않고 더구나 수출은 더욱 어려운 여건인 우리가 '선진국을 따라간다고' 저작권 보호기간을 50년에서 70년으로 늘렸다. 미국 문화산업계는 앉아서 20년 동안 저작권료를 더 챙기게 됐다.

지적재산권, 자동차 세제 변경 등 우리 법을 100개 이상 고쳐야 하는 경우가 모두 똑같은 사정이다. 반면 미국은 주(州)법을 포괄적으로 유보했기 때문에 법 개정은 물론 할 필요가 없고 한국 기업이 한-미 FTA를 들이대봐야 아무런 소용이 없다.

요약하자면 이번 협상의 특징은 관세 인하를 위해서 우리 법과 제도의 변화를 맞바꿨다는 것이다. 눈에 보이는 직접적인 수출의 증가를 위해, 또 "이런 쾌거를 이뤘다"고 국민에게 선전하기 위해 훨씬 장기적으로, 따라서 눈에 보이지 않게 국민의 삶을 뒤흔들 제도 변화, 특히 건강과 관련된 제도의 변화를 주저 없이 선택한 것이다. 혹여 차기 정부가 이런 흐름을 뒤바꾸려고 한다면 거기에는 '투자자-국가소송제'가 기다리고 있다. 초국적 기업은 국민국가의 법, 나아가 헌법마저 무력화할 수 있는 무기를 가지게 되었다.

반면 우리는 미국의 비관세 장벽을 그저 바라만 볼 뿐이었다. 예컨대 미국의 대표적 비관세 장벽인 무역구제제도를 보자. 수출업계가 제로잉 등 몰상식적인 이 제도로 인해 입는 손해가 매년 15억달러라고 하니 이 분야가 우리 정부의 최우선 목표가 되는 것은 당연하다. 16개 독소 조항을 다 바꾸겠다고 호기롭게 선언한 정부는 결국 미국 법을 고칠 수 없다는 이유로 빈손으로 돌아왔다. 법 개정이 필요 없는 위원회 설치가 유일하게 얻은 것이라니 그야말로 '태산명동에 서일필'이다.

그 다음으로 대표적인 비관세 장벽으로 꼽는 것이 얀포워드(미국의 독특한 섬유의류무역 원산지 기준)이다. 정부는 85개 품목을 얀포워드 기준에서 제외시키겠노라고 호기롭게 발표했다. 그러나 협상 결과, 5개 품목으로 확정됐다. 대부분의 수출 의류가 중국제로 취급당할 테니 관세를 10% 이상 내린다 한들 얼마나 도움이 될 것인가.

자동차는 앞에서 말한 바와 같고 서비스 분야의 전문직 상호 인증은 비자 쿼터를 확보하지 못함으로써 사실상 그림의 떡이 됐다. 해운 강국 한국의 배가 미국 연안을 다니도록 하겠다는 야심찬 계획 역시 물거품으로 판명났다. 북핵 문제와 연계해 개성공단 원산지 문제를 논의하는 위원회 설치에 합의했다니 가상하기는 하다. 하지만 역외가공단지라는 추상적 이름이 북한 전역을 대상으로 한 것이니 성과라고 주장하는 것은 사실이 아니다. 이미 싱가포르와의 FTA에서는 아무런 조건 없이 북한 전역을 역외가공단지로 인정했다. 이번 협상의 결과는 어디까지나 북-미 관계, 북핵 문제의 해결이 독립 변수이다. 또한 환경과 노동 문제가 따라붙었으니 어느 세월에 개성공단의 한국 원산지 인정은 가능할 것인가. 도대체 무엇을 얻었는가?

첨단 부문 미국 특화, 범용 부문 한국 특화

우선 산업구조의 변화부터 살펴보자. 서비스업과 제조업의 수준에서는 미국 서비스업 특화, 한국 제조업 특화가 일어난다. 제조업 내부에서도 첨단 부문의 미국 특화, 범용 부문의 한국 특화가 일어난다. 특히 산업의 허리라고 할 수 있는 일반기계나 석유화학 산업에서 그런 현상은 정확히 나타날 것이다.

이 결과는 한국 정부가 내세웠던 목표와 정반대다. 제조업에서 중국이 쫓아오기 때문에 서비스 산업을 발전시켜야 하고, 우리 내부 역량이 부족하기 때문에 외부 쇼크까지 필요하다는 것이 저간의 주장이었다. 그런데 결과는 우리나라가 범용 제조업으로 특화한다는 것이다. 중국이 바로 코밑까지 쫓아온 분야이다.

결국 우리 경제의 숙원인 동시에 중국을 결정적으로 따돌릴 수 있는 분야인 기계 및 부품소재 산업은 한-미 FTA로 오히려 구조조정 당하게 된 것이다. 정부는 미국이나 일본 기업이 우리나라로 공장, 연구소를 이전시키는 데 마지막 희망을 걸고 있다. 그러나 한-미 FTA가 그런 결과를 낼 것이라는 보장은 어디에도 없다. 저 악명 높은 투자자-국가 제소권을 포함시키면 외국인 직접투자가 증가할 것이라고 정부는 주장하지만 세계은행의 2005년 연례 보고서는 이런 주장을 간단하게 기각한다.

서비스 분야는 서민의 삶과 직접 관련돼 있다. 대통령은 여러 차례에 걸쳐 서비스 분야가 별로 개방되지 않은 데 대해 아쉬움을 표했다. 정부 발표로 보면 교육·의료 등 공공성이 강한 분야, 그리고 철도·수도·전기·가스 등 네트워크 산업은 '포괄적으로' 유보했다. 이에 관해서는 두 가지 측면에 주목할 수 있다. 첫째는 현재의 제도하에서 미국 기업이 이익을 보기 어렵기 때문에 특별한 흥미를 보이지 않았을 것이라는 점, 둘째는 대통령 스스로 밝혔듯이("미진한 부분은 우리 스스로 개방하겠다") 한국 정부가 '자발적 개방'(unilateral opening), 즉 민영화 및 규제 완화를 시행할 것이므로 굳이 논의할 필요가 없었을지도 모른다는 점이다.

예컨대 우리가 아무리 원해도 미국의 병원이나 대학교는 들어오지 않는다. 미국에 앉아서도 돈 잘 버는데 힘들여 한국에 올 이유가 없다. 해서 정부는 경제자유구역에서 영리법인화, 이윤 송금, 한국 환자 진료, 건강보험 환자 제외 등 각종 특혜를 제시했다. 이 시범 사업은 언젠가 전국으로 확대할 목적으로 시행되는 것이므로 인천은 곧 한국의 미래이다. 결국 한-미 FTA는 한국 재정경제부의 계획을 시행할 훌륭한 제도적, 이데올로기적 배경이 될 것이다. 마치 외환위기 때 한국 정부가 국제통화기금(IMF) 요구 이상으로 민영화, 규제 완화를 추구했던 것과 마찬가지다. 그리고 그 결과는 서비스 분야의 양극화이며, 불행하게도 서민들은 최소한의 공공 서비스에서도 배제될 것이다.

쑥쑥 자라 세계 최강이 될 FTA

물론 정부는 이런 유추를 부정할 것이다. 그러나 한-미 FTA의 성격 자체가 이미 '실현된 미래'의 모습을 명료하게 보여준다. 한-미 FTA는 서비스 시장을 '네거티브 방식'으로 개방하고 있으며 서비스의 '현재 유보'에는 래칫(역진 방지) 원리가 적용된다. 여기에 한-미 FTA 특유의 '미래의 최혜국 대우(MFN)'까지 추가됐다. 이 세 가지가 어울리면 FTA는 무시무시한 생명력을 가지게 된다. 현재 정의할 수조차 없는 미래의 서비스는 모두 개방되고(네거티브 방식), 언젠가는 모든 서비스가 개방될 수밖에 없으며(래칫 원리), 미래에 한-미 FTA보다 더 좋은 조건으로 다른 나라에 개방을 할 경우 그 조항은 한-미 FTA에 소급 적용된다(미래의 MFN). 시간이 갈수록 점점 더 강력해지는 괴물이 탄생한 것이다. 투자자-국가소송제라는 강력한 무기까지 갖췄으니 한-미 FTA는 가히 세계 최강의 FTA이다.

지금 우리는 괴물을 낳았다. 괴물은 곧 쑥쑥 성장할 것이다. 보고만 있을 것인가? 아니다. 아직 새끼일 때는 충분히 기회가 있다. 우리 법으로는 앞으로 6월의 정식 체결(4월2일에 한 것은 가(假)조인이다)까지 무엇을 해야 할지 규정이 없지만 미국에서는 수십 개의 자문위원회가 협정문을 검토해 보고서를 의회에 제출해야 한다. 우리 국회도 이 기간 동안 국정조사를 하거나 다른 특단의 수단을 동원해 미국과 마찬가지로 협상 결과와 영향을 꼼꼼히 검토해야 한다.

지금 필요한 것은 개헌안에 관한 국민투표가 아니라 한-미 FTA를 체결할 것인지, 말 것인지에 대한 국민투표이다. 국회는 한-미 FTA의 영향 평가를 근거로 대통령에게 국민투표를 요구해야 한다. 이런 당연한 의무마저 방치한다면 국회는 더 이상 민의의 전당이 아니다.

물론 고집 센 대통령이 국민투표를 거부하고 미국으로 달려가 정식 서명을 할 수도 있다. 그렇다 해도 바로 국회가 비준에 동의할 수는 없다. 또 한 번 미국 법이 기회를 제공한다. 미국 정부는 체결된 협정을 기초로 FTA 이행 법안을 9월 말까지 의회에 제출하도록 되어 있다. 9월이면 한국은 이미 대선의 소용돌이에 깊숙이 빠져든 상태이다. 예언컨대 국민의 60% 이상이 반대하는 FTA를 대놓고 지지할 간 큰 대선 후보는 없다. 내년 4월에는 국회의원 선거가 있으니 국회의원들 역시 스스로 비준 동의를 강행하기는 어려울 것이다. 이 '기나긴' 기간 동안 국민의 알 권리, 표현의 자유가 충족되어야 한다. 국민이 알고, 또 의사를 표시하는 것이야말로 한-미 FTA라는 어마어마한 괴물을 잡을 수 있는 필요충분조건이다.

혹여 미리 체념하거나 우리가 할 일을 게을리한다면 한국의 사회경제는 바야흐로 '한-미 FTA 시대'라는 새로운 단계로 접어들 것이다. 짧게 보면 문민정부의 자본시장 개방, 국민의 정부의 'IMF 개혁'으로 이어진 본격 개방의 역사가 '참여정부'의 한-미 FTA로 완성됨으로써 이 시대는 열린다.

무제한 경쟁으로 가는 길

조금 더 길게 보면 한-미 FTA 시대는 '87년 체제'의 종언이다. 87년 체제는 열려 있는 두 가지 가능성 중 하나를 선택하는 기간이었다. 첫째는 국민이 참여하는 자발적 동원과 공동체적 협력의 사회경제 체제이고(아마도 북구형 모델이 여기에 가장 가까울 것이다), 둘째는 시장의 강제동원과 개인 간 무제한 경쟁의 사회경제 체제이다(아마도 앵글로색슨형 모델이 여기에 가장 가까울 것이다). 한-미 FTA는 둘 중 후자를 역전 불가능할 정도의 반영구적 제도로 굳히는 역사적 사건이다. 노무현 대통령은 '참여정부'라는 올바른 이름을 더럽히면서 이제 시장국가, 시장에 의한 강제동원, 부의 세습 사회를 활짝 열어젖히고 있다.

가장 길게 보면 '참여정부'는 박정희로부터 시작된 '발전국가'의 마지막 정부이다. 그런 의미에서 '구시대의 막내'라는 그의 실토는 옳다. 또한 그는 개방과 시장의 이름으로 박정희 시대를 새롭게 연다는 의미에서 한나라당 '비밀당원'이기도 하다. 이런 역사를 원하지 않는다면 우리는 결단코 한-미 FTA를 막아야 한다. 우리는 우리의 아이들에게 올바른 미래를 물려줄 의무가 있다. 그 의무를 몸으로 이행한 허세욱씨의 쾌유를 빈다.

한겨레21 / 655호 / 2007.04.13.

'일단 중지'를 마지막 결단으로

4대 선결조건을 공물로 바치더니 1년만에 '본격적 구걸'을 시작한 정부…중단으로 더이상의 쓸데없는 비용을 줄이고 내부 개혁을 말해야 할 때

　　가관이다. 일부 언론에 보도된 문서의 유출자를 색출해야 한다며 야단법석이다. 내 경험으로 볼 때 외교통상부는 거의 모든 공문서에 대외비 딱지를 붙인다. 그러니 과연 그 내용이 기밀인지, 정부의 협상전략에 어떤 차질을 빚었는지가 문제의 핵심일 텐데 이에 관해서는 아무런 얘기가 없다. 천재일우의 기회를 맞은 양 민주노동당과 심상정 의원을 '범인'으로 지목하는 첨부문서를 붙여 언론에 배포했던 한-미 자유무역협정(FTA) 체결 지원위원회는 입을 다물었고 민주노동당의 고발을 기다리고 있다.

투자자-국가 간 분쟁 제도, 누가 이해 못했나

뼛조각 쇠고기 문제는 한-미 FTA 협상의 대상이 아니라면서도 본협상과 나란히 회의를 개최한다. 실제로 광우병이 발생해서 불행히도 누군가 사망한다면 그때 정부는 어떻게 책임을 지려고 이러는가. 제로잉(미국에 수출하는 제품의 부품 중 어느 하나라도 수출국 내의 부품가격보다 쌀 경우 미국이 제품 전체를 덤핑으로 판정, 높은 관세를 매기는 것)이라든가 반덤핑 조처 이후 자의적인 재심 금지, 관세의 해당 기업 재배분 등 미국 무역구제 정책의 몰상식한 독소조항은 다 제쳐놓고 별 의미도 없는 요구를 했음에도 미국은 "새로운 제안이 오면 검토하겠다"는 정도로 오불관언이니 지켜보기 딱할 지경이다.

가만히나 있으면 모를까. 통상교섭본부의 가정교사 격인 정인교 교수(인하대 경제학)는 "이제 과거와 같은 '밀어내기' 수출의 시대가 아니고 최근에는 미국의 반덤핑에 걸린 사례가 줄어들고 있어 예전만큼 중요하지는 않다"며 슬며시 빠져나갈 구멍을 열어놓는다(1월22일). 그러나 바로 사흘 전인 1월19일 지원위원회의 홍영표 단장은 "현대차가 미국 시장에서 쏘나타를 2만달러에 팝니다. 그런데 최근 급격하게 원화절상이 되면서 2만3천 달러는 받아야 할 겁니다. 가격을 올려버리면 과연 팔릴까요 2만달러를 고수해야 합니다. 이렇게 되면 덤핑 판정이 내려질 우려가 생깁니다. 그런데 FTA를 체결하면 이런 걱정이 없어집니다"고 말한다. 대통령 비서관이 지금 한-미 FTA의 무역구제 분야 협상이 어떻게 진행되고 있는지도 모른다는 증거이다. 북미자유무역협정(NAFTA) 등에서 미국이 무역구제 분야를 양보한 바 없으며 또한 현실의 FTA가 무역분쟁을 줄였다는 증거가 없다는 국제기구의 기본적인 보고서조차 보지 않은 모양이다.

"한-미 FTA 협상에서 논의하고 있는 투자자-국가 간 분쟁 제도에 대해 우려하는 목소리가 많다. 그런 우려의 대부분은 제도의 내용이나 장점을 제대로 이해하지 못한 데서 비롯된 것이다." 올 1월16일치 에 최경림 외교부 자유무역협정국 제1교섭관이 기고한 글의 요지다. 글의 내용은 미국 쪽의 주장을 그대로 옮겨놓은 것이다. 과연 그럴까? 보름 뒤인 2월1일치 기사는 그 답을 말하고 있다. 보도에 따르면 이 제도에 관한 반대쪽의 지속적인 문제 제기에 대해 대통령의 지시로 지난 8월 민관 합동의 '투자가-국가 소송제도 점검 태스크포스팀'이 만들어졌고, 민간 전문가들이 위헌 가능성을 제기한 것은 물론 법무부, 건설교통부 등도 완전 삭제를 주장했다. 그러나 협상단은 부동산 정책과 조세정책의 예외를 미국에 요구했을 뿐 미국의 표준문안을 그대로 받아들였다. 이유는 넉 달 전 우리 쪽 초안에 이미 이 제도를 포함시켰기 때문이다. 도대체 어느 쪽이 '제도의 내용'을 제대로 알지 못하고 행동한 걸까?

요즘 유행하는 사극에 자극을 받았는지 정부는 장보고와 광개토대왕까지 한-미 FTA 찬성 광고에 등장시켰다. 마치 한-미 FTA가 미국 정벌의 장검이라도 되는 것처럼 생각하는 모양이다. 반면에 농민들이 나락을 내어 만든 광고는 사실상 방송금지 처분을 내렸다. 경남 함안의 할머니들이 "우찌됐든 막아야 할 낀데"라며 눈시울을 훔치는 구구절절한 걱정이 사실과 다르다는 것이다.

대기업만 좋은 서비스산업 구조조정

이것이 2007년 세계 최강국과 FTA를 맺겠다는 정부가 하고 있는 '꼬라지들'이다. 스스로 내세우는 '이익의 균형'을 찾고자 노력하기는커녕 어떻게 하든 한-미 FTA를 성사시켜야 한다는 생각으로 머릿속이 가득하다. 협상 개시의 조건으로 4대 선결요건을 미리 공물로 갖다 바치는 '주체적 매달리기'(2005년 11월에서 2006년 1월까지)로 시작한 한-미 FTA는 이제 1년 만에 제발 체면 좀 세워달라는 '본격적 구걸' 국면에 접어들었다.

정부가 한-미 FTA를 추진하는 목적은 '미국 시장 선점론'과 '경제선진화론' 두 가지로 요약할 수 있다. 첫째는 수출이 대폭 증가할 것이라는 가정 위에 서 있고, 둘째는 미국의 서비스업이 한국에 대거 진출해서 생산성이 증가할 것이라는 가정에 기대고 있다. 그러나 이 어느 것에 관해서도 정부는 명확한 시나리오를 제시하지 못하고 있다. 그저 학자들도 50% 이하의 신뢰밖에 보이지 않는 계산가능일반균형(CGE) 모형을 돌린 결과만 되뇌고 있을 뿐이다. 우리나라 산업의 현실을 공부한 사람이라면 이런 '정교한 계산'이 단지 숫자놀음에 불과하다는 것을 안다. 실제로 삼성, 현대, LG 등 대기업 연구소의 보고서는 제조업에서도 별로 이익을 볼 것이 없다는 결론을 내리고 있다. 또 하나, 정부는 중국이나 일본보다 먼저 미국 시장을 선점해야 한다고 강변하지만 중국이나 일본이 수년 내에 미국과 FTA 를 체결할 움직임은 전혀 보이지 않는다. 하룻강아지가 아닌 이상 범 무서 운 줄 아는 법이다.

경제선진화론은 중국위협론과 외부 쇼크에 의한 내부개혁론으로 구 성된다. 심지어 3년 내에 중국의 제조업이 우리의 제조업을 완전히 몰아낼 것이라는 식의 중국위협론은 그 자체로 검증되지 않은 주장이다. 어쨌든 서비스업을 발전시켜야 한다는 것은 당위론적으로 수용할 수 있는 명제지 만 아무런 체계적인 산업정책도 시행하지 않은 상태에서 외부 쇼크가 필 요하다는 결론을 내리는 것은 황당하기 그지없다. 전교조나 병원노조, 대 학 등이 개혁을 저해하기 때문이라는 보충설명을 들으면 그제야 왜 이런 정책이 기획됐는지 고개를 끄덕일 수 있다.

즉, '외부 쇼크에 의한 내부개혁론'의 핵심은 한-미 FTA를 지렛대로 사용해 서비스산업 구조조정을 하겠다는 것이다. 이는 이미 우리가 겪은 일이다. 외환위기 때 국제통화기금(IMF)의 요구에 따라 단기간에 금융산 업의 구조조정을 한 바 있다. 한-미 FTA는 그 범위가 전 서비스산업으로 확대되는 것을 뜻한다.

여기서 재경부 고위관료들이 공공연하게 "외환위기는 축복이었다"고 떠드는 것을 상기해보면 왜 통상교섭본부와 재경부가 한-미 FTA에 그리도 목을 매는지 명확히 알 수 있다. 대기업은 구조조정 과정에서 방송 등 공기 업 인수, 규제 완화, 그리고 노동시장의 철저한 유연화를 꾀할 수 있다.

미국은 한-미 FTA의 목적을 "미국 기업의 최대 이익을 위해서 상대 나라의 법과 제도, 관행을 바꾸는 것"(미 의회조사국 보고서)이라고 밝히고 있 다. 우리의 목적도 산업 구조조정이니 미국과 한국 정부는 동일한 목적을 가지고 있다. 이처럼 한-미 FTA는 철저하게 미국과 한국의 대기업, 그리 고 고급 경제통상관료의 이익(시장화는 이들의 퇴직 뒤 취업 기회와 고액 연봉을 가져다준다) 및 신념에 복무한다. 물론 그 희생자는 농민, 노동자 등 근로서 민 계층이다. 한-미 FTA에 반대하는 사람 대부분이 서민 계층이라는 여론 조사는 이런 사실과 정확히 부합한다.

국회의 비준마저 힘든 상황

이런 상황에서 FTA 국익론(일부 손해를 보더라도 전체적으로 흑자면 좋은 것 아니 냐)은 아무런 의미도 없다. 양국 정부가 국익으로 포장한 것은 기실 미국과 한국 지배계급의 이익이다. 이렇게 이해가 일치한다 하더라도 한-미 FTA 의 전망이 그리 밝은 것은 아니다.

한-미 대기업 간 이익의 상충도 일부 요인이 되지만(예컨대 자동차 세 제 분야 등) 한마디로 미국이 해도 너무하기 때문이다. 가뜩이나 모든 부문 에서 경쟁력이 뒤처지는데(이익을 볼 것이라는 한국 제조업 분야의 평균노동생산 성은 미국 수준의 40%에 불과하다) 협상력마저 터무니없이 모자라니 그 결과 는 불을 보듯 뻔하다. 도대체 한국 정부가 얻은 것이 무엇인가? 아마 딱 떠 오르는 것이 없을 것이다. 있기만 했다면 130억원의 예산을 가진 정부 홍 보가 그냥 지나쳤겠는가?

정부는 7차 본협상까지 관세 등 수치 조정과 문안 작성 작업을 하고 고위급 회담에서 이른바 '빅딜'을 시도할 것으로 보인다. 무역구제와 자동 차 세제, 의약품 분야를 맞바꿀 것이고 섬유와 농업 간의 '스몰딜'도 예상 된다. 최후의 결정은 양 대통령 간의 전화 통화로 이뤄질 전망이다. 결코 관료들은 책임질 일을 남겨놓지 않으니 덤터기는 대통령이 뒤집어쓸 수밖 에 없다.

많은 사람들은 미국이 강하게 밀어붙이고 한국 정부도 목을 매는데 과연 반대 운동이 성공할 수 있겠느냐고 묻는다. 하지만 결코 그렇지 않다.

범국본, 민주노동당 등과 함께한 국민들의 헌신적인 노력이 없었다면 한-미 FTA는 원래 청와대의 계획대로 지난 연말에 타결됐을 것이다. 그러나 무역촉진권한법(TPA) 시한이 3개월 정도밖에 남지 않은 지금도 미국의 요구를 모두 받아들이지 않는 한 부드럽게 타결되기는 어렵다. 국민들의 우려와 저항이 없었다면 농림부가 '손톱만 한 뼛조각'을 이유로 수입 쇠고기를 반송하지도 않았을 것이다.

설령 대통령이 전격적으로 미국의 요구를 수용한다 해도 2008년 총선을 앞둔 국회는 차기로 비준을 넘길 공산이 크다. 만일 열린우리당과 한나라당이 전격적으로 통과시킨다 해도 어쨌든 현재 상황에서 한-미 FTA가 대통령 선거의 쟁점이 되는 것을 피할 길은 없다. 누가 대선 후보로 나오든 내놓고 한-미 FTA에 찬성할 수는 없을 것이다. 이들은 오히려 예외조항의 수를 늘리는 경쟁에 돌입하기 십상이고 그것이 4대 선결요건을 건드리게 된다면 이번에는 미국 의회가 비준하지 않을 것이다.

이런 과정을 모두 거친 결렬은 한-미 양국 모두에게 불행이다. 보수집단이 그리도 애지중지하는 한-미 동맹은 여지없이 흔들릴 것이다. 노 대통령의 마지막 결단은 전격 타결이 아니라, 백번 양보해도 '일단 중지'여야 한다. 더 이상의 쓸데없는 비용을 줄이는 것이 최선이다. 그것이 국민이 살 길이고 대통령 또한 궁지에서 벗어나는 길이다. 의약품이든, 자동차 세제든, 아니면 투자자-국가 제소권이든 미국의 무리한 요구를 들어 왜 중지해야 하는지, 국민에게 설명하는 것은 아주 쉬운 일이며 흩어져버린 지지자들을 다시 모을 수 있는 길이기도 하다.

산업의 발전방향 수립이 먼저다

이제 우리는 미국의 마지노선을 안다. 미국의 요구를 받아들였을 때 과연 우리 경제에 어떤 일이 벌어질지 꼼꼼하게 점검해야 한다. 그러고 나서 국민의 의견을 물어 재개를 결정해도 결코 늦지 않다. 뿐만 아니다. 한-미 FTA 여부에 앞서 우리 사회·경제가 나아갈 길이 그려져야 한다. 좁게 얘기해서 바람직한 산업의 발전 방향이 먼저 설정되어야 어떤 FTA든 그 방향에 도움이 되는지 아니면 역행하는지, 부작용은 어느 정도이고 그 대책은 있는지를 알 수 있는데 현재 정부의 대외정책은 거꾸로 되어 있다. 한-미 FTA가 우리의 미래를 만드는 것이 아니라 우리의 미래가 한-미 FTA 추진 여부를 결정해야 한다.

한-미 FTA를 막으려면, 신자유주의의 쓰나미를 막으려면 이제 우리는 스스로 내부 개혁을 말해야 한다. 말하자면 '선 내부개혁론'이다. 이제 외부 쇼크 없이도 스스로 필요한 생산성 향상, 양극화 해소를 위한 제도 개혁을 이룰 수 있다는 것을 보여야 한다. 바깥이나 위로부터의 성장, 양극화를 초래하는 신자유주의적 성장이 아니라, 아래로부터의 성장, 양극화를 해소하는 연대의 성장은 바람직할 뿐 아니라 충분히 가능하다.

어려운 일이 아니다. 대외경제정책연구원(KIEP)이 한-미 FTA의 효과를 국내총생산(GDP) 7.75%의 증가로 뻥튀기할 때 쓴 가정은 전 부문 생산성 1% 향상이다. 하루 노동시간 8시간에 비춰본다면 하루 4.8분 더 일하거나 같은 시간에 1% 더 열심히 일하면 된다. 이리 간단한 과제를, 한-미 FTA라는 돌이킬 수 없는 어마어마한 사건을 통해서만 달성할 수 있다는 것은 국민 역량에 대한 모독이며 리더십의 부재를 증명하는 얘기일 뿐이다. 올해는 우리의 미래를 우리 스스로 선택하는 한 해가 될 것이다.

한겨레21 / 647호 / 2007.02.09.

토티야와 민주주의의 죽음

멕시코 마킬라도라를 누비며 FTA의 실상을 파헤친 정태인 전 비서관의 보고서… 수출·투자 증가에도 빈곤 심화되는 패러독스, 기업이 헌법을 넘어 국가를 제소

"멕시코는 전세계 시장의 절반 이상에서 특혜관세를 받고 있다." 자랑스러움으로 가득 찬 멕시코 고위 경제관료의 이야기이다. 과연 대단한 일이다. 북미자유무역협정(NAFTA)에 대한 그의 확신은 폭증한 수출과 홍수처럼 밀려들어온 외국인직접투자(FDI)로 이어진다. 대한민국 고위관료들의 한-미 FTA 홍보와 똑같다.

멕시코에 떨어지는 건 노동자 임금뿐

그런데 왜 1인당 국내총생산(GDP) 성장률은 이미 가 밝혔듯이 1993년부터 2005년까지 연평균 1.45%에 지나지 않을까? '멕시코 패러독스'라고 할 만하다.

비밀의 핵심은 마킬라도라에서 찾을 수 있다. 자동차 빅6 중 현대를 제외한 삼성·LG·소니·파나소닉 등 전자부문의 세계적 기업이 모두 몰려든 인접지역의 이 산업단지는 90%의 부품 및 기계를 미국에서 수입한다. 나머지 10% 중에서도 멕시코에서 조달하는 양은 불과 3% 정도다. 12시간 노동에 월 20만~40만원에 불과한 싼 임금을 이용해 조립한 완성품의 85%는 다시 미국으로 수출된다. 당연히 외국인직접투자와 수출은 빛나는

수치를 자랑하지만 사실 멕시코에 떨어지는 건 한창 때 130만 명까지 이르렀던 노동자들이 받는 임금뿐이다. 초국적 기업에 소속한 사람들이 멕시코에서 풍요로운 소비를 하기에는 미국이 너무 가깝다. 이윤은 그다지 많이 재투자되지 않는다. 언제든 이전할 준비를 하는 초국적 기업들은 단기에 최대의 이윤을 노릴 뿐이다.

그래도 그게 어디냐고 말할지 모른다. 그러나 대가는 가혹하다. 3%의 부품을 조달하는 멕시코 국내기업은 행운이었지만 나머지 내수용 중소기업들은 대거 파산했다. 농촌은 더 비참하다. 2천 기가 넘는 피라미드의 화려한 '현대적' 문양에 나타나듯 멕시코는 옥수수의 나라이다. 쇠고기든 돼지고기든 또는 맛깔 나는 채소든 모조리 싸서 먹는 멕시코의 자랑 토티야는 이제 미국 옥수수로 만든다. 미국의 엄청난 농업보조금 탓이며, 또한 NAFTA 때 약속한 쿼터보다도 훨씬 많은 양이 밀려들었기 때문이다.

더 나쁜 것은 과거에 농업유통을 맡았던 국영기업이 민영화하면서 카길로 대표되는 미국의 초국적 농기업과 손을 잡고 소비자 가격을 올렸다는 사실이다. 이 현상은 철도, 전화 등 민영화한 다른 공공서비스에서도 어김없이 나타났다. 자유무역의 성과가 일반 국민들에게는 마이너스 소비자후생일 뿐이다.

갈 길 잃은 국민이 어디로 갈 것인가? 길은 세 갈래다. 저 자랑스러운 100년 전의 전설적 영웅 사파타를 좇아 농민봉기를 일으키든가(사파티스타), 멕시코시티에 흔전만전한 노점상이 되든가, 아니면 미국의 옛 멕시코 땅을 찾아 목숨을 걸고 넘어가는 것. 노동력의 고육적 수출은 개방·자유화의 마지막 단계인 셈인가. 현재 미국에는 1600만 명의 멕시코인이 살고 있고, 그중 불법 이민이 350만 명에 이른다. 이들의 송금은 멕시코의 세 번째 외환 수입인 셈인데 그마저 아까웠던 모양이다. 금융업을 완전히 장악한 미국계 은행이 여기에 수수료를 너무 많이 붙여서 미국에 호의 일색인 멕시코 통상 공무원들조차 골치를 썩고 있다.

국민의 사회적 권리를 포기할 것인가

이 정도면 민주주의는 백척간두에 걸리게 된다. 양극화, 즉 중산층의 소멸은 분명 민주주의를 위협한다.

　개방·자유화의 마지막 단계인 FTA는 초국적 기업의 이익을 위해 일반 국민의 삶을 위협하고, 양극화로 나락에 떨어진 국민은 역설적으로 그 옛날 독재의 품을 그리워하는 퇴행을 보이기도 한다. 멀리 갈 것 없이 눈앞에 한미 FTA를 앞두고 지칠 대로 지친 우리 국민이 언뜻 내비치는 모습이기도 하다.

　미국이 주도하는 FTA는, 국경에서 관세를 논하는 고전적 의미의 FTA가 아니라 국경 안으로 깊숙이 들어와 국민의 삶을 송두리째 바꿔놓는 경제 통합의 전 단계로 봐야 한다. 이를 냉혹한 현실로 보여주는 것이 NAFTA 제11장 투자 조항이다. 초국적 기업의 투자안전보장(expropriation)을 넘어 '이윤안전보장'으로 치닫는 항목으로 가득 찬 이 장의 백미는 제1131조 투자자의 정부 제소권이다. 모든 기업은 정부에 불만이 많다. 규제 때문에 사업을 못해먹겠다는 것이 어디 한두 번 듣는 소리인가? 다만 공공성을 위한 최소한의 규제라는 명분에 밀려 국내 기업은 벙어리 냉가슴 앓듯, 또는 기꺼이 그러한 투자 환경을 감수하지만 이제 초국적 기업은 그럴 필요가 없다. 신경독성물질의 수입 규제(에틸사 사례)나 유독물질 쓰레기처리장의 인·허가(메탈클래드 사례), 농업 관련 보조금(가미 사례), 심지어 도박산업에 대한 규제 등 모든 사회적 규제가 제소대상이다.

　NATFA 이후 12년이 지난 지금 42건의 제소가 있었고 결론이 난 11건 중 5건은 기업이 이겨서 총 3500만달러의 벌금을 정부로부터 얻어냈다. 물론 국민이 낸 돈이다. 이 경우, 저 경우 제소를 하고 승소의 사례가 쌓이면 점점 더 범위가 넓어지고 건수도 많아질 것이다. 한 기업이 이기면 그것을 모범으로 삼아 유사한 소송이 줄을 이을 것이기 때문이다. 그 판결을 내리는 곳은 유엔 산하의 법·제도위원회(UNcitral), 그리고 세계은행의 국제분쟁처리위원회(ISDIC)이다. 공익과 관련한 소송을 제3의 민간이 처리하는 것이다. 비밀주의로 악명 높은 이들 기관에 나라의 공공성이 목을 매게 된 것이다. 회심의 미소를 지은 다섯 기업이 모두 미국계이고 정부가 이긴 6건 중 절반은 미국이 차지하고 있다는 사실은, 제3의 민간기구들의 중립성을 의심하기에 너무 적은 수일까?

이는 국내법의 무력화일 뿐 아니라 국민의 사회적 권리를 보장하는 헌법을 위반하는 것이다. 예컨대 한-미 FTA가 맺어져 있었다면 론스타는 틀림없이 한국 정부를 제소했을 것이다. 이 엄청난 조항을 우리 통상교섭본부는 당연한 것으로 받아들인다. 심지어 이 문제를 제기하는 사람들을 통렬하게 논박하기까지 한다. 외국에 나간 우리 기업의 권리도 보장해야 하지 않느냐는 것이다. 정말 그렇게 생각할까? 수시로 자의에 의해 반덤핑 제소를 해도, 아예 슈퍼 301조로 나라 전체를 문제 삼아도 그저 눈치만 보는 데 급급한 우리 정부가 한-미 FTA를 통해 이 대표적인 비관세장벽을 허문다면 그 말을 믿을 수 있다. 이 세상이 온통 비대칭의 관계, 쉽게 얘기해서 힘의 관계로 짜여 있다는 사실을 이들은 애써 무시한다. 아니 어쩌면 그것을 자연스러운 일로 받아들이고 있는지도 모른다. 어디 투자 조항뿐이랴. 농업보조금도, 섬유산업의 원산지 규정도 모두 미국에 일방적으로 유리한 비대칭 조항들이다.

민주주의는 권력이 한 곳으로 치우치는 것을 막는, 인류 최고의 발명품이다. 그 민주주의가 무너지고 있다. 엉뚱하게도 외부의 쇼크는 국내 개혁에 앞서 민주주의부터 직접 무너뜨릴 것이다. 시장의 이름으로 치장한 내외 거대자본의 독재는 실제의 정치에서도 저 삼각동맹(재벌-재경부 등 관료-보수언론)이 미는 정당의 집권을 가져올 가능성이 높다. 한-미 FTA는 그런 경향을 되돌이킬 수 없는 것으로 굳히려는 국제 공조인 셈이다.

우리에게 필요한 것은 북구형 모델

브루킹스연구소의 임원혁 박사가 경쾌하게 묘사했듯이, 참여정부는 초기에 추구했던 스웨덴 모델을 버리고 멕시코 모델을 택했다. 청와대와 관계부처는 지금 멕시코를 미화하기 바쁘다. 과연 그렇게 좋은 모델인가.

내 설명은 '왜곡과 과장'(5월24일치)으로 가득 차 있다고 주장할 테니 습기라곤 하나 없는 통계를 들여다보자. 첫 번째 그림은 현재 세계화의 이념적 지표인, 멕시코의 고위관료와 한국의 고위관료가 똑같이 되뇌는 워싱턴 컨센서스(개방, 민영화, 금융긴축) 이전과 이후, 아메리카 나라들의 성장률을 비교하고 있다. 중남미가 외환위기를 거쳐 개방·자유화라는 워싱턴 컨센서스를 받아들인 것은 1980년대 초·중반, 그리고 NAFTA로 대표되는 FTA 열풍은 그 기조의 정점이다.

꼭 워싱턴 컨센서스 때문이라고 볼 수 없을지라도 칠레를 제외한 모든 나라의 성장률이 떨어졌다. 다음 그림은 대표적인 불평등 지표인 지니계수의 추이이다.

이번에는 브라질을 빼곤 모두 악화됐음을 알 수 있다. 흥미롭게도 선진국인 미국의 양극화는 다른 중남미 국가들을 추월하는 모범을 보이고 있다. 성장률은 떨어지고 국내의 불평등도는 높아지는 아메리카 모델을 왜 정부는 애써 따르려는 것일까? 과연 김현종 통상교섭본부장의 주장대로 이미 수명을 다한 일본형 또는 동아시아형 모델을 버리고, '글로벌 스탠더드'라는 아메리카형을 따라야 할까? 미국이 NAFTA를 통해 자신의 모습을 판박아놓은 멕시코 모델을 따르면 뭐가 좋아진다는 것일까? 마지막 그림을 보자. 김 본부장에 따르면 마지막 가쁜 숨을 몰아쉬어야 할 동아시아는 여전히 승승장구하고 있다. 아메리카 대륙과의 격차는 좀처럼 좁혀질 것 같지 않다. 물론 나는 동아시아 모델이 한계를 노정하고 있다는 말에 찬성한다. 특히 우리나라에 국내 개혁이 필요하다는 것도 내가 앞장서 주장

하겠다. 그러나 그 개혁이 과연 아메리카형을 본받아야 하는 것인지 아닌
지는 이렇게 쉽게 눈으로 확인된다. 한-미 FTA는 국민을 사지로 몰아넣
고 민주주의를 질식시키는 길로 들어가는 입구이다. 우리에게 필요한 것
은 사회적 대타협과 이중 삼중의 사회적 안전망으로 무장돼 있는, 이를테
면 북구형 모델이지 미국형의 황량한 정글이 아니다. 참여 민주주의를 내
걸어 국민의 지지를 받은 정부가 이제 참여는커녕 민주주의마저 내던지려
하고 있다.

비판 돌리려 다른 FTA를 추진한다면?

마지막으로 참여민주주의 이전에 절차 민주주의에 대해서 한마디 덧붙인
다. 나는 한-미 FTA가 비밀리에 졸속으로 추진되고 있다는 점, 공개만이
살길이라는 점을 누누이 밝혔다. 불행하게도 정부는 마지못해 거의 정보
가치가 없는 자료만 공개하고 덧없는 이데올로기 공세를 취하고 있다. 이
문제는 더 이상 거론하지 않겠다. 그러나 만일 한-미 FTA에 대한 비판을
분산시키려고 한-일 FTA 협상을 재개하고 나아가서 유럽연합(EU)과 새로
운 FTA를 추진한다면 그야말로 악수가 악수를 낳는 꼴이며 그 후유증은
현 정부의 평가를 끝없는 심연으로 떨어뜨릴 것이다. 아니 국민을 최악의
늪에 빠뜨리는 일이다. '참여'와 '졸속'은 상극이다.

한겨레21 / 612호 / 2006.06.02.

"저는 멕시코로 갑니다"-대통령께 드리는 편지

FTA의 실태를 확인하러 떠나는 정태인 전 비서관이 대통령에게 보내는 공개 편지… 차기 정부의 청문회에 서지 않으려면 허황된 보고서 올리는 사람들부터 자르십시오

안녕하십니까? 정태인입니다. 만나뵙고 말씀드리는 게 예의겠지만 상황이 여의치 않을 것이란 지레짐작으로 이렇게 편지를 씁니다.

지난해 2월 1일 아침을 기억하지 못하시겠지요?

저도 잊어버렸다가 검찰의 조사를 받으면서 그날을 되새겼으니 말입니다. 아침 공기가 여전히 쌀쌀했다는 기억이 남아 있는데, 사저에 들어서자 권양숙 여사께서 어린아이와 즐거움만 가득해 보이는 놀이를 하고 계셨습니다. 잔디밭을 가로질러 누구 아이인지 여쭸고 친손주라고 했던 기억이 납니다. 대통령님. 한-미 FTA는 남은 임기를 훨씬 넘어 아이들 세대를 거쳐 손주들에게도 영향을 미칠 어마어마한 사건입니다. 대통령께서 책임지려 해도 책임질 수 없는 일입니다.

화학·의료 분야에 타격 심할 것

물론 대통령께서도 너무나 잘 아시는 얘깁니다. 제가 그만두겠다고 말씀 드리다 결국 설득을 당해 국민경제비서관으로 가겠노라 항복한 2월 1일 당시만 해도 대통령께서는 그런 문제를 절실하게 인식하고 계셨습니다. 그날 대통령께서는 네 가지 부탁을 하셨고 그중 하나가 한-일 FTA에 관한 연구였습니다.

"이걸 그냥 해도 되는지, 걱정이 돼서 잠이 안 올 지경"이라고 말씀하시면서 "많은 연구가 있지만 믿지 못하겠다. 정 비서관이 한 번 더 꼼꼼히 챙겨보라"고 지시하셨죠. 그때 저는 "한국의 산업발전 전략, 포괄적으로 경제발전 전략을 먼저 정립하고 한-일 FTA가 그 전략에 어떤 영향을 미칠 것인지, 거기에 맞춰 양허안도 마련하고 협상도 해야 한다"고 말씀드렸고 그 방향에서 8개 기관, 연인원 100여 명을 동원해 방법론부터 다시 검토하기 시작했습니다. 제가 헛웃음밖에 나오지 않는 사건으로 그만둔 뒤에도 연구는 계속됐고 10월 말께 완성됐습니다. 꼼꼼히 하려 한다면 연구만 적어도 8~9개월이 걸린다는 얘깁니다. 이미 100여 권에 이르는 연구가 있는 상태에서도 그랬습니다.

한-미 FTA 연구가 어느 정도인지는 보고를 받으셨겠지요. 달랑 세 편, 그것도 현실성이 의심스러운 것들입니다. 한-미 FTA로 7.75%의 실질 국내총생산(GDP)이 올라간다는 전망은 경제학자가 아닌 장삼이사가 보더라도 어불성설입니다(또 하나의 보고서는 중력모형을 사용한 것인데 한-미 FTA를 시행하면 130억달러 정도 무역수지가 개선된다는, 역시 믿을 수 없는 비현실적 결론을 내고 있습니다). 한-미 FTA라는 외부 쇼크를 맞은 뒤, 우여곡절을 겪어 자본과 노동이 완전 고용되는 균형 상태가 오면 그 이후에는 (다른 외적 변수가 없는 한) 우리의 실제 GDP 더하기 7.75% 해서 약 11~12%의 성장을 매년 계속한다는 게 도대체 말이나 됩니까?

물론 '계산가능 일반균형'(CGE) 모델의 절대수치는 중요한 게 아닙니다. 그런데도 경제를 잘 안다는 부총리와 대외경제정책연구원장은 앞으로 우리 경제가 11~12%의 성장을 하게 된다는 허황된 말로 국민을 기만하고 있습니다. 대통령께서 아무리 신중하게 판단한다고 해도 이미 판단 자료가 편향돼 있는 만큼 대통령께서는 '볼테르의 팡글로스 박사'(볼테르의 풍자소설 〈깡디드〉에 나오는 인물로 근거 없는 낙관론자. 경제학에서 '팡글로스 밸류'라는 것은 가장 낙관적으로 부풀려진 수치를 의미함)에서 벗어날 수 없습니다. 방법은 하나뿐입니다. 읍참마속이든 일벌백계든 해서 그릇된 정보가 올라오지 못하도록 차단해야 합니다.

한-일 FTA로 타격을 받을 업종이 기계·부품 산업이라는 건 잘 아시리라 믿습니다. 이미 잘 알려진 사실이라 참여정부에서도 여러 번 대책을 보고받으셨습니다. 물론 한-일 FTA 보고서에서도 또 강조하고 있지요. 그럼 한-미 FTA로 타격을 받을 산업은 어떤 분야일까요? 지금 대통령께서 딱 떠오르는 게 없다면 보고를 받지 않으신 것이고 제가 알기로는 그런 보고는 없었습니다. 그 업종은 화학·의료, 특히 제약일 겁니다. 모르긴 몰라도 통계상으로도 이 업종의 민감도는 엄청나게 높이 나왔을 겁니다. 어떤 대책을 세우셨나요? 산업자원부나 산업연구원의 보고를 받아보시기 바랍니다.

서비스업의 생산성이 향상된다는 건 또 어떤 메커니즘을 통해서 그렇게 된다는 건지 보고를 받으셨나요?

현재 보도된 근거로는 대통령께서 "국민을 믿는다", 경제보좌관이 "교포를 보라. 서비스업에서 성공했다"는 말밖에는 없습니다. 사실상 근거가 없는 얘기입니다. 대통령께서도 잘 아시는 우리나라 최고의 금융전문가 중 한 분은 금융에서 크로스보더(영역 넘나들기)가 허용되면 신상품 개발 등 모든 기획 기능은 미국의 금융계가 하고 우리 금융권은 지점보다도 못한 연락사무소 역할을 하면서 수수료나 챙기는 신세로 전락할 것이라고 걱정합니다(실제로 멕시코의 경우 예금의 80%를 미국계 은행에서 챙기고 있습니다). 그나마 고용에도 긍정적인 역할을 할 수 없다는 얘기죠. 이미 10여 년 개방을 해서 면역력이 생겼다는 금융도 그런 것이 현실입니다.

효과는 다음 정부에서 나타날 것

대통령께서도, 유시민 장관도, 또 김종훈 한-미 FTA 협상 수석대표도 "의료와 교육 시장을 개방해도 우리 의료체계나 공교육 체계는 건드리지 않겠다. 특히 강제지정제 폐지, 초·중등학교 개방은 하지 않겠다"고 공언했습니다. 저도 그렇게 믿습니다. 그도 그럴 것이 현재 미국의 의료계나 교육계에서 그런 요구를 하지 않고 있기 때문입니다. 그들이 아직 시장조사도 하지 않은 상태라고 봐야겠죠. 그러나 문제는 우리 내부에 있습니다. 잘 아시다시피 재경부가 교육과 의료 기관의 영리법인화를 줄기차게 외쳐온 지 이미 10년 가까이 되고, 외국인 학교나 병원을 끌어들이려고 갖은 특혜를 약속하고 있습니다. 외교부도, 대외경제정책연구원도 공식 문건에서 싱가포르 사례를 들고 있지요. 심지어 대통령께서 참여정부의 보고서 중 최고라고 상찬한 국민경제자문회의 1월 보고서에도 '강제지정제 재고'를 주장하고 있습니다.

뿐만 아니라 대통령께서는 이런 주장이 한나라당의 신앙에 가까운 전매특허라는 것도 잘 아시고 계십니다. 한-미 FTA의 효과는 참여정부가 아닌, 다음 정부에서 본격적으로 나타날 것이라는 사실을 잊어서는 안 됩니다. 대통령이나 보건복지부 장관이 임기 중에 공공성의 훼손을 힘겹게 막아낸다 해도, 다음 정권을 누가 잡든 관료, 재벌, 그리고 조·중·동 등 보수 언론의 삼각동맹 체제는 이제 한-미 FTA의 규정을, 국제적인 약속을 지켜야 한다며 제 갈 길로 갈 겁니다. 한-미 FTA에 포함될 미국 BIT2004는 투자에 관한 모든 규제를 무력화할 조항을 담고 있습니다.

퇴임한 대통령이 그걸 어떻게 막겠습니까. 대통령께서는 둑에 손가락 하나 정도의 구멍을 내신 거라고 생각하시겠지만 결국 차기나 차차기 정권에서는 둑이 무너지듯 공공성은 여지없이 훼손될 겁니다.

대통령직 인수위 시절 대통령 당선자의 허락을 받아 중지시킨 네트워크형 공기업의 민영화도 마찬가지입니다. 위의 삼각동맹은 줄기차게 한전 등의 민영화를 주장해왔습니다. 이제 한-미 FTA는 그 길을 활짝 열어놓을 겁니다. 불과 2년 반 만에 소신이 변한 건가요? 설마 '내 임기 동안 그런 일이 벌어지지 않으면 그만'이라고 생각하시지는 않겠지요?

맨 앞에 손주 얘기를 했습니다만 그 손주가 돈이 없어 감기 정도는 그냥 앓아버리고 말기 바라십니까? 제 과장이 아닙니다. 미국에서 실제로 일어나고 있는 일입니다(전 노동부 장관 로버트 라이시의 〈미래를 위한 약속〉을 읽어보십시오).

도대체 달러라는 기축통화도 없이, 세계 최강의 군사력도 없이, 하버드와 같은 세계의 인재 흡수 기관도 없이 어떻게 미국형 시스템이 우리나라에 도입되고 유지될 수 있다고 생각하시나요?(경제학에서는 경제제도의 수출가능성 문제(exportability problem)라고 해서 심각하게 다루고 있습니다) 김현종 통상교섭본부장은 낡은 일본형 시스템을 버리고 미국형으로 개조하는 게 우리의 살길이라고 아주 노골적으로 썼더군요. 그가 과연 알고나 하는 소리라고 생각하십니까? 어느 유형이 우수한가에 대한 평가는 학자마다 다르고, 또 시대에 따라 달라집니다.

앞으로 동북아가 세계 경제의 중심이 되는 것은 시간 문제이고, 이 지역의 경제모델이 세계의 표준이 됩니다. 이미 한계를 보일 대로 다 보이고 군사력밖에 의존할 데가 없는 붕괴 일로의 미국형 제도는 결코 글로벌 스탠더드가 아닙니다. 지금 정부가 하는 일은 난파선에 스스로 올라타는 격입니다.

동북아의 꿈이 사라집니다

한-미 FTA로 동북아의 꿈이 사라질 수 있다는 사실도 심각하게 고민해보

셨는지요? 물론 중국도 경계해야 합니다. 그러나 엉뚱하게도 중국위협론이 급작스레 부각되고 "중국은 한국 사회의 양극화를 부추기지만 미국은 아니다. 정반대로 미국형으로 개조하는 것이 살길"이라는 말도 안 되는 얘기, 적어도 엄청난 논란의 여지가 있는 얘기를 공공연하게 청와대에서 하고 있는 건 또 어떻게 봐야 할까요? 혹시 한-미 FTA가 남북관계에는 도움이 될 것이라고 생각하시나요? 저는 오히려 한-미 FTA가 전략적 유연성과 함께 중국과 북한의 연계만 강화시킬 뿐 국민의 정부 이래로 공들인 우리의 노력마저 수포로 돌아가게 할 것이라는 걱정이 앞섭니다. 한-미-일 삼각동맹이 강화되고 이에 대응해 북-중-러 삼각관계가 돈독해지면 이런 걱정은 단순히 기우에 그치지 않을지도 모릅니다.

대통령 말씀대로 우리가 살려면 개혁을 해야 합니다. 그러나 그것은 사회적 합의에 의해 국민이 스스로 참여하는 자발적 개혁이어야 합니다. 아무리 이루기 어렵다 하더라도 그런 개혁만 지속 가능합니다. 외부 쇼크에 의한 개혁은 결코 아닙니다. 혹여 성공할지라도 그 쓰나미에 휩쓸려 생명마저 잃어버릴 수많은 약자들의 신음소리가 이제는 들리지 않으시나요?

원론으로 얘기한다면 양극화는 외적 변화에 대한 사람 또는 집단의 대응능력의 차이에서 생겨납니다. 구조적으로 본다면 금융화를 특징으로 하는 현 단계의 세계화, 정보 격차, 노동시장 유연화, 그리고 부차적으로 중국 쇼크가 우리 사회의 양극화를 극단으로 몰아가고 있습니다. 한-미 FTA는 그 경향을 극단으로 밀고 가는 마지막 '자비의 일격'(coup de grace)입니다. 빨리 맺을수록, 미국이 주장하는 '골드스탠더드'가 될수록 그 타격은 심각해질 겁니다. 우리 경제가, 사회가 안락사하길 바라는 건 아니시겠죠

〈조선일보〉는 제가 대통령의 변화('후반기 노무현'이라고 표현하더군요)를 이해하지 못한다고 비아냥거립니다. 저는 그렇게 생각하지 않습니다. 지난 3년간 특별하게 세상이 변한 게 없는데 고민하고 또 고민했던 사상이나 정책 기조가 그리 쉽게 바뀔 수는 없습니다. 편지가 길어졌습니다. 대통령의

참모였던 사람으로서 몇 가지 건의만 하고 끝내겠습니다.

　첫째 낙관적 보고만 올라오게 하는 현재의 분위기를 바꿔야 합니다. 대통령의 신중론 한마디, 그릇된 보고자의 문책이 절실히 필요합니다.

　둘째, 극히 일부를 제외하고는 그동안의 절차에 관한 모든 걸 공개해야 합니다. 저는 지난 4월25일 국회 토론회에서 대외경제위원회 제1차에서 6차까지의 자료와 토론 내용, 그리고 대외경제정책연구원의 CGE 모형을 공개해야 한다고 주장했고 권영길 민주노동당 의원도 공식으로 자료를 요청한 것으로 알고 있습니다. 당시 정부 참석자들도 이에 대응해 스스로 공개하겠다고 공언했지만, 지금까지 아무런 소식도 없습니다. 현재처럼 한-미 FTA를 추진한다면 지극히 외람된 말씀이지만 대통령께서는 차기 국회의 청문회에 설 수밖에 없습니다. 실제의 문제는 차기 정부에서 터져 나올 것이고 당연히 그들은 문제의 뿌리를 현 정부의 협상에서 찾을 것이기 때문입니다. 그때를 대비해서라도 투명하게 일을 진행해야 합니다.

공공성 훼손 조항은 미리 못을 박아야

셋째, 우리의 전략을 밝혀야 합니다. 협상에 필요한 세세한 정보를 요구하는 것이 아닙니다. 우리 경제와 사회의 발전 방향이 무엇인지, 그래서 어떤 건 하늘이 두 쪽 나도 지킬 것인지, 어떤 쪽은 포기할 것인지 방향을 알아야 국민도 준비를 할 수 있기 때문입니다. 제조업은 아무 문제 없는 것처럼 얘기하고 있지만 화학·의료 등 민감한 산업의 대책도 마련해야 합니다.

　넷째, 이미 동북아 위에서 금융전문 대학원, 물류전문 대학원, 외국인 직접투자(FDI) 대학원 등으로 단초를 마련한 일이지만 시급하게 서비스업의 고급인력을 키워야 합니다.

　다섯째, 중국의 서비스 시장 개방에 대비해 전략적인 외자유치, 국내

서비스산업 대책을 마련해야 합니다. 미국 기업에 대한 무조건 개방이 능사가 아닙니다. 서비스업의 발전을 위해서라면 도하개발어젠다(DDA)를 이용하는 것이 훨씬 효과적입니다.

여섯째, 세계무역기구(WTO)의 규정에 비춰봐도 그렇지만, 한-미 FTA가 맺어지면 일반적인 산업정책은 불가능합니다. 유일하게 가능한 것이 클러스터 정책입니다. 지역의 인프라를 형성하는 문제는 WTO에서도 인정하는 바이고, 내외자를 차별하지 않고 특혜 없이 네트워크 외부성을 이용할 수 있다는 점에서도 유용한 정책입니다. 현재의 지역균형 차원의 클러스터 조성 정책을 수정해 그중 두세 개는 내셔널 클러스터를 만들어야 합니다.

일곱 번째, 공공성을 훼손할 수 있는 조항은 FTA에 명시해 미리 못을 박아놓아야 합니다. 당장 미국이 제기하지 않는다고 해서 그냥 넘어가면 언젠가는 BIT2004의 투자조항에 따라 하나하나 문제가 될 겁니다. 의료나 교육, 공기업 민영화의 특정 분야는 협상 대상이 아니라는 점을 협정에 집어넣어야 합니다. 다른 무엇보다도 지금의 속도는 가능한 한 늦춰야 합니다. 지금 정부는 현실적으로 불가능한 일을 해내려 하고 있습니다. 우리는 세계 최강국과 협상을 하는 겁니다. 신중에 신중을 기해야 합니다. 바람직하기로는 FTA 협정의 체결을 차기 정부의 검토까지 거친 뒤로 미뤄야 합니다. 대선에서 국민의 선택을 반영하는 것이 여러모로 바람직합니다.

대통령께서 이 글을 볼 즈음, 저는 멕시코에 있을 겁니다. 이 편지의 제목을 "멕시코로 갑니다"라고 한 것도 그 때문이죠. 물론 멕시코와 우리는 많이 다르지만 미국의 강력한 영향력이 어떤 결과를 낳을지, 특히 공공 영역이 어떻게 바뀌어가는지 직접 눈으로 보려고 합니다. 이제는 보고서를 쓸 수도, 써봤자 전달이 안 될 걸 잘 알기에 이 지면에 멕시코 보고서를 공개하려고 합니다. 부디 참조하시기 바랍니다.

한겨레21 / 609호 / 2006.05.11.

'공유경제'와 플랫폼 협동조합

지난 21일 홍영표 민주당 원내대표는 기자간담회에서 '카카오 카풀' 논란과 관련해 "(택시업계의) 반발은 이해하지만, 공유경제 패러다임을 거스를 수는 없다"며 "4차 산업혁명 시대에 공유경제는 대단히 중요한 정책과제"라고 말했다. 홍 대표가 확신하는 공유경제 패러다임이란 도대체 뭘까? 우선 공유경제 하면 연상할 수 있는 오스트롬이나 벵클러의 코먼스(commons)와는 무관하다. 우버나 에어비앤비로 대표되는 '공유경제'는 일반적인 경제재화를 대상으로 하기 때문이다. 그중 상당히 고가이면서 실제로 사용시간은 짧고(자동차의 평균 이용 시간은 5%에 불과하다), 동시에 이용하지 않는 기간이 상당히 고정적인 재화가 그 대상이다.

약 10년 전부터 각광받은 새로운 '공유경제'는 디지털 플랫폼이라는 기술혁신에 기초한 것이며 '4차 기술혁명'의 성공사례로 손꼽힌다. 같은 직장에 다니는 이웃 사람끼리는 출퇴근 카풀을 할 수 있지만 옆 건물의 다른 회사에 다닌다면 옆집 사람이라도 그러기 쉽지 않다. 그런 정보 자체를 알지 못하기 때문이다. 인터넷과 디지털 기술은 이런 문제를 일거에 해결했다. 이른바 거래비용, 특히 탐색비용을 줄여주고, 회원으로 등록할 때 기입해야 하는 각종 정보는 비대칭성의 문제도 일부 해결해 줄 수 있다. 더욱이 사용 후기나 센서 기술을 적절히 이용하면 평판에 의한 참여자 평가도 가능해진다. 이러한 앱을 제공하여 각종 정보를 모아서 성업 중인 곳이 플랫폼이다.

플랫폼은 눈덩이 효과 또는 네트워크 효과를 지닌다. 정보가 빨리 쌓이는 선도기업들은 독점이익을 누릴 수 있으며 나아가서 플랫폼에 등록된 각종 정보를 이용한 가격 차별화(예컨대 자동차 종류와 연식, 그리고 운전자의 경력, 성별, 인종에 따른 가격 차별화)로 소비자 잉여 대부분을 흡수할 수 있다. 공유의 이미지와 달리 사람과 사람(P2P) 간 대화는 없다. 오직 플랫폼에 내장된 미지의 알고리즘이 가격을 정한다. 물론 프로그래머는 우버나 에어비앤비가 최대 이익을 누리도록 알고리즘을 설계할 수 있을 것이다. 우버나 에어비앤비는 가격의 20~30%를 플랫폼 사용료로 받는 것으로 알려져 있다. 거의 모든 고정 자본과 정보를 일반 시민이 제공하는데도 그 이익은 플랫폼이 독점한다.

이들 기업은 기존 업체가 준수해야 하는 규제로부터도 자유롭다. 자기 자동차로 우버파트너(기사)를 하는 경우 사실상 개인면허를 딴 것이나 마찬가지지만 그들의 자격은 기계가 부여한 것이다. 미국에서 이들 파트너는 법적으로 노동자가 아니라 개인사업자(독립계약자)라서 노동법이나 사회복지 관련법이 보장하는 혜택을 누리지 못한다. 사실상 이 사업을 완벽하게 통제하는 플랫폼은 사회보험료를 낼 필요도 없고 최저임금을 주지 않아도 되며 각종 의무를 지지 않는 것은 물론 사고가 나도 책임이 없고 미비한 법규를 활용하여 탈세도 한다. 필경 소형차의 상대적 운행 비율이 늘어날 테니 생태 쪽의 이익도 의심스럽다.

우버파트너와 같은 노동자가 늘어나면 동종 서비스를 제공하는 노동자들마저 프래카리아트(precariat, 극히 불안정한 임시 노동자)로 전락할 것이다. 아예 태스크래빗처럼 사람의 능력과 시간을 토막내 활용하는 초단기 노동력 플랫폼도 있다. 이른바 '기그경제(gig economy)' 속에서 노동자들은 시간당으로 마당 잔디를 깎고 난 뒤, 일주일치 설거지를 하며 이케아의 가구조립을 한 뒤, 밤에는 소프트웨어 알고리즘 일부를 만들기도 한다.

플랫폼 기술은 이렇게 이용되도록 결정되어 있는 걸까? 예컨대 원거리 출퇴근자를 위해 동네 사람들의 집과 회사, 출퇴근 시간을 알려주는 앱을 개발해서 이용자들이 협동조합을 구성하면 이 사업은 '공유경제'가 내건 모든 장점을 온전히 누릴 수 있다. 사실상 대리운전자인 우버파트너들은 나름의 협동조합을 구성할 수 있고, 기존 택시업체도 협동조합으로 운영하는 경우가 늘고 있다. 나아가서 코레일과 지역 렌터카 협동조합이 공동사업을 할 수도 있다. 예컨대 강릉까지는 기차로, 역에서부터 렌터카를 예약할 수 있다면 자가용 운전은 대폭 줄어들 것이고 편하고 싸게 여행할 수 있을 것이다. 오직 필요한 것은 적절한 앱과 사람들의 자발적 네트워크다. 요컨대 플랫폼 기술은 협동과 연대의 방식으로도, 시장만능의 방식으로도 활용될 수 있다.

서울은 글로벌 공유도시 네트워크에 협동조합 방식을 제시한 바 있다. '플랫폼 경제를 위한 도시연합(Cities Alliance for Platform Economy)'이 그것이다. 이렇듯 전 세계적 규모의, 위로부터의 대안도 구상해야겠지만 지역공동체와 소비자협동조합(생협)을 중심으로 아래로부터 각종 플랫폼 협동조합을 만들어서 각 지역을 네트워크로 묶어 나갈 수도 있다. 이러한 '플랫폼 협동조합'이야말로 '공유'의 원래 의미에 값하는 진정한 대안이며 우리 시대의 경제민주화를 한 걸음 더 진전시킬 것이다.

경향신문 / 정태인의 경제시평 / 2018.10.22

변화를 이끌어내는 다수의 힘

한 달 새 도쿄, 몬트리올, 서울과 구례를 오갔다. 사회경제적 위기와 생태 위기라는 거대한 수렁 앞에서 전 세계 사람들이 모이기 시작했다.

구례로 가는 기차 밖, 갈색 풍경이 안온하다. 따뜻한 실내에 앉아 있는 도시인의 눈에 그렇다는 얘기지, 농민들 마음에는 삭풍이 불고 있을 것이다. 공군 1호기에서 기자들을 불러 한·중 FTA, 한·뉴질랜드 FTA 협상 타결을 자화자찬하고 국회 비준을 압박하는 대통령 앞에서 어느 누구의 마음이 편할 텐가?

11월 1일 도쿄행 비행기를 탔다. '서울선언 연구회'의 초청이다. 지난해 11월 국제사회적경제포럼(GSEF)에서 채택된 '서울선언'의 뜻을 연구하고 이를 바탕으로 일본 협동조합 등 사회적 경제의 법제화를 꾀하는 모임이다. 나는 서울선언의 초안을 만든 사람으로서 초청됐다. 한국 협동조합의 모델이 일본의 생협이었는데 그 주역들이 우리에게 한 수 배우겠다는 것 아닌가? 일본 메이지 대학에 250여 명이 모였다. 서울선언의 6가지 의의를 살폈고, 사상사적으로 신용협동조합의 의미를 되짚었다. 80만 인구의 도쿄 세타가야(世田谷) 구가 빈집을 활용해 빈민과 노인들의 공동체를 만들고 햇빛 발전소를 보급한 얘기는 흥미진진했다.

'전공투'가 궤멸한 뒤 학생운동가들은 각 지역으로 스며들었고 일본의 생협과 노동자협동조합의 든든한 기초를 다졌다. 하지만 노(老)투사들은 컴퓨터 조작에 미숙해서 박원순 서울시장의 감사 동영상은 띄우기도 힘들었고 몇 번이나 중단됐다. 누가 이들을 이을 것인가? 보름 뒤 서울에 다시 모인 70여 명의 노활동가들에게 나는 내년엔 기필코 후계자들로 하여금 발표를 시키자고 제안했다.

도쿄에서 20시간 걸려 캐나다 퀘벡에 도착했다. 한국의 지역단체장 15명은 하루 먼저 퀘벡에 도착해 사회적 경제의 실체를 익히는 중이었다. 퀘벡 주정부와 샹티에(제작소라는 뜻으로 퀘벡의 사회적 경제 단체연합)가 함께 사회경제정책을 만들고, 협동조합 등 사회적 경제 조직이 실현하는 사회 혁신이 시작된 지 10년이 됐다. 퀘벡 모델은 캐나다 전역에 이식됐고 이들은 국가복지를 뛰어넘는, 시민의 자치복지라 부를 만한 새로운 비전을 만들어내고 있다.

나는 폴라니 학회에서 '폴라니 사상에 기초한 다원주의 경제모델'을 발표했다. 300쪽이 넘는 〈협동의 경제학〉과 '서울 사회적 경제 5개년 계획'을 파워포인트 문서 26장으로 줄였지만 15분 동안 영어로 발표하는 건 내 능력을 넘어선 일이었다. 더구나 게임 이론과 생물학으로 재해석한 폴라니라니, 92세의 폴라니 레빗(칼 폴라니의 딸)이나 프레드 블록에겐 "쟤 뭐야?" 싶었을 것이다. 몬트리올의 학회 역시 백발이 성성한 68세대들이 주역이었다. 그래도 발표자의 반쯤을 채운 터키와 남아프리카공화국 유학생들의 젊음이 반짝였다. 발표 마지막에 나는 주제넘게 한마디를 덧붙였다. "여러분은 폴라니를 연구하지만 우리는 서울에서, 남한에서, 그리고 통일 한국에서 폴라니를 실천할 것이다."

중견 기업 하나가 도시를 변화시킬 수 있다면

11월15일 서울로 돌아오니 제2회 국제사회적경제포럼 및 '국제사회적경제협의체 창립총회'가 이틀 뒤로 다가와 있었다. 작년에는 볼로냐, 퀘벡, 도쿄 등 8개 도시와 9개 사회적 경제 단체가 참여했는데 이번에는 13개국 19개 도시, 44개 단체, 3개 국제기구가 서울에 모였다. 사회경제적 위기와 생태 위기라는 거대한 수렁 앞에서 전 세계의 사회적 경제 조직과 사람들이 새로운 비전으로 뭉쳤다. 캐나다 칼 폴라니 정치경제연구소의 마거릿 멘델 소장과 박원순 서울시장은 내년 봄에 칼 폴라니 연구소 아시아 지부를 서울에 세우기로 의견을 모았다.

서울의 GSEF는 원주, 광주, 제주, 그리고 구례로 번져나갔다. 나는 핀란드의 산타매키 ICA 이사, 그리고 마틴 로페스 몬드라곤 대학 교수 등과 함께 구례의 아이쿱 자연드림파크로 갔다. 아이쿱의 농식품 클러스터는 지리산과 섬진강, 공방(공장)과 주거, 극장과 카페가 어우러진 말 그대로 공원이었다. 아이쿱의 조합원 수는 6~7년 만에 이륙 지점을 지나 J커브를 그리며 기하급수로 늘어나고 있다. 네트워크와 혁신 이론이 딱 맞아떨어지는 경우다. 기적은 구례에서도 일어났다. 작년부터 인구가 늘어나고 있다. 전남도지사와 구례군수 모두 젊은이가 모여드는 새로운 모델을 찾았다고 입을 모았다.

아이쿱은 아마 기업 규모로는 1000대 기업에도 들지 못할 것이다. 그런 중견 기업 하나가 군 전체를 이렇게 변화시킬 수 있다면, 한국 전체를 생산과 복지의 공동체로 만들 수 있을지도 모른다. 기업이 주도한 구례뿐 아니라 지자체 주도의 완주, 시민단체 주도의 원주도 있고, 이 모두를 아우른 서울이 있다.

시사인 / 376호 / 2014.11.29.

피케티의 '21세기 자본'과 사회적 경제

우리가 '세월호'의 절망에 빠져 있는 동안 바다 건너에선 세계의 아이들 수십억 명 역시 마찬가지 상황이라는 '묵시록'이 화제다. 이제 마흔을 갓 넘긴 프랑스 경제학자 토마 피케티의 〈21세기의 자본〉이 그것이다. 문체는 발랄하고 스스로 자신의 얘기는 묵시록이 아니라 낙관의 메시지라고 말하고 있지만….

피케티에 따르면 자본(이 책에서는 모든 자산, 즉 토지자산, 금융자산, 산업자산)의 수익률(r)은 자본주의 역사 내내 4~5%였다. 심지어 로마시대에도 그랬단다. 이런 상황에서 성장률(g)이 떨어지고, 자본/소득 비율(현재의 자산이 국민소득의 몇배인가)마저 올라가면 r-g가 커져서 부(자산)의 집중이 일어날 수밖에 없다. 이 얘기는 경제학의 정설을 정면으로 부정한 것이다. 리카도, 마르크스 등 고전적 정치경제학자들은 물론 쿠즈네츠의 역U자 가설, 모딜리아니의 평생저축 가설, 베커의 인적자본론, 그리고 경제학의 기초 중 기초라고 할 만한 한계생산력설, 심지어 시장실패론까지 피케티의 화살을 피하지 못했다. 아마도 지금 생물학계에서 '집단선택이론'을 놓고 대혼란이 벌어지고 있듯이 경제학계도 한동안 시끄러울 것이다. 어떤 이론을 들이대든 부의 집중은 부정할 수 없는 현실이 되었다.

피케티는 '글로벌 자본세'(전세계가 모든 자산에 대해 세금을 매긴다)를 대안으로 제시했다. 앞에 글로벌이 붙은 것은 자본을 향한 각국의 경쟁적 구애 때문에 어떤 한 나라가 나홀로 세금을 매기지 못하는 상황 때문이다. 피케티 스스로 "유토피아적"이라고 수식어를 붙일 만큼 그리 쉬운 일은 아니다. 멀리 갈 것도 없다. 참여정부 초기에 부동산 가격을 잡기 위해 이정우 당시 청와대 정책실장이 상위 1%에만 해당하는 종합부동산세를 제시했을 때 당시 한나라당과 언론, 심지어 당시 수도권 민주당 의원들까지 "세금 폭탄"이라며 반대했다는 걸 기억하는가? 글로벌 자본세는 그보다 훨씬 더 강력할 수밖에 없는데 언론을 장악하고 있는 세계의 상위 1%가 가만히 있을까?

우리는 사회적 경제가 부의 집중을 막고 사람들의 창의성을 북돋는 또 하나의 대안이라고 생각한다. 사회적 경제는 기본적으로 자산의 공유에 기초한다. 특히 개인의 자산이 되어서는 안 될 자연자원을 공동체가 소유하고 거기에서 나오는 수익을 모두가 똑같이 누린다면 부의 집중을 막는 것은 물론 다음 세대를 위해 자연을 보전할 수도 있을 것이다. 자본주의 역사상 딱 한번 자산의 재분배가 성공적으로 이뤄졌는데 그건 두 번의 세계전쟁과 대공황을 겪은 뒤였다. 이런 비극을 거치지 않고 사회적 합의에 따라 자산 재분배를 할 수 있있다면 그 나라야말로 선진국이라 불러 마땅할 것이다.

한겨레신문 / 정태인의 협동의 경제학 / 2014.05.20.

사회적 경제와 그 적들

지난 몇달간 나는 사회적 경제 발전 전략을 만들기 위해 골머리를 앓았다. 애초에 "네모난 동그라미"를 그리려 한 것인지도 모른다. 왜냐하면 사회적 경제의 핵심은 신뢰와 협동이고 신뢰란 오랜 기간 쌓이는 것이기에 위에서부터 전략적으로 만들려 들다간 오히려 기존의 신뢰마저 무너뜨리기 십상이기 때문이다.

하지만 신뢰를 자양분으로 삼는 사회적 경제에도 정부의 역할은 자못 중요할 것이다. 실제로 사회적 경제의 모델로 유명한 이탈리아의 에밀리아로마냐주나 캐나다의 퀘벡주 등에서는 지금도 4년이나 5년에 걸친 사회적 경제 발전 계획이 시행되고 있다.

결국 내가 찾아낸 정책 방향은 '아래로부터의 계획'이다. 기초 지역단위에서 시민들에게 절실한 필요를 스스로 해결하기 위해 계획을 세운다면 정의상 그것은 곧 사회적 경제의 계획이 될 터이다. 그럴 수만 있다면 시민참여는 경제 분야에서도 대도약을 이루게 될 것이다. 국가 주도 경제개발 5개년 계획에 뒤이어 시장만능론에 50년 동안 시달린 우리에겐 아마득한 얘기처럼 들리겠지만 100만년 이상 우리 안에 전승되어온 '협동의 유전자'에겐 지극히 자연스러운 행위일지도 모른다.

더구나 지방선거를 앞두고 여야가 '사회적 경제 특위'를 만들자고 합의했으니 정치적으로도 '아래로부터의 참여'가 가능한 조건이 아닌가? 한데 3월 12일 각 광역단체에 한 장의 공문이 전송됐다. 발송자는 공정거래위원회이며 내용은, 이미 합의한 규제 완화는 물론 "2013년 연구용역을 통해 새로 발굴한 규제"의 완화에도 합의하자는 것이다. 3월 24일부터 4월 19일까지 4주 동안 전국 광역단체에서 전부 업무협의회를 개최하는 강행군 일정이니 공정위의 결기가 자못 섬뜩하다. "규제는 암덩어리"라는 대통령 말씀에 충실한 행보가 틀림없다.

공문에서 언급한 2013년 연구용역은 대표적인 간접적 경쟁 제한 규제로 "농특산품 전시판매장 설치 및 운영조례, 사회적기업 육성에 관한 조례, 여성기업 지원에 관한 조례, 녹색제품 구매촉진조례, 협동조합 육성 조례, 밀산업 육성 조례, 친환경 학교급식지원 조례" 등을 나열했다. 심지어 이런 조치들이 "향후 우리나라의 대외 통상환경에 영향을 미칠 수 있음"이라는 위협까지 덧붙였다. 한마디로 사회적 경제와 농업 등 경제적 약자 또는 미래를 위한 지방정부의 사회경제정책이 전부 문제라는 얘기다.

아뿔싸, 새누리당 서울시 후보로 나선 정몽준 의원은 연일 대형 개발 사업을 흘리고 있다. "서울 시내에 대규모 부지가 많이 있어 (외국) 투자자들이 하겠다고 신청한 게 30군데 있다. 대부분 (허가)해주는 방향으로 하면 특혜 시비는 없을 것"이란다. 또한 용산개발사업도 "서부이촌동까지 키워서 너무 커졌는데, 단계별로 점진적으로 해나가면 소화할 수 있다"며 다시 한번 2008년의 '뉴타운 광풍'을 불러일으키려 애쓰고 있다. "다섯살 훈이"(오세훈)가 "꿈꾸는 준이"(정몽준)로 되살아난 것이다.

이번 지방선거는 "부동산 붐 조성을 위한 위로부터의 대규모 개발"과 "사회적 필요 해결을 위한 아래로부터의 참여"를 둘러싼 정책기조의 싸움이다. 사회적 경제와 그 적들 간의 다툼인 것이다. 눈앞의 신기루는 과연 얼마 안된 생생한 기억마저 깨끗이 지워 버릴 수 있을까? 두 달 있으면 가름이 날 것이다.

한겨레신문 / 정태인의 협동의 경제학 / 2014.04.08.

한국 복지 모델의 명암, 그리고 사회적경제

한 석달여 프로젝트를 하느라 눈코 뜰 새 없었다. 한 광역지자체의 사회적 경제 발전 모델을 만드는 것이었는데, 우리나라 복지서비스 실태 전체를 훑어 보는 기회가 되었다. 주마간산의 덕일까, 복지 전공자들에겐 상식일 지도 모르는 공통점이 눈에 들어왔다. 각 서비스가 다소간 모두 안고 있는 이 문제를 해결하지 않고선 필수 복지에도 이르지 못할 수 있다.

고도의 경제성장과 빠른 사회 변화는 복지수요 또한 무더기로 만들어 냈다. 과거엔 가족이, 그리고 지역공동체가 어떻게라도 해결했던 일이 이제 불가능해졌기 때문이다. 국가는 그때마다 재정이 허용하는 대로 수요 보조금을 주는 제도를 만들었다. 건강보험, 아동수당, 노인요양보험, 각종 생계보조금, 그리고 최근의 바우처 제도 모두 소비자 보조를 뼈대로 한다.

국가가 확보해 준 수요에 대응해서 민간 공급은 짧은 시간에 대폭 늘어났다. 예컨대 2005년 210개에 불과하던 노인요양병원은 2012년 5월 1014개로 7년 만에 5배 가까이 증가했고 의료비 청구액도 5배 증가했다. 육아나 의료 역시 마찬가지였다. 즉 국가가 새로운 시장을 열어 자본의 신속한 유입을 유도한 것이다. 빠른 시간 내에 복지시스템을 만드는 데 이보다 더 효과적인 방법이 있을까, 싶을 정도로 눈부신 성공이다.

하지만 빛이 있으면 그림자도 생기게 마련이다. 사회서비스의 양극화는 대표적인 그늘이다. 대규모 자본을 끌어들일 수 있는 민간 공급자는 고수익을 노려 고급서비스를 만들어냈다. 쾌적한 시설과 필수 이상의 서비스를 제공하면 추가로 돈을 내려는 소비자가 생기기 마련이다. 예컨대 의료 부문에선 건강보험에서 보장하지 않는 비급여부분이 늘어났다. 고급 장비에 의한 검사라든가, 상급 병실 등이 그것이다. 이런 양극화 현상은 정도의 차이는 있지만 보육과 노인요양, 그리고 교육에서도 나타났다. 불행하게도 현 정부는 영리자회사를 허용하여 아예 이런 서비스를 장려하고 있다.

반면 소규모 민간 공급자들은 나머지 수요를 놓고 피 튀기는 경쟁을 벌이고 있다. 불법적 소비자 유치 경쟁을 벌이는 한편으로 노동자의 임금이나 노동조건을 악화시키기 일쑤다. 그 결과 보건과 사회서비스 영역에서 비정규 저임금 노동자가 양산되었다. 서비스의 질은 떨어지고 심지어 성희롱까지 노동자들의 인권이 유린되고 있다. 툭하면 비효율적이라고 비난받던 국공립 시설의 대기자 줄이 길어진 이유가 여기에 있다.

그렇다고 국공립 시설을 늘리거나 규제를 강화하는 것도 그리 만만치 않다. 민간 공급업자들의 카르텔이 어느덧 막강해졌기 때문이다. 예컨대 참여정부가 국공립보육원을 늘리는 정책을 발표하자 원장들이 장관실을 점거했고 국회의원들은 지역유지들에게 굴복했다. 설상가상으로 이 영역의 전문직 역시 수익성의 노예가 되었다. 고급 서비스 기관은 자기 기관의 평판을 위해 고급 인력 스카우트 경쟁을 벌였고 이들의 임금은 천정부지로 치솟았다. 그러니 투자한 만큼 돈을 벌어들여야 하지 않겠는가? 히포크라테스 선서와 같은 전문직 윤리는 내팽개쳐진 지 이미 오래다.

어떻게 해결해야 할까? 우리 모두 동의할 수 있는 원칙은 적정 서비스를 적정 가격에 공급하는 것이다. 의료, 보육, 노인요양, 의료 복지 원래의 의미에 충실한 적정 서비스를 요구해야 한다. 나아가서 우리 스스로 그런 서비스 수급체계를 설계해서 운영할 수도 있다. 최근에 일고 있는 공동육아 협동조합이나 의료 사회적협동조합 운동이 그것이다.

정부는 적정 서비스에 한해서 공급 보조금을 주어야 한다. 이들 서비스가 관계형인 만큼 지역공동체의 안정된 서비스 공급망은 소비자들의 정보를 축적해서 질병이나 사고를 예방할 수 있다. 모두에게 골고루 적정 서비스를 제공하면 오히려 비용도 줄어든다. 이제 정부에 그저 수요보조금을 늘리라고 요구할 때가 아니라 우리 스스로 적정 서비스를 요구하고 그에 가장 걸맞은 공급 형태를 선택하고 조합하는 지혜를 발휘할 때다. 이에 맞춰 전문직의 윤리가 회복된다면 금상첨화일 것이다.

경향신문 / 정동칼럼 / 2014.03.09.

사회적 경제 지원법 제정, 지금이 적기다

흥미로운 일이 벌어지고 있다. 황우여 새누리당 대표가 지난 2월 4일 국회 교섭단체 대표 연설에서 사회적 경제의 활성화를 강조하자, 김한길 민주당 대표는 5일 연설에서 "전적으로 공감한다"며 여야가 국회 차원의 사회적경제특위를 만들자고 화답했다. 이에 앞서 새누리당이 중진인 유승민 의원을 중심으로 지난 1월 사회적경제특위를 구성했고 민주당도 2월에 신계륜 의원이 주도해서 사회적경제정책협의체를 띄웠다.

이런 움직임에는 이론적, 역사적 근거가 있다. 자본주의 시대의 대표적 사회적 경제 형태인 협동조합에 대해서 19세기 경제학자들은 좌우, 중도를 막론하고 찬사를 보냈다. 카를 마르크스의 자유로운 인간들의 연합체는 협동조합을 상정한 것이 분명하고, 같은 시대에 한계혁명을 주도한 레옹 발라는 열렬한 협동조합 예찬자이자 실천가였다. 중도파라 할 수 있는 존 스튜어트 밀 역시 협동조합 형태가 "결국 세상을 지배할 것임에 틀림없다"고 공언했다.

역사적으로 협동조합은 대체로 정치와 일정한 거리를 둬 왔다. 국제협동조합연맹(ICA)의 7원칙 중 네번째인 자율의 원칙은 협동조합이 국가와 자본으로부터 독립하여 고유의 원칙에 따라 운영되어야 한다는 것을 의미한다. 사회적 경제는 농업과 국가가 탄생하기 이전에도 존재했다. 아주 나약한 존재였던 인간은 스스로의 생존을 위해 상호성에 입각한 자조(self help) 집단을 스스로 만들었다. 이후 국가와 시장이 세상을 지배하게 됐을 때도 지역공동체는 위기가 닥치면 스스로의 자원과 능력을 최대한 동원해 문제를 해결해 왔다. 이것이 자율성의 의미다.

하지만 이런 원칙이 사회적 경제가 비정치적이어야 한다는 것을 의미하지는 않는다. 이탈리아에서는 정당별로 협동조합이 조직돼 있고, 캐나다 퀘벡지방의 사회적 경제나 스페인 바스크 지방의 협동조합은 분리주의적 사회민주당 색채를 강하게 띠고 있다. 영국의 경우에는 협동조합당이 노동당의 일부로 존재하면서 의원 20여명을 배출했다.

일반적으로 유럽의 전통적 협동조합은 중도좌파적 성격을 띠는데 그것은 사회적 경제가 연대라는 가치를 지향하기 때문이다. 따라서 협동조합이, 유독 효율성이라는 가치를 추구하는 시장만능주의 또는 신자유주의와 대립하는 것은 자연스러운 일이다. 이런 맥락에서 보면 한국에서 사회적 경제에 가장 어울리는 정당은 진보 쪽일 테다. 하지만 최근 영국의 보수당이 '큰 사회'(Big Society)를 내세우는 데서 알 수 있듯이, 현실 정치에서 그런 성향이 뛰어넘을 수 없는 만리장성을 의미하는 건 아니다.

올해 들어 새누리당이 사회적 경제에 적극적으로 나서는 이유는 지방선거와 무관하지 않을 것이다. 2012년 대선에서 박근혜 후보가 경제민주화와 보편적 복지 이슈를 선점해서 톡톡히 재미를 본 바가 있지 않은가? 특히 사회적 경제는 박원순 서울시장의 전매특허처럼 여겨졌고 그동안 새누리당과 보수언론이 사회적 경제에 틈틈이 붉은색을 칠해 왔다는 걸 상기해 보면 이런 의심도 무리가 아니다.

좋은 방법이 있다. 여야가 지금 표방하고 있는 공통의 사회적 경제 지원 정책을 모아서 선거 전에 깔끔하게 법제화하라. 단지 선거용이라는 세간의 의혹을 말끔히 지우는 데 이보다 더 효과적인 방법이 어디 있으랴.

한겨레신문 / 정태인의 협동의 경제학 / 2014.02.11.

협동조합, 새로운 '한강의 기적' 만든다

한해를 마감하며 "우리 사회에 도대체 희망이라는 게 있기는 한가"라고 물어봤을 때 거의 유일하게 "그렇다"고 대답할 수 있는 영역이 사회적 경제다. 우리는 이제 수출로 살아갈 수 없다. 2008년 이래 우리의 수출증가율이 성장률보다도 낮은 것이 그 증거다. 그렇다면 내수가 답인데 첫째, 일반 서민의 소비지출이 늘어나야 하고(임금과 복지의 증가) 둘째, 이를 위해선 중소기업 및 영세자영업자의 생산성이 올라가야 하며 셋째, 사회적 경제라는 새로운 영역이 자리를 잡아야 한다. 지난 대선의 보편복지, 경제민주화는 이런 사회적 필요를 정확히 대변했다.

하지만 1년이 지난 지금 첫번째와 두번째 해법은 기대하기 어려워졌다. 대선 과정에서 국민의 요구를 수용했던 박근혜 대통령이 사실상 공약을 전부 폐기했다. 동시다발적으로 밀어붙이고 있는 철도, 의료, 교육 민영화와 환태평양경제동반자협정(TPP)까지 고려해 보면 절망적이다.

하지만 2012년 말 협동조합기본법 발효 이후 생겨난 협동조합 3000여개는 세번째 해법이 아직 살아 있다는 것을 증명한다. 또 아이쿱 생협이 조합원 18만명(전가구의 1%)을 달성한 데서 보이듯 기존 협동조합도 놀라운 속도로 성장하고 있다. 우리 사회의 마지막 희망이 열정으로 타오르고 있다.

기실 사회적 경제란 위기에 맞서 살아남기 위한 자조(self help)의 경제이다. 말이 생소해서 최근의 현상인 것처럼 느껴지지만 100만년 이상된 인류 역사 대부분의 기간을 지배한 것은 바로 이 사회적 경제였다. 시장이 지배적 사회교류의 제도가 된 건 불과 300년이요, 국가가 나타난 것은 아무리 길게 잡아도 몇 천년에 지나지 않는다. 100만년 동안 별로 뛰어나지 못한 인류가 이렇게 번성하게 된 것은 오로지 협동을 가장 잘하는 생물이었기 때문이다. 협동은 인간 고유의 본성으로 진화해 왔다.

그러므로 2008년 이후의 금융위기가 장기침체로 이어지고 있는 지금 세계적으로 사회적 경제 붐이 일어나는 건 당연하다. 그중에서도 한국은 또 하나의 '한강의 기적'을 일으키고 있는 것으로 보인다.(볼로냐대학 차마니 교수) 협동조합 사업체의 수만 늘어난 것이 아니라 사회적 경제 연합 등의 이름으로 시·군·구 단위에 네트워크도 속속 만들어지고 있다. 지방자치단체의 관련 조례들이 속속 제정되고, 지난 12월 26일에는 협동조합기본법이 개정되는 등 제도 면에서도 정비가 이뤄지고 있다. 서울 글로벌 사회적경제 포럼은 국제적 네트워크를 만드는 계기가 되었으며 특히 토닥토닥 협동조합(금융) 등 청년들의 실험은 경이롭기조차 하다.

물론 아직 갈 길이 멀 뿐 아니라 위험한 징후까지도 보인다. 모든 사회조직이 그렇듯 비약을 하기 위해서는 일정량이 쌓여 임계치(critical mass)를 넘어서야 하는데 현재와 같은 속도라도 5년 이상 걸릴 것이다. 네트워크가 형성됐다고는 해도 제대로 작동하는지 의문이고 금융 면에선 취약하기 이를 데 없다.

더 근본적으로 협동은 신뢰를 전제로 하는데 신뢰는 하루이틀에 쌓이는 게 아니다. 열정에 휩쓸린 사랑은 급속히 냉담으로 빠져들 수도 있다. 그래서 현재의 열정을 희망의 착실한 네트워크로 만드는 것이 내년의 과제일 테다. 우리가 얼마나 민주주의를 일상에서 실천하는가가 핵심일 것이다. 바로 내 삶의 현장에서 민주주의를 실천하는 것, 그것이야말로 열정이 냉담으로 변하지 않고 희망의 진지로 도약하게 하는 비법이다. 이제 사회혁신이다.

한겨레신문 / 정태인의 협동의 경제학 / 2013.12.31.

서울에 움튼 폴라니의 사상

'국제사회적경제포럼'에서 시장·공공·사회적 경제가 박자를 맞춰야 한다는 경제 다원주의가 채택되었다. '서울선언'을 통해 폴라니의 사상이 구체적 정책으로 부활할 수 있게 되었다.

자신의 얘기, 그것도 은근슬쩍 자화자찬이 들어간 얘기를 쓰는 건 영 낯간지러운 일이다. 마치 아버지한테 받은 선물을 자랑하고 싶어 어쩔 줄 모르는 아이를 본다거나, 어떻게든 자식 자랑을 이야기 속에 슬그머니 끼워넣으려 머리 굴리는 게 뻔한 엄마를 보는 것 같을 테니 말이다.

하지만 내 생각에(!) 지난 11월 5일부터 7일까지 서울시가 주최해 열린 '국제사회적경제포럼(Global Social Economy Forum 2013)'은 여러 모로 중요한 의미를 지닌다.

사실 한국에서 '사회적 경제'는 야릇한 존재였다. 학자들에게는 이름조차 생소한 동시에, 작금의 협동조합 붐에서 보이듯 현실에서는 열광의 대상이기도 하기 때문이다. 이번 포럼은 사회적 경제의 정의와 의미, 각 주체가 해야 할 일을 정리했다는 점에서 한국의 사회적 경제 운동에 하나의 이정표를 세웠다고 할 수 있다.

서울을 비롯해서 퀘벡(캐나다), 에밀리아로마냐와 볼로냐(이탈리아), 교토와 요코하마(일본), 퀘존(필리핀), 전북 완주 등 지방자치단체의 대표와 상티에(캐나다), 레가코프(이탈리아), 사회적 경제 네트워크(한국) 등 주요 단체의 지도자 및 풀뿌리 활동가 100여 명이 함께 모인 자리라는 점도 주목할 만하다. 사회적 경제란 지역공동체와 협동조합, 사회적 기업이 함께 만들어가는 경제이기 때문이다.

글로벌 금융위기 극복하기 위해 사회적 경제 활성화 필수

'서울선언(Seoul Declaration)'은 이렇게 30여 나라 사람들이 모인 포럼에서 합의한 공식 문건이다. 요즘 하루가 멀다 하고 서울에서 열리는 국제 포럼마다 각종 '서울선언'을 채택할 테고, 또 사회적 경제 쪽은 전 세계에서 다양한 차원의 심포지엄이나 포럼이 벌어지고 있으니 그중 하나에 불과한 이 포럼에 언론이 그다지 주목하지 않는 것을 야속해할 일이 아닐지도 모른다.

하지만 최초의 초안을 만든 나로선 서울선언이 가지는 의미가 더 각별할 수밖에 없다. 8월28일 광화문의 한 카페에서 몇몇 전문가가 한글본 초안을 검토한 뒤, 11월7일 포럼에서 공식 채택되기까지 고작 두 달여 동안이지만, 수많은 이메일과 전화를 통해 세계적 이론가나 활동가들과 의견을 나눈 것은 새로운 경험이었다(실무자들이 정말 애썼다).

서울선언은 글로벌 금융위기를 극복하는 데 사회적 경제의 활성화가 필수적이라는 점을 지적하는 것으로 시작된다. 사회적으로 배제된 사람들의 일자리와 존엄성을 회복하고, 재생 가능한 에너지 생산과 소비를 통해 생태 문제를 해결하며, 무엇보다도 참여민주주의에 의한 경제를 이룬다는 점에서 사회적 경제는 새로운 시대, 사회혁신의 요람이기도 하다.

특히 이번 선언에서는 경제의 다원주의를 전면에 내세웠다. 나는 2007년께부터 시장경제, 공공경제(정부), 그리고 사회적 경제(공동체 또는 시민사회)가 박자를 맞춰야 한다고 주장해왔지만(세 박자 경제론), 이 얘기를 국제 선언문에 넣을 만큼 용감하지 않았다. 그런데 캐나다의 칼폴라니 연구소(소장 마거릿 멘델)가 초안에 대한 코멘트에서 '다원적 경제(plural economy)'를 명시하자고 제안했다. 불감청 고소원!

폴라니는 〈거대한 전환〉(1944)에서 역사적으로 인간들의 교류는 시장교환·선물(공동체)·재분배(국가)라는 세 형태로 이뤄져 왔는데 19세기에 이런 다양성을 시장교환으로 단순화한 결과가 1929년의 대공황이라고 갈파한 바 있다. 그 폴라니의 딸이 설립한 연구소에서 새로운 사회의 원리로 '다원적 경제'를 강조한 건 당연한 귀결이다.

또한 이들 세 경제가 조화를 이루도록 하는 공공정책 연구가 절실하다는 점도 10개의 행동지침 중 하나로 제시했다. 실로 어떤 사회경제 정책을 만들면서 정부·시장·시민사회(지역 공동체)가 할 일을 동시에 고려한다는 것은 정책의 혁신이라 할 만하다. 예컨대 신자유주의 시대에 사실상 민영화(privatization)를 의미했던 '민관 합작(public private partnership)'을, 서울선언은 공공·기업·공동체 3자 연합의 공동정책 수립과 실천으로 대체했다.

폴라니의 사상은 이제 70년이라는 시간을 뛰어넘어 구체적인 사회운동으로, 그리고 정부의 구체적 정책으로 부활했다. 지방자치단체와 사회적 경제 활동가들이 서울선언에 기초해서 더 많은 토론과 실천을 하게 된다면 '더 나은 세계' '더 나은 삶'이라는 폴라니의 꿈이 비로소 실현될 것이다.

시사인 / 322호 / 2013.11.20.

사회적경제 연대와 파고르의 파산

지금 우리는 여전히 장기 침체의 수렁을 헤매고 있다. 전세계의 중앙은행이 동시에 비전통적 양적 완화(장기국채와 부실채권의 매입 등)에 의한 돈으로 공황 상태를 막았을 뿐 실물경제는 그다지 나아지지 않았다. 자본주의의 역사가 보여주듯 대위기는 사회적 경제의 폭발적 성장을 낳는다. 위기에 대한 자조(self-help)의 대응이 사회적 경제의 본래 뜻이기도 하다. 그중에서도 한국의 움직임은 유별나다. 시장 경쟁이 사회 곳곳에 스며들어 양극화가 미국 못지않게 진행된데다 정부의 사회 지출은 경제협력개발기구(OECD) 다른 나라에 견줘 한참 부족하기 때문일 것이다.

지난 5일부터 7일까지 서울시가 주최한 '국제 사회적경제 포럼'은 한국뿐 아니라 국제적으로도 뜻깊은 자리였다. 특히 한국의 서울과 완주를 비롯해 캐나다의 퀘벡, 이탈리아의 에밀리아로마냐와 볼로냐, 일본의 교토와 요코하마, 필리핀의 케손(Quezon) 등의 지방자치단체 대표, 그리고 샹티에(캐나다), 레가코프(이탈리아), 사회적경제네트워크(한국) 등 주요 단체의 지도자 및 풀뿌리 활동가 100여명이 함께 모인 자리라는 점도 주목할만했다. 대부분의 성공 모델은 지방자치단체와 협동조합 등이 공동의 거버넌스를 이루어 공동으로 정책을 수립하고 또한 실행했다. 이야말로 가장 커다란 사회혁신이다.

수많은 토론을 통해 채택된 '서울 선언'은 이 새로운 사회혁신을 공공-민간-공동체 파트너십(public-private-community partnership)이라고 표현했다. 사실상 민영화를 의미했던 민관합작(public-private partnership)이라는 기존의 거버넌스를 시민참여형으로 대체한 것이다.

선언은 시장경제와 공공경제, 그리고 사회적 경제를 조화시키는 다원적 경제(pluralistic economy)를 위기 이후의 발전 모델로 제시했다. 이들 지방자치체와 단체들은 '글로벌 사회적경제 연대'를 구성하여 정보와 인력을 교류하고 공동의 사업을 추진하기로 했다. 내년에 또다시 서울에서 열리는 포럼에서는 1년간의 성과를 확인하고 훨씬 구체적인 미래상을 그려가게 될 것이다. 칼 폴라니 연구소나 영국의 대표적인 사회적 경제 네트워크인 로컬리티가 서울에 아시아지부를 세울 뜻을 밝힌 것은 바로 손에 잡히는 성과이다.

물론 선언이 희망차게 그리는 연대의 사회가 저절로 이뤄지는 것은 아니다. 사회적 경제는 결코 만병통치약이 아니고 공공경제나 시장경제를 완전히 대체하는 것도 아니다. 사회적 경제는 목가적인 전원 공동체가 아니며 때론 시장에서 일반 기업과 치열한 경쟁을 벌여야 한다.

이 글을 쓰는 중에 노동자협동조합의 이상적 모델로 오랫동안 칭송받던 몬드라곤 협동조합 기업집단의 파고르전자가 파산 신청을 했다는 소식을 접했다. 냉장고 등 백색가전을 주로 생산하는 기업이니 스페인의 부동산 거품 붕괴, 그리고 곧이은 유럽연합의 위기에 직접 영향을 받았을 것이다. 지난 5년간 몬드라곤 내의 협동조합들은 파고르전자를 살리기 위해 약 4억달러 규모의 '협동조합 간의 협동'(협동조합 제6원칙)을 실천했다. 하지만 '밑빠진 독에 물붓기'를 계속할 수는 없다는 판단을 내린 모양이다.

파고르 사례의 철저한 분석은 협동조합의 취약성이 어디에 있는지, 네트워크화와 기금, 그리고 노동금고나 보험과 같은 협동조합 금융으로도 막을 수 없는 위기의 실체가 무엇인지를 보여줄 것이다. 이번에 제안된 '글로벌 사회적경제 연대'가 구축된다면 세계의 각종 사례를 풍부하게 수집하고 체계적으로 연구해서 각 지역에 적합한 발전 모델을 찾아낼 수 있을 것이다. 그렇다면 서울선언은 글로벌 연대의 첫걸음으로 기록될 것이다.

한겨레신문 / 정태인의 협동의 경제학 / 2013.11.19.

'다같이 살기' 위한 협동조합금융 실험

미국의 월가나 한국의 여의도 증권가를 떠올려 보라. 우리의 사회적 경제와는 아무런 연관 없는 곳, 또는 정반대에 위치한 곳처럼 느껴질 것이다. 금융이란 과연 무엇일까, 특히 왜 이자를 받는 걸까? 나는 30년 이상 경제학을 공부했지만 아직도 답을 잘 모른다. 금융이 사회에 중요한 구실을 한다면 그건 필요한 곳으로 돈이 흐르도록 만드는 중개 기능 때문일 터이다. 그런데 정작 현실의 금융은 '비 올 때 우산을 빼앗는' 역할을 하기 일쑤다. 경기가 곤두박질치면 급전을 빌려주기는커녕 오히려 기존 대출도 거둬들인다. 또 돈이 가장 필요한 가난한 사람한테 오히려 높은 이자를 요구하는 곳도 은행이다. 왜 이런 일이 벌어지는 걸까?

경제학은 이런 현상을 정보의 비대칭성으로 설명한다. 쉽게 말하자면 사람과 미래를 믿을 수 없기 때문이라는 얘기다. 하지만 만일 누가 돈이 정말 필요한지 모두 알 수 있고, 미래가 어쩔 수 없이 불확실하더라도 그가 성실히 돈을 갚으려 노력할 것이란 사실을 우리가 확신한다면 어떤 일이 벌어질까? 나아가서 일정한 액수 이상의 돈이 꼭 필요하지 않다면 굳이 비싼 이자를 받으려고 금융상품 목록을 뒤지지 않아도 될 것이다.

이런 가정이 협동 금융의 원리일 테다. 우리가 혼자서 미래의 온갖 불안에 대비하려 한다면 무한정의 돈이 필요하게 된다. 예컨대 섭씨 4도 이상 오르는 기후온난화 속에서 혼자 살아남으려면 초첨단의 빌딩에 들어가야 할지도 모르고 '설국열차'를 타야 할지도 모른다. 아니, 지금 우리의 현실에서 내 아이를 낙오자로 만들지 않기 위해 들이는 돈만 해도 얼마인가? '나 홀로 살아남기' 경쟁의 비용이다.

하지만 우리 모두 이산화탄소 배출을 줄이는 데 합의하고 실천한다면 그런 엄청난 돈은 필요하지 않을 것이다. 어떤 학교를 나와서 무슨 일을 하든, 그 사람이 누리는 보수와 사회적 인정에 별 차이가 없다면 굳이 의대나 법대, 그리고 경영대에 갈 필요가 없을 것이다. 이처럼 신뢰와 협동에 의해 사회적 딜레마를 해결하거나 상대적 지위 경쟁을 약화시킬 수 있다면 엄청난 돈을 소유할 이유가 없어진다. '다 같이 살기' 전략이다.

'나 홀로 살아남기' 경쟁에서 패하기 마련인 99%의 서민들이라면 '다 같이 살기' 전략을 택하는 쪽이 훨씬 나을 것이다. 원시시대 식량 공유의 습관부터 현대의 사회보험에 이르기까지 우리는 다 같이 살기 전략을 실천해 왔다. 사회적 경제에서는, 우연히 돈이 남아돈다면 아주 싼 이자로 또는 무상으로 돈이 꼭 필요한 사람에게 빌려 주고, 반대로 우연히 돈이 부족한 경우 언제나 다른 누군가의 도움을 받을 수 있다. 캐나다의 데자르댕이나 독일의 라이파이젠과 같은 세계 유수의 신용협동조합이 고리대로 허덕이던 19세기 농촌에서 탄생한 것은 결코 우연이 아니다.

최근 한국에서 공동체 금융이나 청년들 간의 협동조합 금융이 희망의 싹을 틔우는 것도 이런 원리 때문이다. 나 홀로 살아남기 경쟁을 그만둔다면 이런 세상은 얼마든지 가능하다. 우선 서로 믿을 수 있는 사람들끼리 시작해서 점점 사람을 모으고 또 여러 곳의 이런 모임을 네트워크로 엮으면 그것이 곧 협동조합 금융이다. 우리는 금융에서도 또다른 세상이 가능하다는 실험을 시작했다.

한겨레신문 / 정태인의 협동의 경제학 / 2013.09.24.

토토리 이장 조금득

청년유니온 1기 사무국장을 지낸 조금득씨는 '청년연대은행'을 추진하고 있다. 협동과 공동체 정신만 있다면 아무리 가난해도 서로 도울 수 있다. 문제는 정부의 구실이다.

2012년 3월, 한 젊은 여성이 서울역 건너편 동자동 언덕을 오르고 있었다. 그녀의 동그란 얼굴은 무엇 하나 서두를 게 없다는 듯 느긋한 표정이지만, 아직은 쌀쌀한 바람 탓에 발갛게 얼었다. 청년유니온 1기 사무국장을 지낸 조금득씨다. 조씨는 동자동 공제협동조합의 이태헌 이사장을 찾아가는 중이었다. 마을 공동체 운동으로 시작해서 이제 지역에 뿌리내린 지혜를 배우기 위해서다. 그녀는 유니온을 후배들에게 물려주고 새로운 사업을 구상한다. 아무런 안전망도 갖지 못한 이 땅의 청년들이 스스로 돕는 '청년연대은행'. 그동안 만난 금융 전문가들의 말씀은 그리 도움이 되지 않았다. '없는 이들끼리 모여 하는 금융이니, 우선 기금을 많이 모아야 한다'는 건데 돈이라는 게 거저 모이지는 않을 테니 말이다.

〈한겨레〉 박기용 기자와 새로운사회를여는연구원(새사연)의 이수연 연구원이 진행하는 〈공존공생〉은 협동조합 등 사회적 경제를 전문으로 다루는 팟캐스트다. 이번 주에 방송된 제5회에는 동자동조합의 이태헌 이사장과 '토닥토닥 협동조합'(토토협)의 조금득 이사장이 출연했다. 토토협의 조합원들은 조 이사장을 '토토리 이장'이라고 부른다.

조씨가 만난 전문가 중에는 나도 포함돼 있었다. 그런 사업이라면 협동조합 방식이 어울린다는 조언은 했지만, '이 아이가 또 맨땅에 헤딩하는

구나. 유니온보다 더 어려울 텐데⋯. 아름다운 도전이라지만 얼마나 힘이 들까' 하고 걱정부터 드는 게 사실이었다.

조씨가 동자동에서 배운 것은 바로 '협동', 그리고 '공동체'였다. 실제로 사업을 위해 수없이 만난 청년들은 중산층 대학생이건, 비정규직 노동자건, 아니면 실업자건 모두 외롭다고 했다. '88만원 세대'니 '3포 세대' 하는 말은 오히려 청년들의 굴레가 되었다. 저 절망적 수렁에 빠지지 않으려고 나 홀로 스펙 쌓기에 몰두하고 있으니 이들은 모두 외롭다.

2011년 창립된 동자동조합은 국민기초생활 보호대상자와 차상위 계층이 조합원이다. 현재 400명인 조합원이 한 계좌당 5000원씩 6300만원을 출자했고 6700만원이 대출되었다. 상환율은 71%로 상당한 수준이다. 임대주택 보증금, 병원비의 본인부담금 등에 1% 이자율로 돈을 빌려준다. 이 공동체는 아무리 가난해도 서로 도울 수 있다는 것을 증명했다.

기실 세계의 모든 신용조합은 찢어지게 가난한 농민들 사이에서 생겨났다. 저 유명한 독일의 라이파이젠, 캐나다의 데자르댕, 한국의 신용조합이 모두 그렇다. 나는 경제학을 30년 이상 공부했지만 아직도 왜 이자를 물어야 하는지 알지 못한다. 금융 업무를 하는 사람들의 월급, 금융 시스템의 설립과 운영비용만 댈 수 있으면 족하지 않은가?

사회적 협동조합에만 금융활동 허용?

내가 보기에 '조 이장'은 이미 성공했다. 2012년 창립 때, 100여 명이 모였지만 이제 조합원은 300명으로 늘었고 출자금도 2500만원에 이른다. 아직 본격적으로 대출을 하기에는 이르지만 긴급 대출(9건)과 일반 대출(1건)로 출발을 알렸다. 이들은 '세대 공동체'를 형성했다. 이름마저 '토토리'가 아닌가? 페이스북에 이들이 올리는 글은 한껏 발랄하고 "사랑해요"라는 말이 빠지는 법이 없다. 이제 겨우 1년 남짓 됐지만 협동조합 교육과 재무상담, 그리고 각종 작은 모임들이 이들에게 끈끈한 집단 정체성을 심어준 것이다.

문제는 정부의 구실이다. 작년에 발효된 협동조합기본법에는 금융이 제외되어 있다. 사회적 협동조합에서만 공제회 등 금융활동을 할 수 있는데 이 법이 적용되려면 '사회사업'이 40%를 차지해야 한다. 이제 막 만들어진 협동조합들에게는 버거운 일이다. 정부의 법률 요건에 맞추기 위해 기존 사업을 흐트러뜨리고 급기야 공동체에서 뿌리가 뽑히면 그 조합은 망할 수밖에 없다. '공제협동'이라는 말을 빼라고 협박할 것이 아니라 협동조합기본법을 협동조합의 7원칙에 들어맞도록 개정해야 한다. 그러지 않는다면 '토토협'은 법외 조합으로 남을 것이다.

"이렇게 협동조합 원칙을 잘 지키는데 왜 인가를 안 해주냐고?"

토토리(http://cafe.daum.net/ybank1030)에는 15세에서 39세 사이의 청년들이 산다. 하지만 나이 많다고 좌절하지 마시라. 40세 이상은 명예 주민(조합원)이 될 수 있다. 단, 출자한 돈은 돌려받을 수 있지만 이자는 없고 대출을 받을 수 없다. 우리 청년들을 절망에 빠뜨린 어른들이여. 입시제도·주거제도를 한꺼번에 바꿀 수는 없을지라도 아이들 스스로 꾸는 이 꿈을 지켜줄 수는 있지 않은가.

시사인 / 304호 / 2013.07.15.

협동의 유전자를 타고난 인간

태어난 지 1년 남짓한 그야말로 갓난쟁이와 어른 원숭이 중 어느 쪽이 더 남을 잘 도울까? 어쩌면 둘 다 '유인원'이라고 부를 수 있는 이 두 개체 앞에서 한 어른이 열심히 일을 하는 모습을 보여준다. 종이 더미를 스테이플러로 묶는 단조로운 작업이다. 방에서 나갔던 어른이 종이 뭉치를 들고 다시 돌아와서 스테이플러를 찾으려 두리번거린다. 두 '유인원'은 스테이플러가 탁자 밑에 떨어져 있다는 것을 안다. 누가 어른에게 스테이플러 위치를 더 잘 알려줄까? 놀랍게도 우리 아가들이다.

저명한 심리학자 토마셀로 등이 2006년에 한 이 실험에서 한살 아가 24명 중 22명이 손가락으로 어른들에게 위치를 알려주었다. 원숭이도 그런 행동을 하기는 하지만 그들은 그럴 만한 이유가 있을 때만(자기에게 이익이 되거나 당위적인 이유가 있을 때) 그랬다. 돕기, 알려주기, 공유 등 이타적 행위에 관한 각종 실험에서 우리의 아가들은 침팬지나 원숭이보다 훨씬 뛰어났다. 이런 행위에 보상을 한다고 해서 아가들이 더 열심히 남을 돕는 것도 아니고 때로는 역효과를 낳았다.

교육과 같은 사회화 과정을 전혀 거치지 않은 아가들도 협동할 줄 안다. 말하자면 인간은 협동의 유전자를 타고 태어난 것이다. 인간이 이기적이지 않다는 얘기가 아니다. 생존경쟁의 운명을 인간이라고 해서 어찌 벗어날 것인가? 하지만 생물학적으로 봐서 어디 하나 잘난 것이 없는 인간은 무려 100만년 동안의 수렵채취 시대에 맹수들의 습격, 혹독한 기후변화, 굶주림을 이겨냈다. 오로지 인간만이 수십명에서 수백명 단위의 집단을 이뤄 성공적으로 협동을 했기 때문이다. 얼마나 위대한 성공이었는지 이제 인간 스스로 기후변화를 만들어내 지구를 위협하기에 이르렀을 정도다. 이런 진화의 역사가 인간 유전자에 알알이 박혀 있다고 추론하는 것도 무리는 아닐 것이다. 실제로 최근의 뇌경제학(neuroeconomics) 실험은 인간이 서로 돕거나 불공정한 인간을 응징할 때 쾌락(비물질적 효용)을 느낀다는 것을 밝혔다. 인간은 생물학자 노바크(Nowak)의 표현대로 가히 '초협력자'이다.

낮에는 보육원 아이를 돌보고 밤마다 아프리카 아이들의 털모자를 짜는 우리 아내 '차 여사'가 느끼는 행복은 어쩌면 인간의 이런 본성을 되찾았기 때문일지도 모른다. (나 역시 그 덕을 톡톡히 보고 있다.)

그렇다면 끝없는 경쟁 속에서 우리가 느끼는 절망은 그 본성을 거스르고 있기 때문이 아닐까? 오죽하면 자살률 세계 1위일까? 만일 경쟁의 장으로 느껴지는 직장에서 거꾸로 협동의 기쁨을 매 순간 누릴 수 있다면 어떨까? 사회적 경제가 바로 그곳이다.

사회적 경제는 최근에 만들어진 것이 아니라 인류 집단 생존의 터전이었다. 농경시대에는 두레나 품앗이, 계가 있었고 자본주의 시대의 대표적인 사회적 경제 형태가 협동조합이다. 하지만 협동조합이나 사회적 기업의 구성원들이 협동의 규범, 상호성의 규범을 잘 지킬 때만, 즉 진정한 협동을 이룰 때만 효율성(경제적 목표)과 연대(사회적 목표)를 동시에 달성할 수 있다.

한겨레신문 / 정태인의 협동의 경제학 / 2013.06.25.

어느 '청년 편의점주'의 호소

현재의 계약대로라면 편의점은 프랜차이징보다 노예라고 보는 게 낫다. 가맹본부는 실패의 부담을 떠넘기기 위해 가맹점을 모집했다. 불공정을 넘어 계약 자체가 사기다.

지난 5월 20일 월요일 오랜만에 국회에 갔다. 민주당 장하나 의원이 주최한 토론회 '민주당, 경제민주화 더 잘할 수 없는가?'의 사회를 보기 위해서였다. 최근 우리 사회를 뒤덮고 있는 이슈는 이른바 '갑을 관계'다. 대기업 임원의 비행기 난동부터 시작해 대리점, 편의점 등에서 점잖게 얘기하면 불공정 행위, 정확히 이야기해서 착취나 수탈이 속속 폭로되고 있다. 급기야 편의점주 4명이 잇달아 자살하는 사태에 이르렀다. 오죽 희망이 없으면 스스로 목숨을 끊을까?

'청년 편의점주' 오명석씨의 증언은 충격적이었다. 그는 1979년생, 그러니까 이제 만 서른네 살이다. 그의 아버지는 외환위기 때 명예퇴직을 했다. 대학 졸업 후에도 아르바이트를 전전하던 오씨는 아버지의 은퇴 자금으로 편의점을 냈다. 그에 따르면 "정말 이 편의점이라는 것은 대기업에서 바다에 던진 그물에 우리 같은 IMF 세대가 걸려들기 딱 좋게, 기다렸다는 듯이 시스템을 만들어놓았던 것"이다. 대기업들은 아버지를 해고하면서 던져준 퇴직금마저 아까워 본인 또는 그의 자식을 통해 회수하려 했던 것일까? 아들은 5년 계약으로 편의점을 시작해서 처음 2년은 그런대로 장사를 했지만 본사가 바로 옆 자리에 또 다른 편의점을 내는 바람에 4년째 되는 해 폐점을 신청했다. 그는 위약금 2500만원에 철거비 300만원까지 낸 후에야 장사를 접을 수 있었고 그의 아버지는 자살하고 말았다.

편의점은 경영학에서 말하는 프랜차이징에 속한다. 보통 가맹본부(프랜차이저)는 기본 시스템(재고관리·창고·회계정보·포스시스템 등), 그리고 무엇보다도 브랜드를 제공하고 가맹점주(프랜차이지)는 점포에 대한 투자와 자신의 노동으로 매출을 올린다. 창업에 대한 지식이나 경험이 없는 퇴직자들, 그리고 청년 실업자들에게는 '맨땅에 헤딩하기'보다 훨씬 덜 위험한 사업으로 보였을 텐데 본부는 '무조건 500만원 수익 보장' 식으로 이들을 유혹했다.

실제로 그렇게 수익이 난다면 왜 본사는 직접 편의점을 운영하지 않는 것(직영)일까? 경제학 용어로 말하면 수직통합을 하지 않는 이유는 무엇일까? 보통 경제학에서는 대리인(여기서는 편의점주)의 감시가 어렵거나(대리인 이론), 대리인이 본점에 발목 잡히는 것(이른바 홀드업 문제)을 꺼려 자산특수투자를 하지 않으려 하거나(거리비용 이론), 계약에 명시할 수 없는 문제를 통제하기 위해(불완전계약 이론) 수직통합을 한다.

경제학을 공부하지만 기업이론에 대해서는 내가 거의 문외한에 가깝기 때문일까? 이들 이론으로 한국의 프랜차이징 실태를 설명하기는 대단히 어려워 보인다. 가맹점주는 현재 수익 비율(예컨대 어떤 증언에 따르면 수익의 65%)에 따라 얻는 이익이 100만원이라면 이보다 더 많은 투자를 할 수는 없는 노릇이고 24시간 영업을 해야 하는 처지에 더 많은 노력을 기울일 여지도 없어 보인다.

편의점 협동조합을 상상하라

현재의 계약대로라면 프랜차이징이라기보다 노예라고 보는 게 낫다. 가맹본부는 오로지 점포를 내는 데 필요한 비용을 뽑아내고 사업 실패의 부담을 떠넘기기 위해 가맹점 모집을 했을 뿐이다. 편의점주들의 투자는 잠긴

비용이 되어 노예로 묶여 있게 만든다. 이런 계약은 약자가 일방적으로 발목이 잡힌 경우이므로 불공정을 넘어서 계약 자체가 사기라고 봐야 할 것이다.

현재의 처방대로 가맹사업법을 개정하고 공정위의 조사를 강화한다면 한결 나은 상황이 되리라는 건 확실하다. 만일 폐점 비용을 줄여준다면 거의 모든 편의점이 문을 닫아야 할지도 모른다. 그렇다면 조금 더 근본적인 해결책은 이런 거버넌스(체계) 자체를 바꾸는 것이다. 예컨대 가맹본사의 기본 시스템 투자를 편의점주들 스스로가 할 수만 있다면, 또는 기본 시스템을 사들일 수 있다면 경제적 효율성 면에서도 훨씬 더 나을 것이다. 편의점의 수익도 늘어나고 투자와 노력도 더 많아질 것이기 때문이다. 즉 편의점 협동조합이 탄생하는 것이다.

편의점주의 단결권이나 교섭권을 허용한다면 동시 폐점이나 휴업을 무기로 삼아서 계약 조건을 개선하거나 아예 시스템을 사들일 수도 있다 (필요하다면 그 자금을 대출할 수 있도록 정부가 도울 수도 있다). 만일 편의점이 동시에 폐점하기로 결의한다면 이제 본사의 기존 시스템은 무용지물이 될 것이기 때문이다. 노동조합이 그런 구실을 했듯이 약자의 힘을 키우는 것이 효율과 평등을 동시에 달성하는 길이다.

시사인 / 298호 / 2013.06.03.

우연도 보상을 받아야 하는 걸까?

1979년 경제학과를 선택했을 때부터 따진다면 내가 경제학을 공부한 지도 벌써 35년이 다 돼 간다. 하지만 그야말로 정교한 논리 체계인 경제학이 가르쳐 주지 않는 것들이 너무나 많다.

우리 연구원에서 내 월급은, 금년에 졸업과 함께 입사한 막내 월급의 두배가량 된다. 이건 정당한 것일까? 경제학에서 대충 제시하는 답은 나와 막내의 한계생산성 격차 때문이다. 그 생산성을 계산하려면 새사연의 생산함수를 알아야 하지만 그런 게 있을 리 없다. 총 인원 11명의 구멍가게라서 그런 것만은 아니다. 삼성의 인사담당 부장도 자기 기업의 생산함수를 모를 것이다.

연구원에서 하는 일만 놓고 볼 때 내 능력이나 경험이 막내보다 더 많이 필요한 건 사실일 테지만 그 능력과 경험 역시 수많은 우연에서 비롯된 것이다. 작년에 연구원이 〈리셋 코리아〉라는 책을 낼 때 내 청와대 경험이 한몫한 건 틀림없다. 하지만 그 경험은 그야말로 우연히 고 노무현 대통령을 만났기 때문인데 그런 우연도 보상을 받아야 하는 걸까?

경제학도라면 한국의 "연구원 책임자 시장" 같은 걸 떠올리고 그 시장의 수요공급곡선이 만나는 그림을 떠올릴 것이다. 내 나이 또래의 국책연구원이나 재벌 연구원 책임자의 월급은 최소 10배에서 최대 100배까지 정도일 것이다. 나와 그의 사회 기여도가 그리도 많이 차이가 날까?

시장에 물건을 내다 파는 기업이라면 이런 측정의 문제가 한결 덜 한 게 사실이다. 예컨대 스티브 잡스가 스마트폰이라는 신상품의 대유행을 만들어서 천문학적 수입을 올린 능력은 분명 인정받아야 할 것이다. 하지만 스마트폰을 만들어 내기까지 사용한 지식 중에 잡스가 추가한 부분은 얼마나 되는 걸까? 피타고라스의 법칙부터 알고리즘까지 인류 지식의 창고에서 무상으로 갖다 쓴 지식은 아무런 가치도 없는 걸까?

나아가서 도대체 이자 수입에는 어떤 근거가 있는 걸까? 인류 역사 대부분의 기간 동안 고리대는 죄악이었는데 이젠 고리대를 창출하는 방법(금융공학)이 대학에서 가장 인기있는 과목이 되었다. 돈을 우연히 많이 가지고 있다는 것, 불교식으로 말하자면 영겁의 우연이 겹치고 겹친 결과 부자의 아이로 태어났다는 것 외에 아무런 이유도 없이, 남에게서 돈을 받는 행위는 과연 죄악이 아닐까? 지금의 욕망을 참은 데 대한 보상(이른바 제욕설)이라는 건 분명 답이 아니다. 너무 돈이 많으면 다 써버릴 방법도 별로 없으니….

만일 어떤 이가 이룬 사회적 성취의 99.99%가 인류의 오랜 지혜에서 비롯된 것이라면, 그리고 나머지 0.01%마저도 지독한 우연의 결과라면 어떻게 보상하는 게 옳을까? 어쩌면 최대한의 평등이 답일지도 모른다. 한 게으른 경제학도의 망상으로 들릴지도 모르지만 그런 세상은 이미 존재한다. 최고경영자와 신입사원의 월급 차이가 얼마 되지 않고, 무이자 은행이 존재하는 곳, 바로 "사회적 경제"가 그렇다. 지금 우리나라 방방곡곡에서 일고 있는 협동조합 붐이 가야 할 사회가 바로 그곳이다. 앞으로 이런 경제의 운영 원리, 그리고 발전 전략을 생각해 보자.

한겨레신문 / 정태인의 협동의 경제학 / 2013.05.28.

'각자 열심히 살면 된다'는 착각

창밖으로 봄볕이 따사롭지만 지난달만 해도 널뛰는 날씨에 아침마다 옷 고르기가 힘들었다. 이런 한가로운 투정이 무색하게 우리 모두 공유하는 지구는 몸살을 넘어 중병을 앓고 있다. 개인은 개인대로, 공동체는 공동체 대로, 그리고 나라는 나라대로 지금처럼 에너지를 소비하고 이산화탄소를 배출한다면 인류는 21세기에 절멸할지도 모른다. 노벨 화학상을 받은 파울 크뤼첸의 제안으로 학자들이 현시대를 인류세(Anthropocene)로 부르기 시작한 것도 의미심장하다. 불과 10여년 전 우리 모두 새천년의 희망에 들떠 있었는데 말이다.

지구 온난화와 같이 각 개인이나 국가가 각각 자신을 위한 행동만 한다면 도저히 해결할 수 없는 문제를 사회적 딜레마라고 부른다. 각자가 자신의 이익을 위해 최선을 다하면 "보이지 않는 손"(경쟁 가격)이 자동적으로 문제를 해결하리라는 경제학의 금언과 달리, 우리 주위는 사회적 딜레마로 가득 차 있다.

예컨대 사교육은 저 유명한 죄수의 딜레마에 속한다. 아이의 미래를 위한 경쟁을 누가 나무랄 수 있겠는가? 하지만 그 결과는 처참하다. 사교육비는 하늘로 치솟고 몇 년 전 까지는 학원가가 있는 지역의 집값도 함께 올라갔다. 상위 몇 퍼센트만 승자가 되는 이 경쟁에서 대다수 아이들은 패자가 될 수밖에 없다. 끝없는 경쟁은 사람들을 극도의 불안에 몰아넣고 개인의 방어기제가 이 스트레스를 적절히 조절하지 못하면 자살에 이르기도 한다. 로버트 프랭크의 책 〈경쟁의 종말〉에서는 이를 "무한 지위 경쟁"이라 부르는데, 개인뿐 아니라 종 전체를 자멸로 이끌 수 있다.

문제는 이런 사회적 딜레마가 곳곳에 가득 차 있다는 데 있다. 공공재 문제, 공유지의 비극, 팀생산의 딜레마 등 개인의 무임승차가 전체의 안녕을 훼손하는 모든 문제가 여기에 속한다. 해법은 경쟁이 아닌 협동에 있다. 나의 협동은 남에 대한 신뢰에서 나온다. 마주치는 사람마다 눈이 벌건데 남을 믿으라니, 그건 자살 행위처럼 느껴질 것이다.

하지만 생물학적으로 보잘것없는 인류가 이다지도 번성한 것은 협동을 제일 잘하는 종이었기 때문이다. 인간은 200만년 이상, 공유와 협동의 지혜로 위기를 헤쳐 왔다. 지난 200년만 사유와 경쟁을 강조했고, 특히 최근의 30년 동안은 아예 전 사회를 경쟁과 시장의 원리로 조직하려 했을 뿐이다. 그리고 우리는 2008년 이래의 세계 금융위기, 그리고 생태위기라는 파국의 벼랑 끝에 서 있다.

협동의 경제학은 물론 시장에도 적용된다. 최근 기업의 사회적 책임을 부쩍 강조하는 것도 그 때문이다. 국가는 사회적 딜레마를 해결하는 데 가장 강력한 도구이다. 예컨대 기후온난화에 대응하기 위해 탄소세를 매길 수 있고, 사교육을 금지할 수도 있으며, 나아가서 보편복지에 의해 경쟁의 폐해를 완화할 수도 있다. 하지만 지난 20세기는 시장과 국가의 한계를 동시에 보여주었다. 지금 한국에 불고 있는 협동조합 등 사회적 경제 열풍은 공동체, 또는 시민사회 차원에서 스스로 딜레마를 해결하고자 하는 노력이다. 사회적 경제는 내수와 일자리 창출의 유력한 방식이며, 또한 양극화로 지친 사회를 끌어안는 따뜻한 공간이기도 한다. 요컨대 협동은 인간의 본성인 동시에 한국 사회의 위기를 치유하는 유력한 수단 중 하나이다.

한겨레신문 / 기고 / 2013.05.13.

협동조합이 새 경제패러다임 연다

전세계가 뒤흔들리고 있다. 1929년 대공황(Great Depression) 이래 최대의 경제위기에 학자들은 대침체(Great Recession)라는 이름을 붙였다. 아무래도 불황(depression)보다는 훨씬 부드러운 어감의 침체를 사용해서 빨리 이 수렁에서 벗어났으면 하는 희망도 담았을 것이다. 실제로 2009년에 세계 각국은 동시에 돈을 풀고 재정지출을 확대해, 출구전략의 시점을 가늠할 정도로 문제를 해결해 낸 듯했다.

시장만능 파국 맞아 '사회' 가치 각광

그러나 미국에서는 공화당이 적극적인 재정확대를 가로막았고 유럽에서는 역내 불균형 때문에 남유럽을 중심으로 경기침체가 시작됐다. 미국과 동아시아 간의 글로벌 불균형 역시 두고두고 골칫거리가 될 것이다. 또다시 파국을 맞지는 않는다 하더라도 미국, 유럽, 일본이 동시에 제로성장 언저리에 머무르는 일본형 장기침체(Long Recession)로 갈 가능성이 높다. 위기 때는 뻔하게 보였던 미시적 금융제도 개혁이나 거시건전성 규제마저 지지부진한 상태이고 완전히 파산한 주류경제학의 교수들은 오늘도 대학에서 아무런 문제가 없다는 듯이 똑같은 이론, 예컨대 효율시장이론을 가르치고 있다. 세계경제의 앞날은 말 그대로 '잔뜩 흐림'이다.

당연히 지난 30여년간 이 세계를 지배해 왔던 미국식 시장만능주의에 대한 비판이 힘을 얻고 있다. 무엇보다 '사회'라는 말이 특별히 많이 사용되기 시작했다. 80년대 이래 신자유주의 공세 속에서 국가의 복지가 공격을 받으면서 '사회적 경제'(social economy)가 부상했는데, 이제는 시장경제마저 뒤흔들리고 있으니 더욱 각광을 받는 것이다. 주류경제학의 이론대로, 기업의 단기 주주 이익 극대화로 사회 전체가 바람직한 결과를 얻을수 있는지에 대해서도 의문이 던져졌다.

'기업의 사회적 책임' '사회적 책임 투자'를 새로운 글로벌 규범으로삼아야 한다는 논의가 활발해졌다. 존 롤스의 정의론이 인기를 얻고, 행정학에서 신공공행정론이 물러간 자리를 '공공가치행정론'이 차지하고 있는것도 이런 움직임의 일환이다. 가히 칼 폴라니의 말대로, 시장만능이 불러온 파국에 대응해 '사회'를 내세우는 대응운동이 시작된 것이다.

이 모두가 새로운 패러다임을 향한 몸부림이다. 물론 하루아침에 완전히 새로운 '글로벌 스탠더드'가 "짜잔" 하고 나타날 수는 없는 상황이다 (예컨대 1929년의 대공황과 비교한다면 지금 시점에는 이미 새로운 경제학이 나타났어야 하고 중국은 미국을 한참 제쳤어야 한다). 하지만 10년 내지 20년의 우여곡절을 겪더라도, '사회'로부터 분리됐던 경제가 다시 사회 속의 제자리로 돌아가는, 즉 경제가 사회적 규제를 받는 쪽으로 나아갈 것은 틀림없다.

'사회적 경제'는 인간의 상호성에 기초해(Homo Reciprocan) 사회적연대라는 가치를 구현하는 경제부문이다. 따라서 인간의 이기성에 기초한호모 에코노미쿠스의 시장경제와는 다른 원리에 따라 움직인다. 협동조합은 사회적 경제에서 가장 전통적이면서 동시에 가장 큰 자리를 차지한다.협동조합의 7원칙은, 진화생물학과 행동경제학이 밝혀낸 인간 협동의 조건을 고스란히 반영한 인류의 오랜 지혜이다.

최근에 만들어지고 있는 사회적 기업과 함께 협동조합은 새로운 패러다임을 미리 보여준다고 할 수 있다. 이들이 구성하는 사회적 경제의 생태계가 신뢰와 협동으로, 다소 느리겠지만 아주 단단하게 우리 사회의 공동체에 뿌리박는다면 우리의 시장경제에도 인간과 사회의 따뜻함이 스며들수 있을 것이다. 예컨대 스페인의 몬드라곤 협동조합이나 이탈리아의 에밀리아로마냐는 사회적 경제가 시장경제를 지배하여 가격의 움직임마저 부드럽게 규율하는 사회이다.

이기심 대신 협동으로 따뜻한 시장을

지금 국민들의 염원인 복지국가의 형성에도 사회적 경제는 기여한다. 복지의 마지막 전달경로에 공동체의 사회적 경제가 개입할 때 효율과 평등이 동시에 살아날 수 있기 때문이다. 예컨대 우리의 건강보험체계에서 의료생협이 1차 진료기관을 담당하게 되면 돈을 절약하면서도 훨씬 더 따뜻한 복지를 구현할 수 있을 것이다. 박원순 시장은 서울에서 사상 최대의 사회적 경제 실험을 하고 있다. 복지와 사회적 경제, 이 둘이 손발을 맞출 수 있다면 한국은 어느덧 세계가 뒤따르고 싶어하는, 새로운 패러다임을 실현한 나라가 되어 있을 것이다.

한겨레신문 / 헤리리뷰 / 2012.03.06.

정보·기술 공유로 경쟁 메커니즘 압도

에밀리아로마냐의 '신뢰 네트워크'

에밀리아로마냐의 비밀은 한마디로 '신뢰'다. 미국 하버드대의 퍼트넘 교수가 '사회적 자본'에 관한 이론을 전개했을 때 그가 염두에 두고 있던 곳이 에밀리아로마냐였다. 사회적 자본은 '신뢰의 네트워크'로 정의된다.

흔히 에밀리아로마냐 지역 사람들은 이곳이 르네상스의 발원지 중 하나라는 점을 강조한다. 즉 시민적 인본주의가 중세시대부터 뿌리박혀 있었다는 얘기다.

뿌리깊은 시민적 인본주의 전통

에밀리아로마냐의 주도인 볼로냐의 시청 벽면엔 파시즘에 저항하다 숨진 사람들의 이름이 빼곡히 새겨져 있다. 이탈리아 공산당과 이 계열의 협동조합이었던 레가를 주축으로 레지스탕스를 벌여서 무솔리니가 항복하기 전에 스스로 독립했다.

우리에겐 영화로 더 알려져 있는 과레스키의 소설 〈신부님 신부님 우리 신부님〉의 무대 역시 에밀리아로마냐이다. (돈 카밀로 신부는 별명이 '볼셰비키 신부'로, 공산당원인 페포네 시장과 시종 아옹다옹하면서 깊은 신뢰관계를 유지한다.)

이곳은 1950년대 초에 이탈리아에서 가장 못사는 동네 중 하나였다. 하지만 지금은 유럽연합 전체에서도 제일 잘사는 지역 중 하나이다. 지난해 만난 에밀리아로마냐주 경제부 장관은 "우리는 인구 430만에 기업이 40만 개입니다"라는 말로 얘기를 시작했다. 어린아이와 노인을 빼면 평균 직원 5~6명의 영세기업만으로 세계적인 경쟁력을 자랑하고, 전체 생산량의 절반가량을 수출한다. 삼성이나 현대 같은 대기업이 없는데도 말이다. 협동조합도 8,000개에 이르며, 많지 않은 대기업 또한 절반이 협동조합이다.

여기서 신뢰의 네트워크는 경제학에서 말하는 공공재의 구실을 한다. 이 지역에는 자기만 독점하는 기술이나 노하우란 존재하지 않는다. 워낙 작은 기업들이라 서로 지식과 위험을 공유해야만 살아남을 수 있다. 어쩌면 바로 이런 특성 때문에 이 지역 9개의 지자체는 서로 다른 산업을 영위하는 '산업지구'(industrial district, 요즘 말로 클러스터)를 가지고 있으며 또 각각 고도의 기계산업을 발전시킬 수 있었다.

지자체별로 서로 다른 산업지구

이 작은 기업들의 영세성을 보완해주는 중간조직들도 매우 활발히 움직이고 있다. 1940년대에 이미 형성된 중소기업-수공업연합회(CNA)나 협동조합연합회인 레가는 회계나 법률, 해외 진출, 그리고 정부 로비 등 사업서비스를 대행하고 70년대부터는 '리얼서비스센터'가 산업별 기술 자문을 수행하고 있다.

90년대 이후로는 역내 대학교, 국립연구소, 기업 간의 네트워크를 만들어 바이오 등의 첨단산업 발전도 꾀하고 있다.

에밀리아로마냐는 신뢰에 입각한 정보의 공유가 시장의 경쟁 메커니즘보다 훨씬 더 효율적이라는 사실을 웅변한다. 이런 신뢰를 떠받치는 힘은 바로 일상에 스며든 협동조합의 정신이었다. 협동조합의 원칙들이 이 지역의 사회규범이 된 것이다.

포드주의 이을 모델로 주목받아

이런 점이 이 지역을 포함한 제3이탈리아가 포드주의를 이을 모델(예컨대 피오르와 세이블의 '유연전문화 모델')로 각광받았던 이유일 것이다. 당시 많은 경제학자들은 이들 중소기업이 장차 세계화와 정보기술혁명의 격랑 속에서 스스로 대기업이 되거나 아니면 소멸할 것이라고 예언했지만 이들은 협동조합과 '협동'하면서 여전히 신뢰의 네트워크 속에서 괴력을 발휘하고 있다.

한겨레신문 / 헤리리뷰 / 2011.07.05.

4부

세계경제

전쟁기의 정책

2020년 단백질도 생물체도 아닌 말 그대로 미물이 인류를 한껏 유린했다. 인간 지식의 대종은 자연을 '정복'하는 기술이었는데, 그 결과 깊은 숲속의 동물과 공생하던 바이러스가 인간이라는 새로운 숙주를 만났다. 인체는 수 십만년의 진화 속에서 한 번도 만난 적 없는 바이러스에 적절한 대응 방법을 찾지 못했다. 앞으로 코로나23이나 코로나27뿐 아니라 완전히 새로운 모습의 동물 고유 바이러스도 인간을 조우할 것이다. 초미시 수준에서 자연의 복수가 시작됐다.

초거시 수준에서도 자연은 오래전부터 인간에게 복수의 신호를 보냈다. 1970년대에는 카산드라의 예언쯤으로 치부되던 생태위기를 지금도 의심하는 학자들은 거의 없다. 작년의 오스트레일리아 들불, 금년 여름과 가을로 이어진 시베리아와 미국의 산불은 앞으로 일어날 어마어마한 재해의 확실한 예고이다. 이제는 78억명에 이르는 인류 모두, 200개가 넘는 나라 모두가 함께 행동에 나서지 않으면 인류는 절멸을 맞을 것이다. 가히 전쟁 상황이다.

지난 7월에 발표된 한국은행과 통계청의 국민대차대조표에 따르면 2019년 말 현재 우리나라의 국민순자산은 1경6621.5조원으로 국내총생산 1919조원의 8.7배이다. 2014년에 최초로 집계된 국민순자산은 2012년 말에 1경630.6조원으로 당시 국내총생산(1377.5조원)의 7.7배였다. 7년 만에 우리나라 자산의 가치는 약 60% 증가한 반면 이 기간 동안 소득은 40% 늘어났다. 땀 흘려 일하는 것만으로 잘살기는 점점 더 어려워지고 있다.

피케티의 β값의 근사치인 이 순자산/소득 비율은 자본주의 역사상 가장 불평등했던 '레미제라블'의 시대(19세기 말)에 약 7.5였다. 부동산 거품이 터지기 직전 일본의 수치는 7에 근접했다. 즉, 한국의 이 수치는 자본주의 사상 최고 수준을 이미 넘어섰으며 또한 아주 빠른 속도로 증가하고 있다. 반면 자본주의 황금기로 불리는 1945년에서 1975년까지 30년 동안이 수치는 2.5 정도였다. 불행히도 두 번의 세계전쟁과 대공황을 겪고 나서야 순자산/소득의 비율은 3분의 1로 떨어졌다. 현재 세계의 불평등은 사회적으로 지속 불가능하며 위기 경보가 울린 지도 오래되었다.

지난여름의 상황을 우리는 "바이러스와의 전쟁"으로 묘사했다. 기후 위기는 초국가적인 "이산화탄소 배출과의 전쟁"이다. 한국이 세계 최고 수준을 기록한 불평등 역시 사회 내부의 전쟁을 예고한다. 그뿐만 아니다. 2008년 세계 금융위기를 계기로 미국이 눈에 띄게 쇠퇴하고 중국은 공공연히 '굴기'하면서 미·중 경제전쟁은 무역에서 기술로 번져가고 있다. 우리는 국내의 불평등, 국가 간의 마찰, 그리고 자연과의 불화라는 전쟁을 동시에 겪어야 한다.

하지만 전쟁의 원인을 알면 대응 전략도 명확해진다. 이산화탄소 배출을 극적으로 줄이지 않으면 인류는 절멸한다. 현재의 불평등을 대폭 줄이지 않으면 인구의 재생산이 일어나지 않을 것이다. 이미 뼈저린 '루저'의 삶을 겪고 있는 청년들이 불을 보듯 뻔하게 루저가 될 아이를 낳지 않는 것은 당연하다.

해법은 간단하다. 2030년 탄소배출 절반, 2050년 순배출 0을 목표로 삼아서 계획된 수치를 달성하지 못하면 그때마다 탄소세를 계속 올리면 된다. 2020년 50달러, 2030년 75달러, 2050년 125달러가 현재의 지식으로 계산해 낸 수치다. 지금 정부가 목매고 있는 배출권 거래제도는 가격이 40달러에 이르렀는데도 탄소배출을 전혀 줄이지 못했다. 명확히 실패한 제도다.

만일 현재의 자산가격, 특히 부동산 가격을 2030년까지 반으로 줄여야 아이들에게 희망이 생긴다는 데 합의한다면 그 목표가 달성될 때까지 종부세율을 계속 올리면 된다. 현재의 실효세율 0.22%를 최소한 1%까지 올려야 할 것이다. 부동산 가격이 떨어지는 속도와 그로 인한 부작용을 고려해서 세율을 조절해 나가고 정부가 부동산을 사들이는 등 하락 속도를 조절하면 된다.

물론 이 두 세금만으로 문제를 해결할 수는 없다. 하지만 이러한 세금 없이는 위기를 극복할 수 없다. 전쟁에서 벌어지는 갖가지 부작용을 완화할 정책 패키지를 구성해야 한다. 지난 9월 29일자 칼럼에 쓴 대로 미·중 전쟁의 틈바구니에서 단기적으로는 원칙 있는 현실주의를 실천하고, 중장기적으로는 제3지대를 결성해서 공존의 국제규범을 만들어내야 한다.

기후위기와 불평등위기, 그리고 지정학적 위기의 실태를 명확히 인식하고 가능한 한 빨리 해법에 대한 사회적 합의를 이뤄야 한다. 전쟁 상황에 걸맞은 명확한 정책 기조와 이를 밀고 나갈 전환적 지도자가 필요하다.

경향신문 / 정태인의 경제시평 / 2020.10.27.

미 · 중 기술전쟁서 살아남는 법

미 · 중 간 '신냉전' 또는 투키디데스 함정은 5G를 둘러싼 기술전쟁, 반도체 전쟁의 형태로 나타났다. 미국의 화웨이 공격은 가히 1950년대의 매카시 선풍을 연상케 한다. 수많은 정치인이나 예술가가 스파이로 몰렸던 것처럼 화웨이는 5G 설비나 소프트웨어에 '안보 구멍'을 만들어 안보상의 비밀이나 기업 비밀을 훔쳐냈다는 것이다. 2013년 스노든이 미국 NSA의 감시 시스템을 폭로한 데 비견할 만한 국가 차원의 증거도 없다.

5G는 이른바 4차 산업혁명의 중추(back bone) 역할을 한다. 예컨대 '빅데이터'를 수집하고 분석하려면 인공지능이 엄청난 속도로 돌아가야 하고 사물 인터넷이 제대로 작동하려면 송신이 끊겨서는 안 되며, 이 모든 작업에 최소한의 에너지를 사용해야 한다. 물론 전쟁 기획가들은 5G에서 드론이나 무인 자동차 간의 전쟁을 상상할 것이다.

2010년대 들어 화웨이에 대해 미 국방부가 시작한 경고는 이제 각 정부부처와 위원회가 중국의 '기술거인'들을 어떻게 제압할 것인가의 경쟁으로 탈바꿈했다. 정쟁의 표본이던 미 의회는 필요할 때마다 초당적 법안을 신속히 통과시키고 있다. 화웨이가 파산할 때까지, 결국 중국 정부가 손을 들 때까지를 목표로 삼은 것처럼 계속 강화된 제재를 내놓고 있다.

화웨이를 중심으로 보면 반도체전쟁은 크게 두 국면을 거쳤다. 첫째는 화웨이 제품에 대한 '수요 규제'다. 2019년의 대통령 행정명령으로 미국의 통신사업자들은 화웨이와 거래할 수 없게 되었다. 두 번째는 지난 9월15일부터 시행된 화웨이에 대한 '공급 규제'이다. 미국 기술이 들어간 반도체 소재 · 부품 · 장비에 대한 수출을 규제하다가 급기야 외국기업에도 일일이 수출 허가(liscence)를 받도록 했다. 미국의 안보를 위해 외국 정부나 기업도 이를 따라야 한다는 것이다.

옛 냉전이 그러했듯이 미국의 동맹과 동반자들이 참여해야 이런 봉쇄가 효과를 발휘한다. '수요 규제'는 곧 이들 나라의 5G 사업에서 화웨이를 배제시키라는 요구가 된다. 이미 화웨이 설비가 안보를 위협하는지를 검토한 후 화웨이를 사업대상자로 선정했던 영국 정부는 결국 그 결정을 뒤집었다. 하지만 이탈리아나 독일, 폴란드처럼 화웨이와 계속 거래하는 나라들도 있다. 이 첫 번째 요구는 각국이 국익을 바탕으로 결정하면 그만이다.

하지만 '공급 규제'는 확연히 다르다. 화웨이의 자회사인 하이실리콘은 5G의 반도체 칩을 설계하지만 이를 주문생산하는 것은 대만의 TSMC를 비롯한 파운드리 회사다. TSMC는 결국 미국의 압력에 밀려 화웨이에 대한 공급 중단을 선언하고 애리조나주에 파운드리 공장을 설립한다고 발표했다. 중국 하이실리콘의 5G 칩 설계에는 소프트웨어인 자동화 설계 프로그램(EDA)이 있는데 이는 미국 회사들이 공급하고 있으며, 초정밀 반도체를 생산하기 위한 하드웨어로는 극자외선(EUV) 노광장비가 필수적인데 네덜란드의 ASLM이 독점하고 있다. 9·15 규제가 노리고 있는 핵심 목표이다.

하지만 자국의 안보가 아닌 미국의 안보 때문에, 뚜렷한 기준도 없이 외국 기업을 제재하는 것은 정당성이 매우 약하다. 다만 금융 헤게모니를 이용해 금융제재(2차 보이콧)라는 폭력 앞에 굴복하는 것일 뿐이다. 영국의 경제주간지 이코노미스트는 "반도체산업을 탈중국화하려는 트럼프의 시도는 오히려 이 산업의 탈미국화를 초래할 것"(5월 22일자)으로 예측했다. 실제로 중국에는 미국 제재를 피할 수 있는 반도체 장비 카탈로그가 돌아다니고 있으며, 화웨이가 아닌 중국 회사에 칩을 수출할 수도 있고 금융규제를 피하기 위해 가상통화를 사용할 수도 있다. 부당한 제재를 받는다면 기업들은 주저하지 않고 갖가지 우회로를 찾을 것이다. 당장 중국이라는 거대한 시장을 잃어버릴 미국의 장비 및 소프트웨어 전문기업들의 반발도 확실해 보인다.

한국은 미·중 사이의 이 전쟁에서도 '이럭저럭 버티기'와 헤징 전략을 사용해야 한다. 단기적으로는 현실주의의 관점에서 철저한 국익 추구를 표방해야 한다. 삼성은 미국의 5G 산업에 참여하고 우회로로 화웨이에 반도체를 공급할 수도 있다. 우리는 여기서 한 발 더 나아가서 5G와 플랫폼 산업의 공동 규범을 만들어야 한다. 이 산업이 가지는 안보상의 위협을 어떻게 제거할 것인지, 나아가서 개인정보의 문제를 어떻게 해결할 것인지에 관한 국제규범 수립에 앞장서야 한다. 미국과 중국의 제외한 '제3지대'가 모두 이런 목소리를 낼 때, 전쟁을 예방하거나 완화할 수 있다. 한국은 제3지대를 선도할 만큼 이미 강해진 나라이다.

경향신문 / 정태인의 경제시평 / 2020.09.29.

'21세기 자본'과 투키디데스 함정

2013년 프랑스 사회과학고등연구원의 토마 피케티 교수는 〈21세기 자본〉을 발간했고 2017년 하버드대의 그레이엄 앨리슨 교수는 〈운명적 전쟁 : 미국과 중국은 투키디데스 함정을 벗어날 수 있는가〉를 펴냈다.

〈21세기 자본〉 영문판이 발간된 시점(2014·3)에 한국에서는 '세월호'가 가라앉았고 뉴스에도 눈을 돌리기 싫었던 나는 650쪽이 넘는 책을 밤새 읽었다. 마침 한국은행과 통계청이 사상 최초로 '국민대차대조표'를 발표했고 이 자산통계를 이용해 계산한 한국의 불평등은 세계 최고 수준이었다(지금도 자산·소득 비율은 계속 악화되고 있다). 자본주의 역사에 비춰 볼 때 이 정도의 불평등은 1929년의 대공황과 두 번의 세계대전 수준의 참극을 겪고 나서야 비로소 해소됐다.

'투키디데스 함정'은 "결국 전쟁밖에 없나?"라는 탄식을 자아낸다. 신흥강국(아테네)의 불만과 기존 강국(스파르타)의 공포가 불신에 휩싸여 상호 보복의 악순환을 거듭하면 결국 역사를 뒤흔드는 전쟁(펠로폰네소스)을 일으키게 된다. 앨리슨과 조지프 나이 교수의 연구에 따르면 지난 500년 동안 이러한 '세력전이'는 16번 일어났고 그중 12번 전쟁이 벌어졌다. 앨리슨 교수는 투키디데스 다이내믹스는 당사국이나 정치인의 의도와 관계없는 "구조적 압력(structural stress)" 때문에 벌어진다고 거듭 강조했다.

트럼프 대통령의 당선 이래 경제전쟁이 본격화됐지만 2000년대에 접어들면서 중국과 미국의 불신과 대립은 차곡차곡 쌓였다. 과거에는 그렇지 않았다. 1999년 미국이 베오그라드의 중국 대사관을 오폭했지만 양국은 대화로 이 문제를 해결한 바 있다. 2001년의 하이난섬 사건도 마찬가지였다. 하지만 지금 이런 실수가 일어난다면 어떻게 될까? 불확실성과 불신은 전쟁도 불러올 수 있다.

과거에는 공동의 위협에 대해 어떻게든 협력했다. 중국은 부시 대통령의 대테러 전쟁을 도왔고 이란 핵협상도 지원했으며 무엇보다도 중국이 없었다면 2008년 위기의 회복은 훨씬 지지부진했을 것이다. 트럼프 대통령은 마치 어떤 협력도 필요없다는 듯 여러 나라가 애써 맺은 파리협약에서 탈퇴했으며 이란 핵협정을 없던 일로 만들었고 중국과의 무역전쟁에 돌입했다. 하지만 대중국 봉쇄는 오바마 대통령 때 힐러리 클린턴 국무장관 주도의 '아시아로의 귀환' 전략 때 이미 시작됐고, 현재의 미·중 무역전쟁에 대한 민주당의 전폭적 지지를 고려하면 여기에는 분명 국내 정치를 뛰어넘는 '구조적 압력'이 작용하고 있다.

트럼프 대통령이 노골적으로 '중국 때리기' '멕시코 때리기'를 내걸어 대중의 불만을 밖으로 돌렸다면 시진핑 대통령의 '중국몽'이나 중국 CCTV의 '대국굴기(2007)' 등 '자만'의 표출 역시 대내 문제와 연관되어 있다. 불평등은 위기와, 때로 전쟁을 낳고 포퓰리즘과 민족주의는 이런 곳에 창궐한다.

앨리슨 교수가 역사에서 찾아낸 12가지 '평화의 묘약'도 별로 신통하지 않다. 양국의 불만과 의심은 점점 더 커지고 무역전쟁과 투자규제로 인해 경제적 상호의존은 줄어든다. 최근 화웨이에 대한 미국의 결정에 미국 거대기업들이 순순히 따르면서 경제적 상호의존이 평화를 촉진할 것이라는 '민주평화론'의 논지는 설 자리를 잃었다. 유엔은 그저 바라만 볼 뿐이고 미국의 동맹들도 불똥이 튈까 전전긍긍한다. 오직 핵 관련 처방들(핵무기의 보유, 선제타격의 불가능성, 대규모 상호파괴억제)만 그럴듯하다.

진정한 문제는 양국 정부가 미래의 그림도 없이 싸우고 있다는 데 있다. 전후의 유엔과 브레턴우즈체제에 버금가는 국제제도들이 다시 논의되어야 한다. 전후 30여년간의 평화와 성장, 평등을 뒷받침했던 브레턴우즈체제의 케인스 초안처럼 경상수지 흑자국과 적자국이 동시에 불균형의 부담을 져야 할 테고 새로운 국제통화체제(아이켄그린 등)도 고려해야 한다. 각종 불평등과 불확실성을 높이고 있는 자본 이동의 제한(로드릭 등), 인류 공동의 지식 커먼즈에 대한 인클로저인 지적재산권 문제(스티글리츠, 벵클러 등), 절박한 생태 문제에 대한 협력 등은 현재의 전쟁이 잦아든다 해도 합의되어야 할 문제다.

한편 투키디데스 함정을 잘 들여다보면 전쟁의 핵심 동인이 쇠퇴하는 강국 내부에서 비롯되었다는 사실을 확인할 수 있으며 종종 주변의 소국 간 전쟁에서 불이 옮겨붙었다는 사실도 발견할 수 있다. 한반도의 평화가 중요한 이유가 여기에 있다. 각국의 불평등을 줄이는 내부 개혁, 신흥강국 주변의 평화체제 수립이야말로 투키디데스 함정에서 빠져나오는 첩경일지도 모른다. 종합부동산세와 소득주도성장 정책 등 최소한의 평등 정책, 한반도 평화체제를 향한 최선의 노력이 중요한 이유가 여기에도 있다.

경향신문 / 정태인의 경제시평 / 2019.06.10.

'트럼프 선물'

고상한 자유무역의 이념을 거스르는 충격적 보호무역 조치를 하지 않은 미국 대통령이 단 한 명이라도 있을까? 하지만 미국 증시에 트럼프 충격을 흡수하기 위한 금융상품('트럼프 선물', Trump put)이 나왔다고 할 정도니 현재의 미국 대통령은 과연 유별나다.

　5월 10일 트럼프는 2000억달러 규모의 중국 수입품에 대해 관세율을 25%로 인상했다. 트럼프 대통령 취임 이전, 2017년 대중국 평균 관세율은 3.1%였다. 최혜국대우(어떤 나라를 특별히 차별하지 않음)의 원칙이 지켜졌다고 할 수 있다. 하지만 작년 미국 산업 보호를 이유로 솔라 패널과 세탁기에, 뒤이어 안보의 위협을 들어 철강과 알루미늄에, 결정적으로 불공정 무역을 이유로 8월에 10% 관세를 부과하면서 대중국 평균 관세율은 8.8%로 3배 가까이 뛰어올랐다. 그리고 이번 조치는 대중국 관세를 14.7%까지 끌어올렸다. 이쯤 되면 예고한 추가 관세를 부과하지 않더라도 무역중단을 선언한 것이나 마찬가지다.

　외신은 중국 국내법에 협상 결과를 명문화하라는 요구를 시진핑 국가주석이 거부했기 때문이라고 전한다. 트럼프의 요구는 이중적이다. 첫째는 당장 현재의 무역적자를 줄이라고 하는 것이고, 둘째는 '중국제조 2025' 등 중국의 전략과 공기업에 대한 특혜 등 전략적 산업정책을 무력화하는 것이다.

　첫 번째는 자유시장 경제라면 들어줄 수 없는 요구이고, 정부가 최선의 노력을 한다 해도 시간이 상당히 오래 걸릴 것이다. 무역적자를 축소하려면 기본적으로 중국의 총저축률을 줄이는 동시에(미국산 제품과 서비스를 소비해야 하고) 총투자에서 미국 제품이 차지하는 비중을 대폭 늘려야 한다.

실업, 주택, 노후 보장, 건강과 교육 등 각종 위험을 최대한 줄이는 건 사회 경제구조의 변화를 동반하는 장기적 과제이며 중국 정부가 인민의 선호와 기업의 기술선택을 손바닥 뒤집 듯 바꿀 수 있어야 한다. 다행이라고나 할까, '중국 특색의 사회주의' 또는 '국가자본주의' 뭐라고 부르든 중국 경제는 공기업의 비중이 크고 국가의 통제가 강력하다는 특색을 지니고 있다. 이러저러한 중단기 정책을 써서 애초에 트럼프의 목표였던 대중적자 1000억달러 축소는 달성할 수 있을지도 모른다. 미국이 반대하지만 않는다면 미국산 무기를 대량 사들일 수도 있다.

두 번째 요구는 이른바 '중국몽'의 핵심을 노리고 있다. 세계 금융위기를 전후해서 약 10년간 주춤했던 중국의 공기업 개혁은 2015년경부터 다시 박차를 가하고 있다. 중국 신경제전략의 목표는 현재의 고저축-고투자의 투자주도 모델을 혁신주도 모델로 바꾸는 것인데 이를 위해서는 기존의 공기업을 "크고 강한" 세계 챔피언으로 만들어야 한다. 공기업이 "공산당 지배의 중요한 기초"라고 선언한 시진핑의 2009년 발언까지 감안하면 분명 중국 공기업은 현 국가전략의 필수 불가결한 주체다. 따라서 시진핑의 눈에 두번째 요구는 중국의 '핵심 이익'을 직격하는 것으로 보였을 것이다. "100년 동안의 굴욕"을 넘어 이제 세계의 중심(중화)으로 되돌아가겠다고 호언한 그의 권위는 땅으로 곤두박질치고 중국 공산당의 정당성도 위협받을지 모른다.

또한 이 요구는 주류경제학의 신념을 정면으로 거스르는 것이기도 하다. 공기업은 비효율적이고 산업정책은 결국 실패한다면 왜 망하는 길을 택한 중국의 전략에 시비를 거는 걸까? 결국 생산성은 점점 떨어질 테고 이에 따라 무역적자가 해결될 뿐 아니라 경제적으로 실패한 나라가 헤게모니를 쥘 수는 없으니 패권 운운은 쓸데없는 걱정일 뿐이다. 중상주의의 길을 걸으면서 생산성을 향상시키지 못하면 결국 망한다고 애덤 스미스가 이미 갈파하지 않았는가?

어쨌든 극적인 타결은 가능할까? 이 게임의 구조와 국내 환경을 살펴볼 필요가 있다. 이번에도 트럼프는 '결의(resolve)'가 강한 쪽, 또는 미친 놈이 이기는 치킨게임을 만들어냈다. 한편 국내에 강력한 반대 여론이 있으면 협상력은 높아지지만 협상 타결의 여지가 줄어든다. 북·미 정상회담의 경우가 그랬다. 민주당은 물론 공화당도 완전한 비핵화가 아닌 한, 타결을 바라지 않았다.

반면 현재의 무역협상은 초당적 지지를 얻고 있다. 하지만 의원 대다수를 포함하여 언론과 지식인들은 협상이 깨지지 않기를 바라고 있다. 이 게임이 파국으로 치닫는 경우 확장 재정정책과 감세로 끌어올린 성장률은 여지 없이 곤두박질칠 것이기 때문이다. 따라서 협상 타결의 여지는 대단히 넓다. 시진핑은 국내의 단기 여론에 좌지우지되지 않는다. 중국 내에서도 2010년 이후 논의를 주도한 강경파에 대한 비판이 높아지고 있다. 현재의 국가전략만 유지시켜도 그는 지혜롭게 핵심 이익을 수호한 장기 시야의 지도자로 평가받을 것이다.

'트럼프 선물'이 어떤 구조를 지니고 있는지 모르겠지만 나는 타결 쪽에 거는 옵션을 살 것이다. 한국 경제를 위한 희망도 이 판단에 한 웅큼 들어갔을 것이다.

경향신문 / 정태인의 경제시평 / 2019.05.13.

역사로서의 현재

2008년 세계 금융위기가 터지자 경향신문은 2009년 내내 총력을 기울여 특집을 했고 2010년 초에 〈세계금융위기 이후(신자유주의를 딛고 다른 사회를 상상하다)〉라는 책을 펴냈다. 벌써 10년이 흘렀다. 불행하게도 우리가 딛고 넘어서야 했을 신자유주의, 금융의 지배는 여전하고 '다른 사회'는 오지 않았다. 그때 내가 기고한 글의 제목이 '역사로서의 현재'(폴 스위지)였다.

1989년 현실 사회주의가 붕괴하고 1992년 프랜시스 후쿠야마 교수는 "역사의 종언"을 선언했다. 미국은 유일패권 국가가 되었고 자유주의와 시장경제의 완전한 승리로 앞으로의 역사는 별 의미가 없을 거라는 얘기다. 주류경제학과 국제기구는 단숨에 자본주의를 도입하면 구사회주의 국가들도 승리의 과실을 맛볼 것이라며 충격요법(가격자유화, 사유화, 개방)을 처방했다. 하지만 이들 나라는 10여년의 이행불황을 겪었고 21세기 들어서야 회복을 시작했다. 이들의 회생만 기다리던 경제학자들은 또 한번 쇼크요법의 승리를 선언했지만 EU에 합류한 모범 국가들마저 1인당 GDP가 여전히 1만달러 부근에 머물러 있고, 폴란드에서는 극우 권위주의 정권이 들어섰으며 러시아는 주변국가들을 군사적으로 위협하고 있다.

2008년 이후의 10년 동안 세계는 양극 질서 쪽으로 재편되고 있다. 미국이 버블 붕괴의 수렁에서 헤매는 동안 세계 경제를 이끌어 간 나라는 중국이었다. 2013년경 중국의 구매력 평가 GDP는 미국을 넘어섰고 군사비 지출도 비약적으로 증가했으며 석사 이상의 과학기술 인력배출도 미국과 유럽의 수치를 능가하게 되었다. 미국은 1980년대 후반 '최고 일본(Japan as NO1)'을 무릎 꿇렸던 통상압력을 중국에 가하기 시작했다.

2016년 신자유주의의 종주국에서 브렉시트와 트럼프의 당선이라는 상징적 사건이 발생했다. 그리고 세계는 1년 넘게 트럼프발 통상전쟁을 치르고 있다. 전후의 자유주의 국제질서는 비자유주의적 헤게모니(illiberal hegemony)로 치닫고 국가주의, 인종주의의 포퓰리즘이 국내 정치를 뒤흔들고 있다.

2018년 중반부터 국제기구들은 세계 경제성장률 예상치를 끌어내리고 있으며 2008년의 점쟁이 누리엘 루비니 교수는 2020년의 위기를 예고했다. 2018년 12월 1일, 트럼프와 시진핑 두 정상은 가까스로 휴전을 선언했고 영국과 EU 간의 브렉시트 협상은 아직도 미로를 헤매고 있다. 미국의 중앙은행은 풀린 돈을 회수하기 위해 지난 2년 동안 9번에 걸쳐 0.25%씩 연방금리를 끌어올렸다. 시중의 장단기 금리 격차가 점점 좁아지는 건 미래가 불확실해지고 있다는 증거다.

중국은행은 새해가 밝자마자 지불준비율을 1% 인하함으로써 약 200조원의 추가 대출을 가능하도록 했다. 달러 표시 1인당 GDP가 여전히 1만달러를 넘지 못하고 각종 불평등이 극에 달한 중국에서 공산당 독재의 정당성은 여전히 6%대 이상의 경제성장에 달려 있기 때문이다.

하여 금년 전반기 세계 경제의 향방을 결정할 미·중 통상협상은 중국의 상당한 양보로 막을 내릴 것이다. 지난 경향 칼럼('트럼프 사용설명서' '한반도의 촛불')에서 밝혔듯이 이 게임은 트럼프 대통령이 호기롭게 "역사적 승리"를 선언하는 데 필요한 양보의 최소치를 빨리 찾아내야 결국 승리할 수 있다. 이렇게라도 경제위기를 막을 수 있다면 시간은 중국 편이기 때문이다.

흥미롭게도 미·중 간의 무역협상이 벌어지는 동안 북·중 정상회담이 베이징에서 열렸다. 시진핑 국가주석이 집권 1기 5년 동안 한번도 김정은 위원장을 만나지 않았던 걸 상기하면 북·중관계는 밀월시대에 접어든 셈이다. 자세한 회담 내용은 알려지지 않았지만 곧 열릴 예정인 북·미 정상회담이 핵심 의제였을 것이다. 폼페이오 국무장관 등 모든 이가 미·중

통상협상과 북·미 핵협상은 무관하다고 밝혔지만 트럼프 대통령의 머릿속에선 두 협상이 확고하게 연결되어 있다. 둘 다 그의 재선을 위해 필수적인 "위대한 승리"이기 때문이다. 중국이 한국과 함께 북한체제의 국제적 안전보장책을 만들어내고 트럼프에게 필요한 경제적 양보를 제안한다면 모두 만족할 수 있을지도 모른다.

2012년 후쿠야마 교수는 '역사의 미래'라는 글을 썼다. 역사는 끝난 게 아니라 미래로 향하고 있다. 그는 중산층의 해체가 민주주의의 미래를 어둡게 한다면서, 짐짓 좌파의 비전 부재를 한탄했지만 그 현상의 원인인 신자유주의가 해법이 아님은 더욱 확실하다. 이렇듯 세계는 30년 전과 10년 전의 역사적 대사건을 해결하지 못한 채 가보지 않은 길을 헤매고 있다. 아직도 살아 남았다는 이유로 시장만능의 경제정책('경제활성화')이나 과학혁명의 신기루('혁신경제')를 글로벌 스탠더드라면서 무턱대고 뒤쫓아서는 안된다는 사실만 확실하다. 동아시아의 평화와 불평등 해소를 위한 여정은 '창조적 파괴'를 기다리고 있으며 이것이 '역사로서의 현재'가 가리키는 우리의 현주소이다.

경향신문 / 정태인의 경제시평 / 2019.01.14.

미국에 유리해 보이지만 불리한 싸움

미국의 경제·군사적 힘은 서서히 빠지는데 그들의 자랑이었던 소프트파워는 봄날의 벚꽃처럼 추락하고 있다. 경제 전쟁은 미국 자유주의 헤게모니의 붕괴로 귀결될 것이다.

역사상 최대의 치킨게임이 잠정적 균형을 찾았다. 이 게임의 균형에서 승자는 미치광이이며, 상대는 치킨(바보·겁쟁이)이 되고, 양쪽 다 미치광이 전략을 끝내 고집하면 파국이 온다. 지난해 말 미국이 시작하고 최근 1, 2주 동안 정점에 달했던 미·중 양국 간의 관세 올리기 경쟁은 상호 위협의 향연이었다. 양국은 자칫 '투키디데스 함정(아테네라는 신흥 강국의 불만과 스파르타라는 기존 강국의 공포가 펠로폰네소스 전쟁을 일으켰다는 투키디데스 가설)'으로 치달을 태세였다.

시진핑 중국 국가주석은 4월 11일(현지 시각) 보아오 포럼에서 이 '전쟁'에 대해 최초로 직접 언급하면서 중국의 금융 서비스 시장을 좀 더 개방하고 수입차에 대한 관세를 낮추며 지식재산 보호를 강화하겠다고 밝혔다. 즉 중국이 벼랑 끝에서 한발 물러서겠다는 뜻을 밝힌 것이다. "매우 고맙다. 우리는 함께 위대한 진전을 이룰 것이다!" 트럼프 미국 대통령은 환호의 트윗을 날리면서 남몰래 가슴을 쓸어내렸을 것이다. 하지만 아직은 협정문도 없이 총사령관이 '사격 중지'를 명령했을 뿐이다.

사람들은 "어느 나라가 이길까"를 물었지만 내 머리는 투키디데스 함정으로 가득 찼다. 단순하게 보자면 이 에스컬레이팅 싸움은 미국에 유리해 보인다. 대중국 무역적자가 3750억 달러에 이르는 만큼 관세를 부과할 수 있는 물품도 그만큼 많기 때문이다. 트럼프 대통령의 호언대로 관세가 부과됐다면(그리고 중국 수출이 그대로 유지된다면) 무역적자의 절반가량을 바로 관세로 거둬들일 수 있을 테다. 하지만 트럼프 대통령의 목표가 달성될 수 있을지는 지극히 의문이다.

관세의 효과는 대상에 따라, 기업의 흡수 능력에 따라 매우 상이하게 나타날 것이다. 예컨대 세탁기의 경우 현재 40% 가까운 시장점유율을 보유한 월풀의 판매가 급증할 것이기에 트럼프 대통령은 목표를 달성할 수 있을 것이다(하지만 바로 그 때문에 WTO에서 패소할 것이다). 미국에서 이미 생산을 중단한 특수강관은 더 높은 가격으로 팔릴 것이고, 일반 소비재의 경우 베트남산이 중국 제품 자리를 차지할 것이다. 나아가서 수많은 중국 제품의 경쟁력은 동아시아 생산 네트워크의 결과이기 때문에 미국이 아무리 애를 써도 장기적으로 이 싸움은 미국에 불리하다. 그뿐만이 아니다. 양국의 경제 폭탄에 어느 나라 국민이 더 잘 견딜 것인가라는 정치 측면에서도 중국이 훨씬 유리하다. 더욱이 중국의 보복은 농산물처럼 트럼프 대통령에게 표를 몰아주는 주에 집중될 것이다.

신흥 중국과 쇠퇴하는 미국 사이의 패권 다툼이라는 조건은 앞으로도 몇십 년 지속될 것이다. 그레이엄 앨리슨 하버드 대학 교수에 따르면 지난 500년 동안 이런 상황은 열여섯 번 있었고 그중 열두 번 전쟁이 일어났다. 그는 영국이 미국에 평화롭게 패권을 넘긴 사례나 냉전의 경우 등 나머지 네 차례 역사에서 교훈을 얻어야 한다고 강조한다. 존 아이켄베리 프린스턴 대학 교수는 지난 70여 년간 강고했던 미국의 '자유주의 헤게모니'가 트럼프 대통령으로 인해 더욱 빠른 속도로 무너져간다고 한탄하며 자유주의 국제질서를 지키기 위해서는 신자유주의와 확실히 단절하고 국제기구에서 중국의 지위를 높여주어야 한다고 호소한다. 아미타브 아차리아 뉴욕 대학 교수는 미국식 자유주의와 함께 아시아 지역의 규범도 국제적으로 공존하는 그림을 제시한다.

장기적으로 이 싸움은 미국에 불리하다

트럼프 대통령은 앞으로도 대중 무역적자, 지식재산권의 침해, 중국의 산업정책(첨단산업을 위한 '2025 중국')을 계속 문제 삼을 것이다. 하지만 전쟁 없이 그 목표를 달성하려면 트럼프 대통령은 자신이 그토록 혐오하는 WTO 등 국제기구를 이용해야 할 것이다. 또한 아시아가 제시하는 국제 규범에 대한 이해도 높여야 한다. 미국의 경제·군사적 힘은 서서히 빠지는데 그들의 자랑이었던 소프트파워는 봄날의 벚꽃처럼 추락하고 있다. 경제 전쟁은 미국 자유주의 헤게모니의 붕괴로 귀결될 것이다. 이런 흐름 속에서 우리는 남북관계와 동아시아 평화를 다루고 있다.

시사인 / 553호 / 2018.04.27.

방향 있는 '이럭저럭 버티기'

갈수록 가관이다. 이젠 "북한과의 협상이 타결될 때까지 그것(한·미 FTA)을 보류할 수 있"단다(3월 29일 트럼프 대통령). 스스로 "위대한 동맹과의 위대한 협상"이라고 자화자찬하고 청와대에서도 "잠재적 갈등요소를 신속히 제거함으로써 물샐 틈 없는 한·미 공조의 기반을 다시금 공공히 했다"(윤영찬 수석)며 환호한 뒤 며칠이나 지났다고… 하긴 3월 14일에는 한·미 FTA 협상과 주한미군을 연계시킬 가능성까지 언급했다. 그에게 동맹이란 "내팽개치기(abandonment)" 위협의 근거이기도 하다. 한마디로 트럼프와 미국 무역대표부는 미국의 요구를 다 받지 않으면 그 무엇이든 할 수 있다고 위협한 것이다. 그들은 말 그대로 "미친 사람"처럼 행동하고 있다.

　이미 지난달 칼럼('트럼프 사용설명서')에서 얘기했듯이 그가 정말 미친 사람이 아니라면, 이런 발언은 하나같이 '신뢰할 수 없는 위협'이다. 주한 미군을 철수하면 중국이 환호할 것이고 또한 북한에 대한 마지막 카드를 써버리는 것이다. 트럼프 대통령의 주장대로 현행 한·미 FTA가 미국에 재앙이라면 개정된 한·미 FTA의 발효가 늦어질수록 미국의 손해다. 협상이 결렬되어 한·미 FTA가 폐기된다 하더라도 손해 볼 게 없다고 우리 정부도 말하지 않았는가? 트럼프 대통령의 협상 전략 제1번은 모든 기회를 다 이용해서 일단 현찰을(실제로 돈이든, 아니면 유권자의 표든) 손에 쥐라는 것이다. 굳이 경제학 용어로 말한다면 그의 미래 할인율은 1에 가깝다. 하루살이처럼 행동하는 것이다. 따라서 어제 나에게 호의를 베풀었다 하더라도 그의 머릿속엔 기억이 없다. 그에게 모든 일련의 사건은 독립적이다. 이런 선수를 대상으로 우리 쪽에서 스스로 경제와 안보를 연계하고, 한·미 FTA와 철강 관세를 엮는 것은 바보 짓이다. 한·미 FTA 개정 협상에서 대단한 성과라도 거둔 것처럼 선전한 철강 관세 "국가면제"는 기실 관세를 쿼터로 바꾼 것뿐이고, 관세와 쿼터 어느 쪽이 이익인지는 당장 알 수 없다. 더구나 우리는 이로 인해 EU 등 다른 나라와 공조할 기회를 내던졌고 미국에는 '호갱님'이 되었다.

물론 정부와, 특히 대통령의 고충은 이루 말로 표현할 수 없을 것이다. 4월의 남북정상회담, 5월의 북·미 회담에 '천려일실', 티끌 한 조각의 누라도 되지 않도록 조심해야 한다. 한반도와 나아가서 동아시아의 운명을 결정할 전략적 상황에서는 전술적으로 손해를 볼 수도 있다. 하지만 중국과 미국이라는 강대국 사이에서 상당 기간 '이럭저럭 버티기(muddling through)'를 해야 하는 입장에서 전략적으로 우리가 할 수 있는 일은 상당히 제한되어 있다는 사실도 명심해야 한다. 예컨대 '비핵화'라는 전략적 과제는 기본적으로 북한과 미국 간의 협상에서 결정된다. 북한과 미국, 양쪽 다 '벼랑 끝 전술', 즉 미친 사람처럼 행동하기로 작정했다면 더욱 끼어들 여지가 좁을 것이다. 우리가 할 수 있는 최선은 과거의 평화협상에서 성실한 제3자가 했던 결정적 역할처럼 합의 가능한 대안을 끊임없이 제시하는 것일지도 모른다. '국제판 햇볕정책'은 하나의 좋은 예가 될 것이다.

문재인 정부는 외길의 험로에서 기적을 이뤄냈다. 대화의 물꼬를 트고 연쇄 정상회담을 유도했다. 김정은 국무위원장은 체제안전만 보장된다면 중국식 개혁·개방의 길(북한은 이 용어를 정말 싫어하지만)을 걷겠다고 결심한 듯하다. 김정은 위원장이 작년 10월 25일 시진핑 국가주석에게 축전을 보내면서 '중국식 특색의 사회주의'를 상찬했고, 시진핑 주석은 지난달 26일 인민대회당 연설에서 북한이 "사회주의 경제강국을 건설하기 위해 분발하고 노력"하고 있다고 평가했다.

바로 여기에 우리가 할 수 있는 일이 또 하나 있다. 만일 북한은 말할 것도 없이 우리 경제도 '거대한 전환'을 해야 한다면 남북이 모두 지향해야 할 어떤 모델을 같이 그려볼 수 있을 것이다. 예컨대 스웨덴 등 북유럽 모델을 공통의 목표로 제시할 수도 있고, 더 민주적이고 창의적인 동아시아 모델을 기획할 수도 있다. 우리 내부에서, 그리고 남북 간에 '미래의 한반도 사회상'에 합의할 수 있다면 많은 이데올로기적 문제를 일거에 해결할 수 있을지도 모른다.

사실 이런 한반도의 경제모델이, 50년 전 일본 모델이 그랬듯이 아시아가 나아가야 할 길이 된다면 그것은 곧 세계 차원의 구상이 될 것이다. 트럼프 대통령의 행동 하나하나가 1945년 이후의 "자유주의 헤게모니"의 붕괴를 촉진하고 있는데 아직 중국은 세계를 이끌어 갈 새로운 모델을 제시할 처지가 아니다. 아세안 등 역내 국가들과 더불어 평화와 번영의 새로운 모델을 구체화해 나간다면 중국 역시 이런 구상에 적극 동참할 것이다. 요컨대 당장 '이럭저럭 버티기'를 할 수밖에 없다 하더라도 전략적 방향은 쥐고 있어야 한다.

경향신문 / 정태인의 경제시평 / 2018.04.02.

트럼프 사용 설명서

트럼프 미국 대통령이 지난 목요일 수입 철강에 25%, 알루미늄에 10%의 관세를 무기한 부과하겠다고 발표했다. 이번 조처는 1962년의 무역확대법 232조(원래는 전쟁기를 염두에 둔 조항)를 적용했다. 아마도 전가의 보도처럼 사용했던 가트의 세이프 가드 조항을 이미 세탁기와 태양광 소자와 모듈 부문에 써버렸기 때문일 테다. 트럼프 대통령은 적국의 철강으로 우리 무기를 만드는 상황을 상상해 보라고 선동했는데, 이는 별로 새로울 것도 없는 또 하나의 '가짜뉴스'다. 작년에 대미 철강 수출 1~4위를 차지한 캐나다·브라질·한국·멕시코는 누가 뭐래도 적국이 아닌 NAFTA 회원국이거나 동맹국이며 누구나 짐작하는 적국인 중국의 대미 철강 수출 비중은 5% 이하로 떨어진 지 이미 오래다.

딱히 이번 미국 대통령만 그런 건 아니었다. 1970년대 이래 미국의 역대 대통령은 누구나 미국 철강산업을 위한 보호무역조치를 발표했다. 카터나 클린턴, 그리고 오바마도 예외가 아니었다. 하지만 막무가내의 정도와 보호의 강도를 고려한다면 이번 조치에 버금가는 것으론 부시의 철강 관세가 유일할 것이다. 아들 부시 대통령은 2002년에 철강 산업을 '세이프 가드' 한다는 명분으로 8~30%의 관세를 부과했다. 하지만 2005년까지 모든 경제학 논문은 이 조치가 목표로 한, 미국 철강산업의 구조조정은 지지부진했고 결국 여타 미국 산업과 소비자에게 피해를 입혔다고 결론을 내렸다. 부시의 정책을 옹호한 논문은 단 한 편도 없었다. 2002년에 비해 미국 금속산업은 더 쇠퇴했는데 단기간의 이런 보호조치가 빈사의 사양산업을 극적으로 부활시키는 기적을 일으키긴 어렵다. 이번에도 세계 유수의 언론은 일제히 비판의 칼날을 세우고 있다.

2002년 EU와 중국, 일본 등은 부시의 관세를 WTO에 제소하면서 강력한 보복 조치를 예고했다. 미국산 버번, 리바이스의 청바지, 할리 데이비슨의 오토바이는 상징적 대상이었고, 플로리다의 오렌지나 미시간의 자동차는 부시의 정치적 목표를 직접 노렸다.

1년8개월이 지난 2003년 11월11일 WTO는 미국이 즉각 관세를 철회하지 않는다면 20억달러 이상의 보복을 허용한다고 발표했다. 결국 부시 대통령은 12월4일 항복했다. 당시 미국은 테러전쟁을 선포할 만큼 유일 헤게모니를 누리고 있었고 철강산업도 지금보다는 훨씬 나았다.

스스로 어떻게 생각하든 트럼프의 이번 결정은 거의 전적으로 중간선거에서 러스트벨트의 지지를 끌어내기 위한 것으로 판명될 것이다. 트럼프는 이런 정치적 목적을 극대화하기 위해 "무역전쟁은 쉬운 게임이며 만일 상대가 약삭빠르게 움직이면 무역을 중단하면 그만"이라고 기염을 토했다.

미국 대통령은 지금 전 세계를 대상으로 '최대의 압박(maximum pressure)'을 실천하고 있다. EU와 중국은 2002년의 경험을 거울 삼아 되도록 빠른 WTO 결정을 요구할 것이며 동시에 미국이 관세를 철회하더라도 그때까지의 피해를 보상받으려고 할 것이다.

세계가 성공적으로 공동의 보조를 취한다면 이 게임은 중간선거 직후 (트럼프의 성공 여부와 관계없이) 트럼프의 관세 철회로 끝이 날 것이다. 트럼프의 힘은 '저 미친 놈이 무슨 짓을 할지 모르니 차라리 먼저 달래는 게 나을 것'이라는 상대의 태도에서 비롯된다. '벼랑 끝 전술'의 핵심이 바로 이것이다. 실제로 트럼프는 취임과 동시에 세계 유수의 초국적기업이 연이어 대미 투자를 약속하는 데 대해 "Thank You" 트윗을 날리며 미소를 지었고, 이 전략은 동아시아 순방에서 3000억달러 이상의 경제협력을 얻어내는 정부 차원의 성과도 거뒀다. 트럼프는 세계의 어느 지도자보다도 이른바 '청중비용(audience cost · 자신이 한 말에 책임을 져야 하는 정치적 비용)'을 가볍게 여긴다. 이익을 이미 얻었거나, 질질 끌어 봐야 앞으로 이익을 얻을 가능성이 별로 보이지 않으면 바로 말을 뒤집을 준비가 되어 있다는 얘기다. 이는 또한 이미 얻은 이익이 그 후의 협상에 전혀 영향을 미치지 않는다는 것을 의미한다. 대통령 당선 직후 삼성이나 LG가 대대적 대미 투자를 약속했지만 트럼프 정부의 세탁기 관세는 이들 기업을 한 치도 비켜가지 않았다.

트럼프 사용설명서는 의외로 간단할지도 모른다. 첫째, 국제규범을 넘어선 위협에 대해서는 당당히 맞서야 한다. 둘째, 그의 요구를 어쩔 수 없이 받아들여야 한다면 다른 모든 사안을 포함한 최종 결론 때 그래야 한다. 셋째, 대체로 그 전에 트럼프 패배로 결론이 날 것이다. 트럼프가 능한 '벼랑 끝 전술' 게임은 결의가 큰 쪽이 이기기 마련인데 트럼프는 면전의 환호가 사라지면 겁쟁이라는 진면목을 바로 드러낼 가능성이 매우 높다. 다른 모든 독재자들이 그러했듯이….

경향신문 / 정태인의 경제시평 / 2018.03.05.

따뜻한 평화

"어쩌, 이름을 저리 지을꼬"라는 탄식부터 자아내는 미국의 '코피작전'이 한반도를 한파로 몰아넣었다. 북한의 핵시설이나 상징적 장소를 정밀타격하는 '제한적 예방전쟁'을 벌이겠다는 것이다. "언제나 군사적 옵션은 탁자위에 있다"고 공언해 왔고, 군사옵션은 국제제재와 함께 미래의 협상에서 유리한 고지를 점령하기 위한 전술이기도 하니까 그리 새로울 것도 없다.

하지만 '코피작전'에 대한 페이스북의 반응은 의외였다. 친구와 친구를 연결시키는 이 소셜미디어의 속성상 내 '페친'들은 누가 뭐래도 보수성향은 아닐 텐데도 그랬다. 예컨대 미국의 제한전에 북한이 보복으로 맞서지 못할 것이라는 주장이 지지를 받았다. "북한의 보복이 전면전을 부르면 결국 파멸을 초래할 테니 북한은 울며 겨자 먹기로 당할 수밖에 없다, 장사정포는 낡아서 '서울 불바다'는 과장일 뿐이다"… 등등의 자못 논리도 갖췄는데 "이참에 골칫덩이를 해소하자"는 식의 호전적 댓글이 주르르 달렸다. 단일팀 구성을 둘러싼 논란이나 북한의 약속 위반에 눈살을 찌푸릴 만한 상황이긴 했지만 이런 무서운 집단사고가 나타날지는 짐작하지 못했다.

북한은 수십개의 핵탄두를 가지고 있으며 장거리 미사일은 물론 스커드도 수백기 갖춘 나라이다. 이런 상황에서는 전쟁이 일어날 수 없다는 것이 이른바 '억제이론'이다. 스텔스건, 드론이건 그 어떤 신무기도 1960년대부터 '전국의 요새화' 전략에 따라 건설된 지하 기지를 남김 없이 파괴할 수는 없으며 북한의 보복은 한국과 일본, 나아가서 미국에도 심각한 타격을 입힐 것이다. 20여년 전 1차 북핵위기 때 클린턴 정부는 최소 100만명이 희생되리라는 군의 예측에 따라 북폭을 포기한 바 있다. 결국 양국 간에 '공포의 균형'이 유지된다는 건데 전후의 냉전=차가운 평화를 설명하는 유력한 이론이기도 한다. 노벨 경제학상 수상자 셸링이나 신현실주의의 대표학자인 월츠는 이란의 핵무기는 평화를 저해하지 않으며 오히려 평화를 촉진한다("많으면 많을수록 좋다")는 주장까지 했다.

물론 페북의 글들처럼 '예방전쟁'을 주장한 이론도 있다. 미국의 원자폭탄을 설계한 맨해튼 프로젝트의 주축이며 게임이론을 창시한 폰 노이만은 일관되게 선제타격을 주장했다. 아주 거칠게 요약하면 공격을 받은 소련은 보복하거나 보복하지 않거나 둘 중 하나일 텐데, 보복하지 않으면 그 자체로 승리이고 보복한다 해도 소련의 선제공격을 받는 것보다는 피해가 적을 것이라는 논리다. 현실에서는 쿠바 위기 등 몇 번의 핵 위기 속에서도 셸링의 주장이 관철됐다. 핵무기가 전쟁의 성격을 바꿔 놓은 것이다.

한편 이 둘을 싸잡아 비판한 또 한 명의 천재 게임이론가가 있었다. 악셀로드의 반복 죄수의 딜레마 토너먼트에서 '눈에는 눈, 이에는 이'(Tit for Tat) 전략으로 두 번 우승한 래퍼포트가 그 사람이다. 그는 게임이론을 아무 데나 적용하는 게 아니며 전쟁에 이길 확률과 그 피해액을 누가 계산할 수 있느냐고 주장했다. 셸링과 래퍼포트는 서로의 책에 대한 서평 형식으로 치졸한 말싸움을 벌이기도 했는데, 이 평화주의 싸움꾼의 생각은 훗날 '핵 없는 세상'으로 발전했다. 억제에 기초한 평화는 차갑고 군비경쟁이라는 어마어마한 비용을 치러야 한다. 따뜻한 평화는 어떻게 해야 올까? 그토록 오래 수많은 전쟁을 치렀던 유럽 나라들 간의 요즘 평화는 분명히 공포에 기초한 것이 아니다. 일반적으로 안보는, 특히 한반도 상황은 힘에 기초한 평화, 차가운 평화를 먼저 요구한다. 그러나 한 치도 양보하지 않고 서로에 대한 경계를 늦추지 않으며 혹시나 해서 각각 총을 품고 사는 이웃이 어찌 행복할까? 협상에서 유리한 고지를 차지하기 위한 전술에 환호해서, 행여 실제의 전쟁으로 이어지게 해서는 안된다. 국내의 이런 반응은 감정의 에스컬레이션, 오인과 실수로 인한 전쟁의 확률을 높일 것이다.

북한이 스스로 핵을 포기하게 할 방법은 없을까? 있다. 북한 경제는 우리의 상상 이상으로 시장이 지배하고 있으며 상당한 성과를 거두기 시작했다. 최근의 북한의 법 제·개정 동향을 보면 북한 정부는 이미 존재하는 시장을 추인하고 이제 금융 등 거시경제 문제까지 고민하고 있다. 이런 거대한 경향을 되돌리는 것은 '위대한 령도자'에게도 엄청난 모험일 것이다. 하지만 이 방향은 핵개발로 인한 국제제재와 정면으로 충돌한다. 성공한 듯 보이는 핵-경제 병진 노선의 내부 모순은 점점 더 커진다. 북한의 단계적 조치에 따라 국제제재를 풀어서 결국 스스로 비핵화를 택하도록 해야 한다. 북한이 국제사회의 일원으로 모두의 규범을 지키게 되면 한반도에 따뜻한 평화가 터를 잡을 것이다. 관련국 모두가 참여하는 국제판 햇볕정책이 필요하다.

경향신문 / 정태인의 경제시평 / 2018.02.05.

'트럼포노믹스' 앞 대한민국의 빈곤한 상상력

TPP 협상 탈퇴, 반이민 행정명령 등 트럼프의 독단적인 정책에 각국 정부가 대책을 고심하고 있다. 다른 나라들은 중국·러시아 등 미국 경쟁국과의 외교를 강화하고 있다.

하버드 대학의 스티븐 월트 교수가 '미국 새 대통령은 합리적 행위자가 아니다'라는 제목의 글을 썼다. 그는 유럽이나 아시아, 중동 등 각 지역은 스스로 세력균형을 이루도록 해야 하며, 미국이 '자유주의 질서'의 제공자를 자처하여 독일이나 일본처럼 돈 있는 나라들이 무임승차하도록 해서는 안 되며, 원하지도 않는 나라들에게 민주국가를 건설해주겠다는 허망한 전략을 구사해서도 안 된다고 강조한다.

어라? 바로 "자기 문제는 자기가 해결하라" "미국이 개입하는 경우, 그 비용은 그 지역 국가들이 대야 한다"라는 트럼프의 대외 전략이 아닌가? 하지만 트럼프의 전광석화 같은 일처리를 보고 더 이상 자신들의 이론이 이런 비합리적 행위의 근거로 인용되는 걸 참을 수 없었던 모양이다.

경제 쪽은 훨씬 더하다. 트럼프 경제정책을 지지하는 학자도 찾기 어렵지만, 그동안 대대적인 재정확대 정책을 주장했던 크루그먼 교수도 트럼프의 '1조 달러 규모 인프라 투자' 비판을 여기저기 쓰느라 바쁘다. 하지만 세계 유수 대기업들의 반응은 사뭇 다르다. GM, 포드, 도요타, 다임러, 현대, 삼성, LG 모두 멕시코 등에 하려던 기존 투자 계획을 취소하고 미국에 투자하겠다는 발표를 줄줄이 내놓고 있다.

취임 일주일 만에 오바마케어 폐지, TPP 협상 탈퇴, 멕시코 국경 장벽 세우기, 반이민 행정명령 등, 아무리 미국 대통령이라도 심사숙고를 거듭할 수밖에 없는 사안들을 번갯불에 콩 구워 먹듯 해치우는 트럼프라면 무슨 짓을 못할 것인가? 눈앞의 이익을 즉각 계산한 사업가들은 알아서 납작 엎드렸다.

과연 국제 거시경제 쪽에도 이런 수법이 통할까? 예컨대 트럼프는 현재 미국 법률만으로도 중국에 45%의 관세를 매길 수 있다. 하지만 중국은 일개 기업이 아니라 구매력 기준 GDP로 미국과 어깨를 겨루는 대국이다. 바로 보복에 나설 것이다.

'트럼포노믹스'는 미국 홀로 실천할 수 없다. 트럼포노믹스의 핵심인 인프라 투자(1조 달러)와 법인세 인하(35%에서 종국적으로 15%까지)는 현재의 재정적자를 눈덩이처럼 부풀릴 것이다. '국경조정세'(수입산 부품은 비용으로 처리하지 못하고 수출품에 대해서는 감세한다)는 변동환율제 아래에서 달러의 절상을 낳는다. 지금 미국은 선진국 중 가장 나은 성과를 보이고, 유럽과 일본은 미국을 좇아 양적 완화를 하고 있으니 달러가 강세를 보이는 건 당연하다.

대대적 성장정책에 따른 인플레이션 우려와 재정적자는 금리를 끌어올릴 테고 이는 다시 달러의 강세를 부추긴다. 트럼프 대통령 스스로가 불확실성의 원천이므로 세계의 돈은 계속 미국으로 몰려들 것이다. 결국 천문학적 무역적자도 예견된다.

사드 배치하면 환율조작국으로 지정하지 않는다고?

이제 남은 수단은 통화전쟁밖에 없다. 괜히 트럼프가 중국과 일본, 그리고 뜬금없이 독일을 들먹인 게 아니다. 실제로 1970년대 이래 미국은 몇 차례 통화전쟁을 일으킨 바 있다. 특히 천문학적 쌍둥이 적자로 골머리를 앓던 레이건 정부가 이뤄낸 1985년의 플라자 합의는 대승으로 기록될 만하다. 하지만 지금은 1980년대 후반의 초호황기가 아니다. 침체의 늪에서 발버둥치는 유럽이나 일본, 특히 중국이 이런 으름장을 순순히 받아들일 리 없다. 지금 트럼프에게 필요한 나라는 알아서 납작 엎드릴 첫 번째 나라다. 불행히도 한국은 대미 무역흑자 제4위의 나라다.

황교안 대통령 직무대행은 어떻게 대응하고 있을까? 미국의 셰일가스를 수입하고 항공기 수입에 보조금을 주겠단다. 유일호 경제부총리는 미국의 환율지정국 요건 세 가지(대미 무역흑자가 300억 달러를 넘는 나라, 경상수지 흑자가 GDP의 3%를 넘는 나라, 외화 구매가 GDP의 2%를 넘는 나라) 중에 마지막이 해당되지 않는다며 자위하고 있다. 하지만 중국은 오직 하나의 요건에만 걸리고 독일이나 일본도 우리와 마찬가지다. 왜 매티스 미국 국방장관은 그 많은 나라 중에서 첫 번째 순방지로 한국과 일본을 잡았고, 또 황교안 대행은 무슨 약속을 했을까?

작금의 동아시아 역학 속에서 한 나라가 삼성이나 현대처럼 결정을 내려서는 절대 안 된다. 사드를 조기 배치하고 대미 수입을 알아서 늘려준다고 트럼프가 아시아 MD의 비용을 면제해주고 환율조작국으로 지정하지 않을까? 환율에 관해서 중국과 일본, 독일은 한국의 동지이니 당연히 공동행동을 할 일이다. 동남아의 미국 동맹국인 타이나 필리핀은 이미 중국·러시아와 외교를 강화하고 있다. 왜 대한민국은 이 정도의 상상력도 없을까?

시사인 / 491호 / 2017.02.17.

폴라니라면 브렉시트를 어떻게 봤을까

경제학자들이 그렉시트 때는 그리스 시민의 편을 들었지만 브렉시트 때는 유럽연합의 손을 들어주었다. 그들은 유럽형 지역공동체를 미국 식 세계화의 대안으로 보기 때문이다.

딱 1년 전, 2015년 7월 5일 그리스 국민들은 유럽집행위원회·유럽중앙은 행·국제통화기금(IMF)이라는 트로이카의 최후 통첩안(추가 구제금융에 대한 대가로 강한 긴축정책 요구)에 대한 찬반투표에서 "노(No)"라고 외쳤다. 하지 만 치프라스 총리는 당시 협상 책임자였던 바루파키스 재무장관을 해임하 고 최후 통첩안보다 훨씬 나쁜 타협안을 받아들였다. 그리스가 유로존에 잔류하는 조건으로 상당한 양의 채무를 탕감해줘야 한다고 선언한 세계 유수의 경제학자들(피케티·삭스·로드릭 등)로서는 황당한 일이 아닐 수 없 었다. 나라의 운명을 건 치킨게임에서 그리스가 뒤로 물러서서 합리적 해 답을 선택한 것이다.

2016년 6월 23일 영국 국민들은 브렉시트를 선언했다. 또 한번 저명 한 경제학자들은 당황했다. 영국 안팎의 어떤 경제학자도 브렉시트를 옹 호하지 않았다. 브렉시트를 둘러싼 치킨게임은 서로 양보하지 않음으로써 균형이 아닌 파국으로 치달았다.

영어 스펠링 하나 차이지만 그렉시트와 브렉시트는 사뭇 다르다. 그 리스는 유로존 국가지만 영국은 유로를 쓰지 않는 유럽연합(EU) 국가이 다. 그리스의 문제는 유로존 국가들이 재정 통합까지 나가든지, 아니면 유 로를 포기하고 국민 통화로 복귀해야만 해결된다. 진정한 하나의 나라라 면 어떤 지역이 위기에 빠진다면, 당연히 정부가 재정 지원을 해야 할 것이다. 하지만 유로존의 재정은 각국에 맡겨져 있고, 흑자국 국민들은 긴축으로 해결하라고 외쳤다. 유럽 시민으로서 갖는 정체성, 또는 유럽 차원의 민주주의는 아직도 요원한 일인 것이다.

유럽 통합의 역사는 '단일 시장 만들기'와 '통일된 규제'라는 두 가지 과제를 동시에 수행해야 했다. 영국은 거대한 단일 시장을 향유하고 싶으면서도, 인권과 사회·환경을 위한 규제는 피하고 싶었다. 영국이야말로 시장 만능을 신봉하는 앵글로색슨 모델의 원조가 아닌가?

브렉시트에 찬성한 이들은 대체로 북부의 전통적 제조업 지대, 노인, 이민 반대자, 빈민 등으로 사회적 약자에 속한다. 거칠게 말하자면 '세계화의 루저'인 셈이다. 물론 브렉시트를 부추긴 정치인의 감언이설도 난무했다. 유럽에 내는 분담금으로 국가의료체계(NHS)를 강화할 수 있다든지, 유럽연합의 규제를 없애면 산업이 살아날 거라든지, 모두 확실한 거짓말이거나 근거가 없는 말이었다.

그런데 왜 영국 국민의 35% 이상(투표자의 52%)이 브렉시트에 찬성했을까? 직접적으로는 시티(런던의 금융 중심지)가 싫고, 보수당이건 노동당이건 기성 정당을 믿을 수 없고, 경제학자 등 잘난 척하는 지식인들도 꼴 보기 싫었을 것이다. 한마디로 양극화의 수혜자인 상층 엘리트들에게 한 방 먹이고 싶었으리라. 또 국가 주권을 잃고 유럽의 한 주가 된다는 생각도 대영제국의 후예들에겐 황당한 일이었을 터이다. 실험경제학에서 입증하듯이 사람들은 앞날의 희망이 별로 없어 보이면 모험을 택하기 마련이다(심지어 식물도 마찬가지란다).

브렉시트는 시장 만능 세계화로부터 스스로를 보호하기 위한 대응운동

속아서든 분노해서든 브렉시트에 찬성한 영국 시민들 역시 반세계화를 외친 게 아닌가? 그런데 왜 저명한 경제학자들이 그렉시트 땐 그리스 시민을 편들고, 브렉시트 땐 유럽연합의 손을 들어준 걸까? 특히 스티글리츠나 로드릭과 같이 '또 다른 세계화'를 줄곧 외친 학자들은 왜 입을 다물거나 브렉시트를 걱정하는 것일까?

그 이유는 이들이 유럽형 지역공동체를, 지적재산권 강화나 투자자의 주권 침해를 포함하는 미국식 세계화의 현실적 대안으로 간주했기 때문이다. 유럽연합은 사회 보호라는 면에선 분명 진보적이었지만 단일 시장 만들기, 특히 통화 통합 과정에서 선출되지 않은 관료(집행위원회)의 비밀주의 행정이 두드러졌고, 유럽 위기에 대한 대응은 IMF마저 걱정할 만큼 금융자본과 강대국의 이해를 적나라하게 대변했다. 현실의 대안이 사라질 위기에 빠진 것이다.

나는 브렉시트 역시 폴라니의 대응운동 중 하나라고 생각한다. 시장 원리로 사회 구석구석을 조직하면 사회는 갈기갈기 찢어지고, 스스로를 보호하는 대응운동을 일으킨다. 이 운동은 우루과이라운드에 반대하는 농민운동, 시애틀의 신자유주의 반대 운동, '점령하라' 운동, 포데모스나 시리자의 집권뿐 아니라 브렉시트와 같은 국수주의적 움직임으로도 나타날 수 있다. 시대를 앞서 가든 시대착오적이든, 진보적이든 보수적이든, 심지어 인종차별적이든 간에 시장 만능의 세계화에 대한 대중의 저항임이 틀림없다.

시사인 / 461호 / 2016.07.20.

쥐 한 마리 나오지 않은 이유

지난 두 달여 세계 경제를 뒤흔들었던 미국의 양적완화 축소는 일단 '태산명동(泰山鳴動)에 서일필(鼠一匹)', 아니 '서무필'로 끝났다. 19일 미국 연방공개시장위원회(FOMC)는 경기회복에 대한 추가 증거가 확인될 때까지 양적완화를 미룬다고 발표했다.

벤 버냉키 미국 연방준비제도(Fed) 의장은 고용시장이 자신들이 보려 했던 모습과 거리가 멀고 성장 둔화 우려 때문에 현재의 양적완화를 지속한다고 발표했다. 이번에 전망치를 끌어 내린 경제지표가 연준의 낙관적 전망을 확인해 준다면 금년 말쯤 다시 시도할 언급도 물론 잊지 않았다.

미국의 양적완화는 중앙은행이 부실채권 등 민간 자산을 직접 사들여 은행 대신 자금중개기능을 했다는 점에서 전통적 통화정책과 다르다. 해서 비전통적이라는 수식어가 붙긴 하지만, 따지고 보면 중앙은행이 기존 자산의 보증을 서서 은행의 채권 발행을 도운 유럽의 상황도 그다지 다를 바 없다. 이렇게 비상 조치를 취했는데도 이번에 연준이 밝힌 것처럼 경기는 기대만큼 확실한 회복을 보이지 않은 게 사실이다. 하지만 이 정책 없이도 리먼 브러더스 사태처럼 지난 5년간 세계가 1930년대처럼 패닉의 구렁텅이로 빠져 들지 않았을까?

어쨌든 세계 경제 사상 최초의 시도인 만큼 이 정책이 어떤 결과를 낳을지는 아무도 모른다. 그러니 곧 임기를 마칠 정통 경제학자 버냉키로서는 하루 빨리 이 불안한 정책을 거둬들이고 싶었을 것이다. 표준 경제학 교과서대로라면 벌써 인플레이션이 기승을 부려야 했고 정부의 적자 부담 역시 만만치 않다.

그런데 왜 연준은 양적완화 축소 계획을 적어도 연말까지 연기한 걸까? 경제학자들은 실업률 지표의 개선(7.5%)이 아예 구직을 포기하거나 질 나쁜 임시직에도 취직했기 때문이며 중산층의 소득은 오히려 감소했다는 사실을 가장 큰 이유로 들고 있다. 또한 정부와 의회의 예산안 협상이 마무리되기 전에 연준이 앞장서서 양적완화를 축소하기엔 부담이 컸을 것이다. 만일 협상이 결렬된다면 재정마저 막히는데 금융줄을 미리 죌 수는 없을 것이다.

하지만 나보고 또 하나의 이유를 꼽으라면 부동산 시장 상황에 주목하겠다. 2013년 미국의 주택가격은 12%나 올랐고 이에 따라 모기지 신청자가 증가해서 연준에 희망을 준 것은 사실이다. 그러나 최근 미국 은행들은 오히려 모기지 전문가들을 해고하고 있다. 은행들이 더 이상 주택 거래가 증가하지 않을 것으로 예상한다는 증거다. 즉 집값이 꿈틀거리는데도 중산층의 실수요가 따라가지 않은 것이다. 이런 상황에서 주택경기가 활활 불붙을 것으로 기대하기는 어렵다. 즉 그 동안 집값이 꽤 내렸지만 소득도 동시에 줄었기 때문에 주택구매라는 일생일대의 모험을 할 엄두가 나지 않은 것이다.

이런 추론은 한국의 현재 경제상황에도 그대로 적용할 수 있다. 박근혜 정부는 집값을 올리기 위해 가능한 정책을 모두 동원했다. 하지만 다주택 소유자에 대한 특혜에 끌려 부자들이 집을 더 사들인다 해도, 그래서 집값이 꿈틀거린다 해도 실제로 경제가 회복될 가능성은 얼마나 될까? 박근혜 정부의 시나리오를 경제이론에서 찾는다면 피구효과, 또는 자산효과일 테다. 즉 집값이 오르면 사람들은 부자가 된 기분에 들떠서 소비를 늘리고 이것이 생산과 투자 증대로 이어질 수 있다. 하지만 현재 상황에서 소비를 더 늘릴 사람들은 누구일까? 부자들은 이미 충분한 소비를 하고 있으므로 돈이 넘쳐난다 하더라도 더 이상 소비를 확대하기 어렵다. 지금 집을 살까 말까 망설이는 중산층은 미래 소득에 자신이 없다면 집을 사지 않을 것이고, 구매한다 하더라도 원리금을 갚기 위해 저축을 늘릴 것이다. 즉 양극화가 심화된 상태에서는 자산효과가 작동하지 않는 것이다.

미국이나 한국이나 경제를 살리려 한다면 더욱 약화되고 있는 경제적 불평등 상황을 하루 빨리 개선해야 한다. 지난 대선에서 국민들이 외친 경제민주화와 보편복지, 그리고 지금 타오르고 있는 협동조합 열풍은 이런 필요를 반영하고 있다. 국민의 뜻을 외면하는 불통과 독선의 오류는 머지않아 경제 분야에서 벌거벗은 모습을 드러낼 것이다.

경향신문 / 정동칼럼 / 2013.09.23.

오바마 · 시진핑… 한국의 대응은?

버락 오바마 대통령이 재선에 성공했다. 내년에 중국에서는 시진핑이 국가주석의 자리에 오를 것이 확실하다. G2의 수장이 결정된 것이다. 물론 한국의 대통령도 바뀐다. 세계경제는 장기 침체에 들어갔고 지난 4년 동안 중국의 위상은 부쩍 높아졌다. 센카쿠 열도(중국명 댜오위다오)를 둘러싼 중·일분쟁 때 그 힘이 유감없이 발휘됐다. 세계적 위기의 시대, 기축통화도 패권국가의 지위도 흔들리는 시대, "아시아 중심으로"(Pivot to Asia)를 선언한 미국과 지역 패권을 노릴 중국은 동아시아에서 힘을 겨룰 것이다.

이 세계사의 전환기에 우리는 어떤 전략을 가지고 있는가? 대선 유력 주자라면 당연히 제시해야 할 필수적인 국가 비전이다. 복지국가와 경제민주화의 공약들이 어슷비슷해진 지금 차별화를 시도할 만한 굵직한 주제이다. 너무 큰 문제라서 유권자들의 관심 밖이라고 지레 짐작하는 것일까, 나는 아직 귀가 솔깃한 전략을 듣지 못했다. 남북관계를 어떻게 개선할 것인가에 관해서만 간간이 소식이 들릴 뿐이다.

롬니가 아니라 오바마가 당선된 것이 상대적으로 낫긴 하다지만 미국의 두 후보는 한목소리로 중국의 환율조작과 무역불균형을 비난했다. 미국은 이미 제재 수단도 갖추고 있다. 말 그대로 자의적인 보호주의라 할 만한 '환율법'이 바로 그것이다.

하지만 이 치명적 무기를 함부로 휘두르지는 못할 것이다. 중국과 일본이 마찰을 일으킬 때 희토류 수출 금지가 그랬던 것처럼 미국에 대해서도 중국은 가공할 무기를 지니고 있기 때문이다. 3조달러에 이르는 외환보유액 자체가 그렇다. 이 중 일부만 시장에 내다 팔아도, 아니 그럴 계획이 있다고 슬쩍 흘리기만 해도 달러 가치는 롤러코스터를 탈 것이기 때문이다.

과연 이런 경제전쟁의 와중에 한반도는 무사할까? 불행히도 그렇지 않다. 중국에 대해서 쓰지 못할 무기는 한국을 먼저 겨냥할 가능성이 높다. 실제로 위기가 시작된 2007년 이후의 환율변화 추이를 보면 위안화보다 원화가 덜 절상됐다.

앉아서 당할 수는 없으니 과연 무엇을 할 것인가? 두 강대국 사이에서 한국이 할 수 있는 것은 설득밖에 없다. 세계경제의 회복을 위해서라도 동아시아의 대미(對美) 흑자는 줄어들어야 한다. 그렇다면 공동 대응을 하는 것이 낫다. 이미 4조달러를 훌쩍 넘은 동아시아의 외환보유액과 환율을 공동으로 관리해야 한다고 중국을 설득해야 한다.

물론 미국은 아시아통화기금(AMF)으로 발전할 가능성이 있는 이 계획을 견제하겠지만 이에 대해서는 동아시아 역내 수요를 증가시켜 미국의 대동아시아 적자를 해소할 수 있다고 설득할 수 있다. 외환위기의 위험 때문에 동아시아 각국은 '과도하게' 많은 달러를 쌓아 놓고 있다. 만일 공동으로 관리한다면 이 중 1조달러 이상을 '동아시아 개발기금'으로 만들어 역내에 투자할 수 있을 것이다. 북한이나 중국 내륙, 그리고 아세안에 투자할 곳은 얼마든지 많다. 말하자면 동아시아판 마셜 플랜을 스스로의 돈으로 실행할 수 있는 것이다.

이 외에도 역내 협력 프로그램은 얼마든지 개발할 수 있다. 예컨대 동아시아 국가들이 이산화탄소 배출 감축 계획을 세우고 공동으로 재생에너지 기술개발을 한다든가, 작게는 사막화와 황사를 방지하기 위한 중국 북부의 조림사업, 홍수를 예방하기 위한 북한의 조림사업도 할 수 있다. 나아가서 분산형 에너지체제에 필수적인 스마트그리드 등 각종 네트워크의 표준도 공동으로 제정할 수 있을 것이다. 물론 북한의 철도와 전력망, IT망을 동아시아의 돈으로 함께 건설할 수도 있다.

요컨대 세계경제의 회복을 돕는 동아시아의 역내 협력 사업을 제안하는 것이다. 10년 전 고 노무현 대통령이 국정과제로 내세웠던 '동북아 공동체론'을 부활시키는 사업이기도 하다. 당시에는 너무 앞서가서 단순한 구상에 그쳤지만 현재의 세계와 동아시아 상황에서 이 사업은 생생한 현실이 되었다. 누가 이런 구상으로 G2를 설득할 수 있을 것인가?

경향신문 / 정동칼럼 / 2012.11.08.

유럽발 경제위기, 세계경제 덮치나
정태인이 본 유럽위기 영향은?

유럽발 경제위기, 세계경제 덮치나 / ④ 한국 경제, 어떤 영향 받나?

유럽연합의 경제위기를 보면 동아시아 공동체 구상은 아직 시기상조다. 문제는 한국 경제의 앞날이다. 내년 성장률은 정부 예측보다 2% 낮아질 것이다. 부동산 거품과 가계부채도 폭발 직전이다. 결단이 필요하다.

'새로운 사회를 여는 연구원'과 함께 진행한 유럽발 경제위기 시리즈를 이번 호로 끝맺는다. 세 차례에 걸쳐 연재된 지난 기사는 유럽연합(EU)의 위기가 유로존 탄생부터 배태되어 있었음을 진단하고, 현재 IMF나 유럽연합 등이 위기의 해법으로 모색 중인 긴축정책이 어떤 허점을 지녔는지 지적한 바 있다. 유로 채권의 가치가 폭락하고 유로화 자체에 대한 불신이 확산되면서 유로존이 자국 통화로 회귀하는 것 아니냐는 전망까지 나오고 있는 이즈음, 한국은 유럽을 보며 무엇을 배울 것인가. 참여정부 시절 유럽연합을 모델 삼아 동북아시아 경제공동체를 구상했던 정태인 원장이 유럽발 경제위기의 함의를 짚어보았다.

1915년 레닌은 '유럽합중국에 대하여'라는 글을 썼다. 결론은 제국주의 국가들끼리 지분을 평화롭게 분할하는 합중국은 불가능하므로 헛소리 집어치우라는 것이다. 굳이 흘러간 옛 얘기를 꺼낸 것은 당시의 '혁명적 사회주의자'들도 혹할 만큼 '유럽합중국' 또는 유럽공동체는 유럽의 '오래된 미래'였다는 점을 지적하기 위해서다. 1992년 마스트리히트 조약을 맺고 1999년 유로를 창설하면서 이 오랜 꿈은 실현되는 듯했다. 유럽의 꿈은 사라졌는가?

　지난 세 번의 연재로 현재 유럽 위기의 원인은 명확히 드러났다. 유럽의 문제는 내부 문제이다. 통화는 통합됐으나 재정은 통합되지 않았고, 경쟁력이 약한 남부 유럽의 곤경에 대해 독일 등 북유럽은 보조금을 주려 하지 않는다. 부르마 교수(바드 대학)가 한탄한 대로 '유럽 시민'은 아직 존재하지 않는다. 재정적자가 아니라 '민주주의 적자(democracy deficiency)'가 문제라는 것이다. 독일은 1990년 동·서독 통일 후 10여 년 동안 막대한 돈을 투입한 경험을 재현할 생각이 전혀 없으며, 남유럽 국가들의 방탕함을 비난함으로써 공동체의 의무를 외면하고 있다.

　12월 9일 유럽 정상회의는 엉뚱하게도 재정긴축을 강화하자는 결론을 내렸다. 오루크 교수(옥스퍼드 대학)의 말대로, 필요한 것은 '재정동맹(fis-cal union)'인데 독일은 '재정안정동맹(fiscal stability union)'을 요구했고 이회의는 기사회생이 아니라 '죽음에 이르는 정상회의(summit to the death)'로 끝났다. 이제 재정적자는 '투자적자(investment deficiency:스펜스 교수·뉴욕 대학)'로 이어진다. 케인스의 '평화의 경제적 귀결'이 떠오르는 장면이다. 이 팸플릿에서 케인스는 제1차 세계대전 이후 독일에 가혹한 배상금을 물리도록 한 베르사유 협약을 신랄하게 비난했다. 한마디로 영국과 프랑스가 총수요를 외면한 인기 영합적 결정을 내렸고 결국 자기 발등을 찍으리라는 것이었다. 이제 그 주역만 독일로 바뀌었다.

　유로가 없어지지는 않더라도 유로존이 축소되면 강한 나라들의 '슈퍼유로' 가치는 치솟을 것이고, 북유럽 흑자의 대부분을 감당했던 '최종 소비자' 남유럽은 사라지게 될 것이다. 남유럽 국가들은 이제 유로로 표시된 채무를, 형편없이 평가절하된 드라크마(그리스 화폐단위)와 리라(이탈리아 화폐단위)로 갚아야 하는 '고난의 행군'을 해야 한다. 임금과 디플레이션이라는 '내부 평가절하'도 만만치 않다. 루비니 교수에 따르면 "앞으로 몇 년간 가격과 임금이 30% 정도 떨어져도 부채의 실질 가치는 계속 증가할 것이고 정부와 민간 채무자의 지급불능 사태가 벌어질 것"이기 때문이다. 이제 흑자국인 북부 유럽(독일·네덜란드·오스트리아·프랑스)까지도 깊은 침체에 빠질 것이다.

변하지 못하면 죽는 게 낫다

오루크 교수는 이런 상황이 계속된다면 관료의 민주주의에 대한 우위, 반유럽 감정의 고조, 대중영합주의 정당의 득세가 나타날 것이고 폭력이 난무하는 상황도 피하기 어려울 것이라고 음울한 예측을 한 뒤, 이런 시나리오를 피하는 데 필요한 제도 변화를 이루지 못할 거라면 빨리 죽는 게 낫다고 선언했다. 과연 유럽의 꿈은 사라진 것일까?

유럽공동체의 실패는 재정 문제를 신자유주의적 금융(다른 나라 은행에 의한 국채 매입)으로 해결하려 한 데 있다. 길은 아직 남아 있다. 재정통합 같은 중장기 계획(헌법에 해당하는 리스본 조약을 개정해야 한다)을 실행하기 이전에 긴급한 조치부터 취해야 한다. 일단 유럽중앙은행이 부실 채권을 사들이고 이후에는 통화 증발(增發)을 통해 유로 가치를 떨어뜨려야 할 것이다. 동시에 재정적자를 감수하고라도 교육과 의료, 그리고 약한 나라의 인프라 건설에 돈을 써야 한다. 그런 뒤에야 유럽중앙은행의 강화나 재정 통합, 그리고 구조 개혁이 가능할 것이다.

또 하나 떠올릴 수 있는 정책은 케인스의 청산동맹 구상이다. 케인스는 브레턴우즈 회담에서 무역 적자국에 돈을 빌려주는 청산기금(나중에 IMF가 되었다)을 구상하면서 흑자국도 그 규모에 따라 일종의 벌금을 물도록 하는 청산동맹을 제안했다. 유로라는 단일 통화를 사용하는 한 필연적으로 뒤따르는 무역 불균형을 해소하기 위해서는 유로존 내부에서 실행할 만한 제안일 것이다. 현재의 글로벌 위기를 극복하는 데 유효한 제안이라면 유로존에서도 마찬가지일 터이다.

동아시아 공동체 가능하려면

"동북아 대통령이 되시라"는 단 한마디가 마음에 들었는지 고 노무현 대통령은 나를 '동북아 비서관'에 임명했다. 미국과 유럽연합(EU) 그리고 동북아시아 공동체로 천하를 삼분해야 안정적인 발전이 가능하다는 내 주장은 당연히 EU를 모델로 했다. 따라서 동북아위원회는 EU형 길을 집중 검토했는데, 가장 큰 문제는 유럽의 경우 미국이 소련을 견제하기 위해 유럽공동체를 용인했지만, 우리나라는 미국의 주적인 중국이 동아시아 내부에 있고 더구나 세계 금융위기 이후 일취월장해서 G2의 반열에 올랐기 때문에 미국의 견제가 훨씬 심해질 것이라는 점이었다. 또한 유럽에 비해 인종·문화·종교가 제각각이고 영토 분쟁, 역사 분쟁도 현재진행형이라는 문제점을 안고 있다.

유럽의 위기는 설상가상의 문제를 던져준다. 나는 최근까지도 동아시아 공동체 구상에 대해 낙관적이었다. 특히 유럽과 달리 동아시아의 경우에는 통화통합이 먼저 이뤄질 수도 있다는 '망상'까지 했다. 1997년 동아시아 위기가 '치앙마이 이니셔티브(아세안과 한국·중국·일본이 체결한 통화 교환 협정)'를 현실화했고 최근의 위기로 더욱 확대되었기 때문에 아시아통화기금(AMF)으로 발전할 전망이 훨씬 밝아졌다고 보았다. 그뿐 아니라 세계 금융위기가 달러의 위상을 여지없이 흔들었기 때문에 글로벌 불균형을 해소하려면 새로운 통화체제로 넘어가지 않을 수 없다. 이 가운데 지역 통화를 거쳐 새로운 기축통화로 넘어가는 아이켄그린(UC버클리 교수)의 경로가 가장 현실적으로 보였으니 아시아 통화(예컨대 ACU)의 창설도 그럴듯해 보였다.

그러나 유럽의 위기를 목도하는 지금, 모든 것을 원점에서 재점검해 더 엄격한 필요조건을 찾아내야 할 것이다. 공동체가 원활하게 흘러가려면 역내 경제 격차는 현재의 유럽 수준보다도 더 좁혀지지 않으면 안 된다. 재정통합 없는 통화통합은 역내 격차를 위기로 몰고 갈 것이 틀림없다. 이를 위해서 현재 4조 달러를 넘어선 동아시아의 막대한 외환보유고를 공동 관리하면서 여유자금(약 2조 달러)을 북한이나 몽골, 중국 내부 등 후진 지역에 투자하는 방안을 적극 추진해야 할 것이다.

재정통합을 위해서는 역내 후진 지역에 대한 보조금이 가능할 만큼 '동아시아 시민의식'이 성숙되어야 한다. 현재 곳곳에서 해마다 되풀이되는 역사 분쟁, 영토 분쟁을 고려하면 전혀 낙관적이지 않다. 동아시아 공동의 역사 기술, 청소년 문화 교류부터 시작해서 동아시아 시민이라는 귀속감을 높여나가는 프로그램이 시급하다. 환경 · 에너지 협력도 급한데 현재 추진 중인 시베리아 가스관 사업은 훌륭한 모범이 될 수 있을 것이며, 나아가 이산화탄소 배출을 줄이는 공동 프로젝트도 추진해야 할 것이다.

미 · 일 침체되면 중국도 어려워

세계경제의 앞날은 점점 어두워지고 있다. 중국이 유일한 희망인 것처럼 보였지만 유럽과 미국 · 일본이 동시에 침체에 빠진다면 수출 의존도가 높은 중국이 독야청청하리라는 전망은 희망사항에 가까울 것이다.

한국은행과 정부는 내년 우리 경제가 3.7% 성장할 것이라고 예측했다. 이는 세계경제가 3.6% 성장할 것이라는 IMF와 OECD의 11월 초 전망을 받아들인 것이다. 특히 OECD는 유럽 재정위기의 전개를 시나리오별로 '기본, 낙관, 비관'으로 나눠 이에 따라 세계 경제성장률을 각각 3.4%, 4.0%, 2.1%로 예측했다.

그러나 유럽 일부 국가가 무질서한 국가 부도에 빠지고 이들 나라의 국채를 대량 소유한 프랑스·독일의 은행들이 파산하는데 세계 경제성장률이 2.1%를 유지한다는 게 합리적인 전망일까? 가장 그럴듯해 보이는 것은 유엔의 최근 전망(〈World Economic Situation& Prospect〉, 2011년 11월)이다. 똑같이 유럽의 상황을 기준으로 유엔은 세 시나리오별로 각각 2.6%, 3.9%, 0.5%로 예측했다. '낙관'인 경우 OECD와 유사하지만 '기본'인 경우 0.8% 포인트, 그리고 '비관'은 1.6% 포인트나 차이가 난다.

현실 경제에서 통용되는 주먹구구식 계산법에 따르면 세계 경제성장률이 1% 줄어들 때 우리나라 수출 증가율은 약 4% 감소한다. EU가 그럭저럭(muddling through) 사태를 수습하는 기본 시나리오라 해도 유엔의 예측에 따르면 세계경제는 정부 가정보다 1% 덜 성장한다. 따라서 한국의 경제성장률은 1.6% 정도 추가로 감소한다.

한국에서 투자는 수출 증가율에 강하게 연동되어 있기 때문에 투자 증가율도 줄어들 것이다. 또 정부는 내년에 소비가 올해 증가율보다 0.5% 포인트 높아져서 3.2%나 증가할 것이라고 전망했지만, 백화점 매출도 줄어드는 지금 이 예측은 지나치게 낙관적이다. 그야말로 '야성적 충동'에 의존하는 투자를 빼더라도 내년 경제성장률은 정부의 예측에 비해 2% 가까이 낮아질 것이다. 내년 우리 경제의 앞날은 어둡다. 특히 부동산 거품, 그리고 이와 연계된 가계부채 폭탄이 터질 가능성이 매우 높아졌다. 내년 총선과 대선은 이런 위기를 어떻게 극복할 것인지, 대안의 시험대가 될 것이다.

시사인 / 224호 / 2012.01.05.

"바보야, 중국보다 달러가 문제야"

미국이 위안화 절상을 요구하며 연일 중국을 두드리고 있다. 그러나 환율 전쟁의 가장 큰 문제는 기축통화이다. 따라서 미국은 '마녀사냥' 대신 새로운 기축통화에 기초한 국제통화 체제를 구축해야 한다.

참여정부 초기 2년간 대통령의 '동북아 비서관'이었던 나는 중국을 자주 들락거렸다. 공식 대화 상대인 중앙 부처 차관급들은 의외로 젊었다. 당시 40대 초반인 나보다도 더 어려 보이던 그들은 거침이 없었다. 당시에도 환율이 문제였는데, 대부분 유학을 다녀온 이들은 조목조목 미국의 주장을 반박했다. 눈썰미가 약간 있는 사람이라면 그들의 자신감 뒤에 비웃음까지 도사리고 있다는 사실을 능히 알아챘을 것이다.

　"참 대담한 생각인데 미국이 가만히 있을까?" 내가 비공식 자리에서 고 노무현 대통령의 동북아 구상을 설명할 때마다 장관급 인사들은 이렇게 반응했다. 60대인 이들에게 도광양회(韜光養晦:'칼날의 빛을 숨기고 힘을 기른다'는 뜻으로 1980년대 이후 중국이 취한 대외 정책)는 애써서 실천해야 할 지침이 아니었다. "어찌 이렇게 다를까?" 이 수수께끼는 나중에 중국 정보기관 관계자를 만났을 때 풀렸다. 젊은 그들은 엘리트 중 엘리트 코스를 밟는 이른바 '태자당' 출신일 것이며 40대에 차관이 되지 못하면 끝이라고 했다.

일본 때리기와 중국 때리기

그리고 7년이 지났다. 이들이 57세인 시진핑부주석과 함께 2012년부터 중국을 이끌 것이다. 과연 새로운 국제 질서가 순조롭게 자리 잡도록 이들이 화평굴기(和平屈起:'평화롭게 우뚝 선다'는 뜻으로 후진타오 등 4세대 지도부 등장 이후 중국의 외교 노선)를 이뤄낼 수 있을까. 아니면 70년 전처럼 세계를 격렬한 갈등 속으로 몰아넣는 패권 대결로 치달을까? 당시나 지금이나 배경은 똑같이 세계 금융위기이다. 그리고 누구나 예측할 수 있었던 환율 전쟁이 불붙고 있다.

1980년대 미국의 길거리에는 일본 자동차가 놓여 있었고, 지나가는 시민이 1달러를 내고 자동차를 패는 놀이가 유행했다. '일본 때리기'이다. 무역과 재정의 쌍둥이 적자가 일본의 환율 조작 때문이라는 광신이 전염병처럼 번졌을 때의 일이다. 일본 때리기는 1985년의 플라자협정으로 이어진다. 엔화를 엄청나게 절상해서 미국의 무역 적자를 줄인 것이다. 또한 엔화 절상으로 수출이 어려워진 일본은 경기 침체가 두려워 금리를 낮추었다. 이에 따라 미국은 무역 적자를 줄이는 동시에 자기 나라로 자금이 들어오는 상황을 유지할 수 있었다(편집자 주:자국의 통화 가치가 낮을수록 수출은 촉진되고, 금리가 높을수록 외국 자금이 유입되는 경향이 있음).

이 같은 효과가 나타난 것이 클린턴 집권 8년 동안의 호경기라고 할 수 있다. 지금 오바마 정부가 상상할 수 있는 가장 바람직한 그림이다. 21세기 들어 미국이 '중국 때리기'를 시작한 이유다. 플라자협정이 있고 10년 뒤 일본의 흑자는 절반으로 줄어들었으나, 이 시기에 맞춰 중국의 무역 흑자가 늘어나기 시작했던 것이다.

중국의 위안화는 1994년까지 호환성이 없었고, 1994년부터 2003년까지는 달러에 연동한 고정환율제(달러 페그제)였다. 그리고 2004년부터 매년 6% 정도씩 일정한 속도로 절상되고 있다. 그런데도 중국의 무역 흑자는 눈덩이처럼 불어나는데 이 현상은 여러 가지로 해석될 수 있다.

예컨대 미국 내 중국 수입품 가격이 너무 낮기 때문에 위안화 절상의 효과가 크지 않을 수 있다. 또는 중국이 생산성 향상으로 통화 절상의 부담을 잘 흡수하고 있거나, 단지 아직 절상의 효과가 나타나지 않았기 때문일 수도 있다. 그러나 어느 쪽이든 위안화를 '인위적으로' 절상해야 글로벌 불균형이 해소된다고 주장할 강력한 근거가 되기는 어렵다. 예컨대 플라자 협정 이후 1년여 만에 일본 엔화의 가치는 달러 대비 2배로 뛰어올랐지만(1달러당 240엔에서 120엔으로), 여전히 미국은 일본에 매년 1000억 달러 이상 적자를 내고 있다. 또한 중국의 수출이 감소된다 해도, 베트남이나 멕시코의 대미 수출이 증가해서 미국의 적자는 그대로일 가능성도 다분하다. 미국의 적자가 없어질 때까지 위안화를 계속 절상해야 한다는 억지가 아니라면 미국의 주장은 설득력이 없다. 단지 이 모든 문제를 일으켰을 법한 마녀를 찾았고 유럽 등을 대상으로 사냥을 선동하고 있을 뿐이다.

나아가 전 세계 통화를 모두 절상시키는 미국 달러의 통화량 증가는 왜 환율 조작이 아닌지 말할 수 있어야 한다. 앞으로 시행할 미국의 통화량 확대가 경기 침체를 막기 위한 대내적 정책이라고 주장한다면 중국의 환율 정책 역시 대내 경제 정책이다. 2003년까지 중국의 달러화 페그는 물가 안정 정책에 가까웠으며, 그 이후에는 자국에 쌓여 있는 어마어마한 달러화 자산의 가치를 보전하기 위한 정책이었다. 또한 시장이 위안화의 대폭 절상을 확신하게 되면, 외국으로부터 자본이 몰려 들어오고 중국의 민간 은행 역시 달러를 기피하는 사태가 발생할 것이다. 또 어느 순간에는 썰물처럼 외국 자본이 빠져나가 외환위기를 초래할 수도 있다. 이는 위안화가 국제통화가 아니기 때문에 겪는 현상으로 한국 등 흑자국도 마찬가지이다. 이런 상황이라면 중앙은행에 외환 보유고를 한없이 쌓아둘 수밖에 없다.

중국이라는 마녀

근본적으로 미국의 경상 적자는 자국의 능력보다 더 소비하기 때문이고,

이 돈을 아시아의 흑자국들이 미국 재무부 증권을 사거나 미국에 투자하는 형태로 보전해주었다. 결국 미국의 순저축(저축-투자)이 마이너스인 것이 문제이고, 반대로 중국 등 아시아의 순저축은 플러스인 것이 불균형의 원인인 셈이다. 또 하나, 동아시아 외환위기 이후 아시아 국가들은 'IMF 굴욕'을 방지하려는 강한 유인을 가지고 있다. 만일 아시아의 흑자국들이 자국 통화를 국제 거래에 사용할 수 있다면 현재와 같이 거대한 외환 보유고를 유지할 이유가 없다. 수익성 있는 투자 기회를 마다하고 이자가 없거나 낮은 달러 또는 재무부 증권을 보유하고 있는 것은 분명 손해이기 때문이다.

정의상 제로섬 게임인 환율 전쟁에서는 어느 나라의 굴복 외에는 해결책이 나오지 않으므로(치킨게임의 균형이 그것이다), 시간이 걸리더라도 각국 내부의 불균형을 해소하는 쪽이 올바른 길이다. 중국의 가계소비는 국내총생산(GDP)의 35%에 불과하며, 미국의 민간소비는 GDP의 70%에 이른다. 또한 금융위기 이전까지 사실상 마이너스였던 미국의 저축률과 달리 중국의 저축률은 50%를 상회할 정도로 중국인들은 내핍 생활을 하고 있다. 그렇다면 중국은 복지 서비스를 대폭 확장할 필요가 있다. 이를 통해 미래의 불안이 획기적으로 줄어든다면 중국인들은 덜 저축하고 더 소비할 수 있을 것이다.

아시아의 수출지상주의는 빈부 격차를 더욱 심화시키기 때문에 바람직하지도 않고 장기적으로 유지 불가능하다. 수출 확대로 외환 보유고를 더 쌓으면 통화량이 늘어나는 경향이 있고, 이는 물가 인상의 원인이 될 수 있다. 또한 이렇게 남아나는 돈은 부동산이나 증시로 몰려갈 공산이 크다. 이로 인한 자산 버블은 (부자가 아닌) 일반 국민의 소비를 위축시키고 어떻게든 집을 마련하려는 사람들은 더 저축하고 덜 쓰게 된다. 이에 따라 다시 무역 흑자가 확대된다. 국내의 자산 버블을 제거하는 자산 재분배 정책, 그리고 의료보장성을 확충하는 따위 복지의 확대는 빈부 격차의 해소를 넘어서 현재의 통상 마찰을 해결하는 올바른 길이다.

한편 아시아 국가들이 외환 보유고에 집착하는 것은 근본적으로 자국의 통화를 국제 거래에 사용할 수 없기 때문이다. 주로 국제 거래에 사용되는 기축통화 달러는, 미국의 국가 이익에 따라 좌지우지되는 통화로 아시아 국가들의 이익을 반드시 반영한다고는 할 수 없다.

제2의 플라자협정은 불가능

더욱이 투기 자본의 장난으로 달러 보유고가 떨어지면, 해외에 달러를 지급할 수 없는 국가 부도 사태가 발생할 수도 있다. 특정 국가(예컨대 미국)에게 끌려다니지 않는 기축통화가 있다면, 그리고 투기적 자본 이동을 규제할 수 있다면 아시아 국가들은 현재만큼 수출에 집착하지 않아도 된다. 지금 새로운 국제통화 체제 구상이 나오는 이유 중 하나이다. 중국의 저우샤오촨 중국 인민은행 총재가 지난해에 제의한 SDR 기축통화론이나 스티글리츠가 완화된 형태로 제의한 케인스의 국제통화 구상을 진지하게 검토해야 한다.

오바마 대통령은 케인스의 국제청산동맹안이 당시 거대 적자국이던 영국의 이익을 최대한 반영한 것이라는 사실을 깨달아야 한다. 흑자국과 적자국이 동시에 책임을 지는 새로운 국제통화 체제야말로 미국이 스스로의 체면을 구기지 않고 패권 국가가 치러야 할 비용을 다른 나라와 공유하는 방안이다. 또한 국제금융, 그리고 국제통화의 모든 문제가 금융자본의 자유로운 이동으로 해결될 것이라는 믿음부터 버려야 미국이 살아날 길이 열린다. 한마디로 금융자본의 이익에 의존하는 경제란 이제 불가능하다. 무엇보다도 신세대 중국 관료들은 '도광양회'에 익숙한 중국 정치가나 친미 일본 관료들과 전혀 다르다. 이들은 미국 경제학의 허점을 훤히 꿰뚫고 있다. 따라서 정치적 압력으로 플라자협정과 같은 일시적 미봉도 가능할 것이라고 믿는 헛된 꿈을 하루빨리 버리고 장기적으로 올바른 길을 택해야 한다. 국내외 금융자본의 이동 속도를 늦추는 금융거래세, 그리고 새로운 기축통화에 기초한 국제통화 체제가 그것이다.

시사인 / 163호 / 2010.11.05.

'플러스섬 게임'을 향해 뛰어라

동북아 협력과 번영을 위한 네트워크 설립… 언제까지 냉소만 하고 있을 것인가

삼국의 역사와 민족주의가 충돌하고 있는 지금, 역대 정권 중 동북아에 대해 가장 많은 이야기를 쏟아놓고 있는 노무현 정부의 구상을 들어보았다. 어떤 비판이나 제안도 환영이다. bretolt@hani.co.kr로.

동북아경제중심추진위원회가 동북아시대위원회로 이름을 바꿔 달았다. 어떤 사람은 정부가 실현할 수도 없는 동북아 허브를 내세웠다가 포기했다고 말하고 또 어떤 사람은 모호함만 더해졌다고 넌지시 충고한다.

'동북아 시대'란 물론 '평화와 번영의 동북아 시대'의 줄임말이며 이 '시대'가 상정하는 '동북아 공동체'는 사실 그리 새롭다 할 것도 없다. 두 줄기의 세계사적 흐름이 이 개념 위에서 만나고 있다. 하나는 80년대 이래 자본의 국제화가 이끌고 있는 글로벌라이제이션의 흐름, 또 하나는 80년대 말 냉전 체제의 해체이다.

경제 공동체를 넘어선 평화의 이정표

글로벌라이제이션은 역사의 대세지만 현실적으로는 지역주의화를 통해 관철되고 있다. 유럽합중국(States of Europe)을 목표로 더욱 촘촘해지고 있는 유럽연합(EU), 이에 맞서 숫자를 늘리고 있는 북미자유무역협정

(NAFTA)이 그 증거이다. 그렇다면 인구로 보나 잠재력으로 보나 앞으로 세계를 끌고 갈 아시아에 또 하나의 지역 공동체가 들어서지 말란 법이 있을까. 이것이 80년대 말 이후 대두된 아시아 경제 공동체 구상이며 현재의 흐름으로 보아 그 실현은 시간 문제일 뿐이다.

노무현 대통령의 구상은 이러저러한 경제 공동체 구상의 재판일 뿐인가. 그렇지 않다. '평화와 번영의 동북아 시대' 구상의 핵심은 이러한 경제 협력 네트워크를 위해서는 평화의 이정표가 필수불가결하다는 점을 지적한 것이다. 그리고 그 이정표에는 남북의 평화체제 수립이 명확하게 기록돼 있다.

실로 남북간에 평화 체제를 수립하는 것은 끊어진 철도의 연결로 상징되듯 동북아 네트워크 복원의 전제이며 또한 역으로 동북아 네트워크에서 오는 이익이 풍성해질수록 북한이 개방과 개혁에 나설 유인도 커진다. 이 '평화'와 '번영'간의 상호관계야말로 동북아 구상의 백미인 것이다. 평화는 번영의 전제이고 번영은 평화의 전제이다.

그렇다면 이제 동북아위원회는 동북아 허브로 표상되는 '경쟁'을 포기하고, 이 팍팍한 시대에 낭만의 구호로 들릴 수밖에 없는 '협력'만 하겠다는 말인가? 아니다. 네트워크는 모든 참여자에게 이익을 줄 가능성이 높다. 제도주의 경제학이나 사회학에서 말하는 네트워크 외부성 또는 협조의 이익이 존재하기 때문이다.

그러나 상식적으로 보아도 참여자들이 네트워크에서 오는 이익을 균등하게 누릴 수는 없다. 가장 초보적인 네트워크라고 할 수 있는 무역을 보더라도 더 많은 이익을 보는 쪽이 존재하기 마련이다. 모든 협조 행위는 경쟁의 측면을 내포하는 것이다. 네트워크의 형성 역시 일종의 개방이며 개방의 이익을 온전히 누리기 위해서는 국내 경쟁력의 제고를 가져오는 광범위한 개혁이 필요하다. 이러한 개혁을 게을리하면 개방은 재앙이 될 수도 있다. 멀리 갈 것도 없다. 금융감독 체제를 전면 개편하지 않은 채 무분

별하게 자본시장을 개방한 결과가 바로 97년 금융위기였다.

'동북아 시대'의 구상은 피동적인 개방과 어쩔 수 없는 내부의 구조조정이 아니라 우리가 주도하는 개방=네트워크의 형성과 구조개혁을 강조한다. 좁게 말해서 우리의 경쟁력 제고, 조금 더 광범위하게 잡을 때 과거 사회 구조의 전반적인 재편이 문제가 되는 것이다. 이렇게 보면 오히려 평화가 더욱 문제인 듯싶다. 그도 그럴 것이 9·11 테러 이후 미국의 일방주의는 나날이 기세등등하고 일본은 평화헌법마저 버리고 군국주의의 길로 내닫는 듯하다. 중국은 또 어떤가. 도광양회를 내세워 한껏 몸을 낮추고 경제에만 전념하는 듯하더니 최근에는 화평굴기라 하여 서서히 진면목을 드러내고 있다. 급기야 동북공정에 이르면 천년이 지나도 중국은 여전히 중화밖에 모르는 패권국가라는 생각이 든다.

비패권 국가, 동북아 시대 주도

마치 근대 초기에 있는 듯 영토분쟁과 역사분쟁이 동북아에서 일어나고 있는데 공동체라니 터무니없는 얘기가 아닌가? 그러나 참여정부의 동북아 시대론은 오히려 이러한 동북아의 혼란에서 비롯됐다. 열강이 각축하는데 우리가 아무것도 하지 않고 있다면 어떻게 될 것인가? '눈에는 눈, 이에는 이'로 맞서는 것은 게임이론의 논리로는 그럴듯한 전략이지만 애당초 힘이 약한 쪽의 전략이 될 수는 없다.

오직 당사자들의 양보가 공동의 이익을 가져온다는 점을 설득하는 수밖에 없다. 중간에 끼인 자야말로 최선의 이성적 판단을 할 수 있는 법이다. 이것이 바로 역설적으로 우리가 동북아 시대의 주역이 될 수밖에 없는 근거이다. 우리의 위상이 가교국가, 협력국가임을 강조하는 것도 이 때문이다. "한국은 변방의 역사로부터 공존공영의 가치를 체득한 비패권 중견 국가로서 동북아 시대를 주도할 국격(國格)을 보유"하고 있다(동북아시대위원회 대통령 보고서).

냉소는 우리에게 아무것도 남기지 않는다. 아니 100년 전 우리가 당한 굴욕의 역사를 다시 강요할 것이다. 유행에서 오는 상투성 때문에 그리 쓰고 싶지 않은 말이지만 동북아 전략은 이미 선택이 아니라 필수에 속하는 일이 됐다. 그렇다면 국내총생산(GDP)으로 보나 인구로 보나 동북아 국가 중 가장 작은 나라가 주도할 수 있는 일이 무엇인가? 동북아시대위원회는 이 난제의 실마리를 동견동리(同見同利)에서 찾고 있다.

원래 불경의 6화경에서 나온 말이지만 종교의 색깔을 약간만 덜어낸다면 같은 비전을 가지면 공동의 이익을 취할 수 있다는 뜻으로 해석할 수 있다. 이는 꽉꽉한 경제학으로도 충분히 설명할 수 있다. 양의 결과가 나오는 한 당사자들의 협상에 의해 모두 이익을 보는 플러스섬 게임을 만들어낼 수 있다. 노벨경제학상을 안겨준 코즈정리가 바로 그것이다.

패권국가들의 제로섬 게임을 플러스섬 게임으로 바꾸는 일이 우리가 할 일이다. 특히 평화와 번영, 즉 외교안보와 경제의 문제가 겹치는 사안들이 시발점이 될 것이다. 공동체 운동의 전범인 EU가 석탄철강 공동체로부터 시작된 것도 그 때문이다. 두번에 걸친 세계대전의 원인이 석탄과 철강을 둘러싼 제로섬 게임이라는 반성이 공동체 구상을 탄생시킨 것이다.

동북아도 마찬가지다. 영토분쟁이니 역사분쟁이니 모두 거점을 장악해서 최대의 이익을 추구하다 보니 생긴 일들이다. 이 문제의 해답은 그 거점 일대를 더욱 넓혀서 공동으로 이용할 수 있는 클러스터를 형성하는 데 있다. 즉, 네트워크를 형성하는 일이다. 러시아 석유 문제로 설명한다면 다칭 노선이든 나홋카 노선이든 양쪽을 다 포괄하는 네트워크(송유관)를 건설하면 그만이다. 돈이 문제라면 통합 네트워크에서 각국이 얻는 이익과 위험도를 각각 계산하고 그에 비례해서 투자하면 된다. 물론 이런 계산은 민간이 훨씬 기민하니 기업의 참여는 대환영이다.

설익은 아마추어리즘이라고?

꿈으로 들리는가? 설익은 학자의 아마추어리즘이라고? 그렇다. 필자가 정부에서 일한 지 불과 1년 남짓. 그 짧은 기간도 우리 사회의 지나친 자기비하에 절망하기에 지나치게 길었다. 심지어 모험을 즐기기 마련이라는 기업들마저 보신주의에 빠져 있다. 꿈을 꾸지 않는 자는 당연히 꿈을 이룰수도 없다. 더욱 확실한 것은 냉소에 냉소를 거듭하는 동안 우리나라는 또다시 100년 전의 대한제국이 되리라는 사실이다. 동북아시대위원회만 발버둥친다고 될 일이 아니다. 이제 우리 모두 다 함께 아이디어를 내고 다같이 뛸 때가 됐다.

한겨레21 / 525호 / 학술—다시, 동아시아!/ 2004.09.09.

5부
동북아 정세

미·중에 맞서는 '제3지대'

냉전의 강요에 제3세계를 만든 것처럼 신냉전의 요구에 우리는 제3
지대로 맞서야 한다. 한국이 앞장서 목소리를 모은다면 실리와 규범
면에서 미·중의 강요를 억누를 수 있다.

#1. "철저한 경제성 검토 결과에 전적으로 따르겠다고 하십시오." 수행 비
서관에게는 "경제성은 commercial로 통역해주세요"라고…. 2004년 2월,
독일의 기계업체 티센크루프의 방한 때 노무현 대통령의 질문에 대한 내
대답이다. 티센의 소망은 자신들의 자랑인 자기부상열차가 한국에서 달리
는 모습을 보고 싶다는 것이었다.

하지만 한국의 고속철도는 이미 KTX로 확정되어 있었다. 그렇다고
티센한테 참여정부가 빈말을 한 것도 아니었다. 당시 나는 국토부 장관과
동서 횡단철도를 자기부상열차로 놓는 것을 검토했다. 티센이 한국의 기
계산업을 한 단계 끌어올려줄 이익과 두 유형의 고속열차를 갖는 비용을
저울질할 일이다.

#2. 1955년 4월 인도네시아의 반둥은 온통 환호로 뒤덮였다. 인도의 네루,
이집트의 나세르, 유고슬라비아의 티토, 중국의 저우언라이 등 민족해방운
동의 영웅들이 한곳에 모였기 때문이다.

이들 아시아와 아프리카의 29개 독립국은 미국과 소련의 냉전적 요
구에 맞서 '비동맹'의 원칙(반둥 10원칙)을 정초했다. 반둥 회의를 계기로
미·소의 제3세계 원조 경쟁이 시작되었다. 6·25를 거쳐 한·미 동맹을 맺
은 대한민국은 참여할 수 없었다. 그러나 남북한은 미·소 원조 경쟁의 두

드러진 수혜국이 되었다.

우리는 또다시 1950년대의 상황을 맞았다. 2008년 세계 금융위기가 낳은 결과다. 드디어 자국의 힘을 인식한 중국은 남중국해에서 영토분쟁을 일으켰고, 미국은 '아시아로의 회귀'를 선언했다. 2017년 트럼프가 미국 대통령에 취임한 이래 미·중 갈등은 가히 '신냉전'이라고 불릴 만한 상황으로 치달았다. 급기야 미국은 안보 쪽으로는 '쿼드'로, 경제 쪽으로는 '경제·번영 네트워크(EPN)'라는 중국 포위망을 요구하고 있다.

불행하게도 우리는 사드 배치 때문에 이미 겪은 홍역을 수시로 치러야 한다. "이럭저럭 버티기(muddling through)" 또는 "어떻게든 보험 들기(hedging)"가 국제정치학의 답이지만 버티건 숨건 원칙은 있어야 한다. 내 생각에 단기적으로는 #1이, 중장기적으로는 #2가 그 원칙이다. 즉 직접적인 요구에는 '현실주의'적 기준을 명확히 해야 한다. 예컨대 우리는 미국의 화웨이 봉쇄에 대해 수요 쪽에서는 LG 유플러스가 도입한 화웨이의 설비가 안보나 기술 쪽의 스파이 행위에 얼마나 연관되어 있는지, 그 우려가 값싼 화웨이 설비 도입의 이익을 초과하는지를 명확히 밝혀서 어느 쪽이든 선택해야 한다. 또한 공급 쪽에서는 예컨대 삼성의 대중국 반도체 수출에 대한 미국의 2차 금융제재(secondary boycott)가 국제통상의 규범에 맞는지 여부를 국제적으로 공론화해야 한다.

제3세계 운동 때보다 훨씬 더 유리한 지형

냉전의 강요가 '제3세계'라는 사고를 불러일으킨 것처럼 미국이 억지로라도 만들고 싶어 하는 '신냉전'의 요구에 우리는 '제3지대'로 맞서야 한다. 한국만 미·중 사이에 끼어 있는 새우가 아니다. 모든 나라가 그렇다. 예컨대 유럽연합(EU) 같은 덩치 큰 국가연합도 미국의 요구에 어떻게 대응할지 골머리를 앓는다.

비동맹 운동, 제3세계 운동의 국제적 조건과 비교할 때 제3지대는 훨씬 더 유리한 지형에 서 있다. 미국은 중국의 '권위주의'를 비판하지만 소련 '공산주의'에 비해서는 설득력이 떨어진다. 미국과 소련은 당시 1년에 20억 달러어치 교역을 했지만 지금 미·중 교역은 매일 20억 달러에 이른다. 제2차 세계대전이 끝났을 때, 미국과 소련의 GDP 합계는 세계 전체의 70%를 넘나들었지만 지금 미·중의 GDP는 합쳐야 기껏 40% 정도다.

이런 상황에서 제3의 나라들이 목소리를 모은다면 실리 면에서도, 규범 면에서도 미·중의 강요를 억누를 수 있다. 고양이 목에 방울 다는 역할을, 왜 별 힘도 없는 한국이 자청하느냐고? 한국은 세계 10위권의 GDP를 매년 거두는 대규모 경제를 지니고 있다. 핵을 제외하면 군사력 측면에서도 경제적 순위를 웃돈다. 다만 다른 나라에 화력발전소를 '수출'하고, 핵잠수함 연료를 구하러 다니는 정부라면 이런 일들을 할 수 없을지도 모른다.

시사인 / 675호 / 2020.11.05.

"이럭저럭 버티기"와 "우왕좌왕"

지난 22일 일본의 정관계는 흐뭇한 분위기였다. 아베 총리는 "일본은 아무 것도 양보하지 않고 있다. 미국이 매우 강해서 한국이 물러났다"고 말했다. 일본 외무성 관계자는 "일본은 카드를 거의 꺼내지 않고 GSOMIA를 유지 시켰고 수출규제 문제를 세계무역기구(WTO)에서의 분쟁에서 양국 간 협 의로 돌리는 성과를 거뒀다"고 부연했다. 산케이신문은 아예 "퍼펙트 승 리"라고 표현했다(이튿날 한국 정부는 문재인 정부의 '판정승'이라고 반박했다). 한 국 정부가 '조건부'로 한·일 군사정보보호협정(GSOMIA) 종료를 유예하고 WTO 제소 절차도 중단한 데 대한 반응이다.

이날 경향신문의 사설("한·일 GSOMIA '조건부 유예', 급한 불은 껐지만")을 비롯해서 한국의 많은 이들이 가슴을 쓸어내렸다. 한국 정부는 상호보복 의 악순환을 거듭하는 치킨게임에서 '겁쟁이'가 됨으로써 파국을 막았다. 이제 일본이 양보하면 선순환이 시작될 수 있다.

하지만 원점으로 돌아가서 2018년 10월 한국 대법원의 강제징용 피 해자 배상 판결이 나왔을 때, 일본 정부의 요구에 따라 논의를 시작했다 면 두 정부의 '미친 짓'은 애초에 없었을 것이다. 세계 정부도, 재판부도 없 는 현재의 국제질서에서 두 나라의 최종심인 대법원이 같은 사안에 대해 상반되는 판결을 내렸다면 정부 간 협의, 즉 외교가 제 역할을 해야 한다. 한·일 협정 이후 50년 묵은 이런 역사 문제는 양국 대법원 간의 의견 교환 을 비롯해 시민사회 전체가 머리를 맞대고 해결 방향을 찾을 문제였다.

한국 정부의 묵살에 일본이 수출규제로 대응한 것, 즉 역사 문제와 경 제 문제를 연계시킨 것, 더구나 안보 의혹까지 곁들인 것은 물론 도발이었 다. 하지만 우리 정부가 여기에서 GSOMIA라는 안보 문제로 맞대응한 것

역시 무리였다. 미국의 '역외 균형'과 일본의 '보통국가' 전략이 맞아떨어지는 가운데 미국이 우리 편을 들 것이라고 예상했다면 그건 치킨게임에 빠진 나머지 냉정한 현실을 무시했거나 그런 현실에 무지했기 때문이다. 양국은 언제든 국내 정치를 위해, 또는 단기 이익을 위해 역사 문제를 어떻게든 경제나 안보 문제와 엮을 수 있다는 선례를 남겼고 양국 간 신뢰는 더는 내려갈 곳이 없는 바닥까지 떨어졌다.

　나는 GSOMIA는 불필요한 협정이며 사드 배치와 함께 박근혜 정부의 가장 큰 '적폐'라고 생각한다. 중국과의 사드 갈등은 문재인 정부의 3불 정책(더 이상의 사드 배치는 없으며, 미국의 아시아 미사일 방어체제에 편입되지 않으며, 한·미·일 군사동맹에 참여하지 않겠다)으로 가까스로 미봉했는데 GSOMIA는 두 번째와 세 번째를 위반한다고 볼 수 있다. GSOMIA는 일본과의 역사 갈등 속에서 즉흥적으로 다룰 대상이 결코 아니다. 결국 제자리로 돌아온 것뿐이라고 강변할지 모르겠지만 미국은 미국대로 불만일 테고, 중국은 한국이 미국의 미사일 방어체계 구상, 즉 대중 포위전략에 적극 동조한다는 기존의 의심을 더욱 굳혔을 것이다. 현재의 구도에서 한국은 미국과 중국이 모두 구애를 하는 삼각관계 속에서만, 이른바 피벗국가로 남을 때만 이럭저럭 버텨나갈 수 있는데 결국 모두의 불신만 돋운 결과가 된 것이다. 오로지 두 지도자의 결단에 의존하는 위태로운 북·미 협상을 다자간 협상으로 보완할 여지도 그만큼 줄어들었다. 당사국 모두의 신뢰에 기초할 때 비로소 가능한 중재자 역할도 그만큼 어려워졌다.

　안타깝게도 우리 외교팀은 또 하나의 난제를 만났다. 미국 정부는 현재 10억달러가량의 '방위비 분담금'을 50억달러로 올리라고 요구한다. 이런 수치는 미 국방부의 기존 계산, 그동안의 증가율, 미군 주둔비의 적자 여부 등 어떤 계산 근거로도 나올 수 없다. 미국 정부에 한국과의 협상 결과는 독일, 일본 등 미군 주둔 국가와의 협상에 본보기가 될 테고, 이는 내년의 대선에 큰 영향을 미칠 것이기에 트럼프 대통령은 '최대의 압박'을 가

할 것이다.

　　동아시아 평화체제를 만드는 데 들어가는 비용이라면 얼마가 들든 당사국 간의 합의에 따라 공평하게 분담하면 된다. 하지만 동아시아 평화체제와 미사일 방어망은 양립하기 어렵다. 그런 상황에서 미사일 방어망 강화에도 사용될 수 있는 50억달러라면 단호한 자세를 취해야 한다. 국민들이 수용할 수 있는 양적 마지노선은, 지나친 양보라고 비판받은 지난 5년간의 평균 증가율(약 7~8%)일 테고 국회 승인 등 협상의 절차와 집행의 투명성 강화도 요구해야 할 것이다.

　　우리는 앞으로도 몇십년 또 "이럭저럭 버티기"를 해야 한다. 한반도 평화, 나아가서 동아시아 평화체제는 어떤 정부라도 거부할 수 없는 우리의 목표다. 사안마다 이 목표를 거스르면서 우왕좌왕한다면 금년 한 해처럼 주변국 모두의 신뢰만 잃을 것이다. 한·미 방위비 협상은 또 하나의 시금석이다. 일본의 정당한 요구를 묵살하고 GSOMIA를 엮은 우를 또 한번 되풀이해서는 안된다.

경향신문 / 정태인의 경제시평 / 2019.11.25.

동아시아의 '신냉전'

미국과 중국의 신냉전은 동아시아 안보망에 치명적 손해를 입힌다.
북한이 미사일을 쏘아대는 것은 이 모든 불확실성 속에서 살아남기
위해서다. 공존과 개방의 길을 찾을 수는 없을까.

청소년이었던 1970년대, 스태그플레이션이 전 세계에 시장 만능의 논리
를 주입하고 있었다. 나에겐 그저 쪼들린 삶의 기억만 남아 있다. 군사독
재를 평계로 술독에 빠져 있던 1980년대 말미에 사회주의의 붕괴라는 역
사적 대사건이 벌어졌다. 그 직전인 1986년 플라자 합의와 미·일 반도체
협정은 3저 호황과 반도체 산업의 급성장이라는 호재로 내 기억에 남았지
만 지금 돌아보면 이 사건은 동아시아 공급망을 급진전시킨 분수령이었다.
사상 처음으로 발전도상국이 포함된 이 네트워크의 위력은 점점 더 강해
졌고 미·중 데탕트에서 비롯된 중국의 가세는 화룡점정이 되었다. 최빈국
부터 기술 강국까지 망라한 제조업 공급망이었고, '동아시아 모델' 발전국
가'는 더욱 번성했다.

　1990년대 '역사의 종언'이라는 승전가를 배경으로 미국 단일 헤게모
니는 곳곳의 분쟁에 개입했고 급기야 2001년 9월 11일 테러는 대규모 전
쟁(이라기보다 정벌)의 서곡이었다. 자유주의 헤게모니는 비자유주의 헤게
모니로 변모했다. 유아독존적 안보와 IT 혁명, 금융 혁명의 경제적 과실을
마음껏 누리던 미국을 기다리고 있던 건 대공황에 버금가는 2008년의 '대
침체'였다.

　도광양회의 중국이 드디어 몸을 일으켰다. 누가 봐도 '대국굴기'였다.
유럽은 재정통합 없는 통화통합, 또는 유럽 시민의식의 적자로 미국보다

더 큰 시련을 겪었고 급기야 브렉시트와 '그렉시트 미수 사건'으로 치달았다. 이번에는 중국이 오만을 부렸다. 동·남 중국해 주변 국가들과의 분쟁은 '중국몽'과 '일대일로'의 청사진을 의심하게 만들었다.

이 모든 기간 북한은 반대의 길을 걸었다. 1980년대 중·후반, 2000년대 초반의 개혁정책은 불행하게도 국제 정세의 풍랑을 넘지 못했다. 언제나 그렇듯 외부 위협은 내부의 결속을 다진다. 안보로 반제국주의와 주체의 정체성을 확립했고, 이에 연계된 '자력갱생'의 경제는 동아시아 공급망과의 절연이었다. 북한은 고립 속에서 결국 핵과 미사일을 선택했다.

2017년 국수주의를 펼쳐 들고 등장한 트럼프 미국 대통령은 이미 2009년부터 이데올로기 통제를 강화하고 2012년 시진핑 종신체제를 확립한 중국과 전쟁을 개시했다. 영국의 〈이코노미스트〉를 비롯해 몇몇 이들은 이를 '신냉전'이라고 이름 붙였다.

'냉전=차가운 평화'는 각각 상호 분리된 경제-안보-(민족 정체성을 유보한) 이데올로기 동맹체 간의 '상호확증파괴'에 기초했다. 신냉전 체제는 사뭇 다르다. 1980년대 말 소련과 미국 간 교역은 연간 20억 달러였지만 지금 중국과 미국 사이에는 매일 20억 달러의 물건과 서비스가 흘러 다닌다. 신냉전은 경제와 안보 이익의 충돌을 일으킨다. 2년째 올라가고 있는 상호 보복관세는 이미 과거의 평균 최혜국 관세 2~3%를 다섯 배 이상 초과했다. 트럼프 대통령의 과감한 결정은 미국의 동아시아 안보망에 치명적 손해를 입힌다.

동아시아 국가들 스스로 제3의 주체로 결속하지 않는다면…

트럼프 대통령의 역외균형 전략으로 샌프란시스코 체제가 변화할 조짐을 보이자 아베 총리는 이 틈바구니에서 평화헌법을 개정하려고 한다. 한·

일 간의 정체성 갈등은 지금 동아시아 공급망의 표면만 건드리고 있을 뿐이지만 밖으로부터의 쇼크까지 겹치면 네트워크 자체가 흔들릴지도 모른다. 인공지능이나 5G의 주도권을 놓고 자국 기업뿐 아니라 외국 기업까지 중국과의 관계를 끊으라고 명령하는 판이니 동아시아 나라들은 스스로 제3의 주체로 결속하지 않는 한 '이럭저럭 버티기(muddling through)' 처지에 빠질 것이다.

　미·중의 헤게모니 전쟁(안보와 경제의 결합), 한·일의 정체성 갈등(정체성과 경제의 결합)은 이렇게 과거의 안정적 안보–경제–정체성 연계의 재편 속에서 벌어지고 있다. 북한이 미사일을 쏘아대는 것은 이 모든 불확실성 속에서 살아남기 위해서다. 무의미한 한·미 연합 군사훈련만 없애도 북한은 조금 더 차분히 자신의 최적 안보–경제–정체성 연계를 찾아낼 테고, 이는 공존과 개방의 방향일 것이다.

시사인 / 625호 / 2019.09.11.

치킨게임에서 벗어나는 법

치킨게임은 1960년대 미국 젊은이들 사이에서 성행한 위험한 경쟁이다. 제임스 딘 주연의 〈이유 없는 반항〉 초반부에 두 젊은이가 절벽을 향해 질주하는 장면이 나오는데 이게 바로 치킨게임이다. 청년들은 이 게임에서 비겁한 치킨보다는 용감한 '미친 놈' 전략을 택하는 게 자신의 사랑을 증명한다고 믿었으니 충돌의 비극으로 끝나는 경우가 비일비재했다. 정부의 온갖 정책에도 그치지 않던 이 골치 아픈 게임은 1970년대 이후 슬그머니 사라졌다.

한국과 일본의 지도자들도 똑같이 '미친 놈' 전략을 구사하고 있다. 억지로 안보 문제와 엮은 일본의 수출규제에 대해 우리 역시 한·일 군사정보보호협정(GSOMIA)의 폐기라는 안보 문제로 대응했다. 애초에 맺어서는 안될 협정이었지만 일단 맺은 후에 합리적 이유 없이 폐기하는 건 훨씬 더 큰 비용을 치러야 한다. 예컨대 나는 한·미 자유무역협정(FTA) 반대론자지만 우리 정부가 적절한 상황과 합리적 이유 없이 무작정 이 협정을 폐기하려 한다면 100% 반대할 것이다. 한·일 양국이 불만스럽지만 참아온 정책이 한둘일까? 양국 정부가 불러일으킨 민족주의는 이제 후퇴하는 비용을 눈덩이처럼 늘려서(이른바 '청중비용') 이제 남은 것은 충돌밖에 없는 듯 보인다.

베트남 전쟁 이후 동아시아의 40년 '장기 평화(long peace)'는 미국의 확장억제전략이 냉전적 균형을 잡았고(샌프란시스코체제) 각국이 정체성 문제(동아시아의 경우 역사 문제)를 애써 미봉해 왔기 때문이다(예컨대 한일협정). 이런 자제의 과실이 '동아시아의 기적'이다. 즉 동아시아의 안보-경제-정체성 연계는 동아시아가 경제성장에 몰두할 수 있게 했다. 특히 1986년 플라자협정과 미·일 반도체 협정을 계기로 동아시아 공급망이 급진전됐는데 최빈국부터 기술강국을 망라한 이 네트워크의 위력은 엄청났다. 주로 선진국들로 이뤄진 다른 지역 공급망은 제조업 분야에서 번번이 고배를 들 수밖에 없었다. 1990년대 중국의 가세는 가히 화룡점정이었다. 북한 정권의 최대 실수는 '자력갱생'을 내세워 스스로 이 공급망을 외면한 것이다.

현재의 두 치킨게임, 즉 중·미 통상전쟁과 한·일 간의 마찰은 이 체제의 재편을 의미한다. 전자는 동아시아에서 주도권 다툼이 본격 시작됐음을 뜻하며 후자는 안보 문제와 연결된 정체성 문제를 드러냈다. 불행하게도 이 치킨게임은 미국의 자동차 충돌이 해결된 방식으로 풀기 어렵다. 민족주의야말로 두 치킨게임의 원동력이기 때문이다. 모든 나라의 '미친놈'의 인기는 한동안 하늘을 찌를 것이다.

해법은 제도와 규범이다. 일본의 평화헌법 개정, 즉 공격할 수 있는 군대의 보유는 주변국의 불신이 사라져야만 가능하다. 일본은 무엇보다도 역사 문제를 먼저 해결해야 한다. 아주 짧았던 민주당 정권 시절의 무라야마 총리와 간 총리, 그리고 하토야마 총리의 사죄는 진솔했지만 아베 총리의 야스쿠니신사 방문이나 자민당 정권의 역사교과서 수정은 이들의 충정 어린 행동을 물거품으로 만들었다. 더구나 사과는 역사 문제의 제도적 해결과 결부되어야 한다. 각 피식민국가들에 대한 배상 및 영토 분쟁을 어떻게든 일단락지어야 일본은 군대를 가질 수 있다. 상호신뢰가 유지되기 위해서는 최소한 제도적 보장이 존재해야 한다. 북핵 문제의 해결 역시 북한의 체제안전을 보장하는 동아시아 평화체제를 전제로 한다. 얽히고설킨 안보–경제–정체성 연계를 재정비해야 동아시아 공급망은 다시 기지개를 켤 수 있을 것이다.

중·미 문제는 훨씬 더 큰 규모의 제도적 해결을 요구한다. 경상수지 문제는 세계대전의 원인 중 하나였고 여태까지 제기된 방안 중 가장 그럴듯한 것은 흑자국가와 적자국가가 모두 책임을 지는 케인스의 "방코르체제"이다. 거대 흑자국이었던 미국(화이트안)의 뜻대로 현재의 IMF체제가 만들어졌지만 이제 적자국인 미국이 솔깃해할 만한 안이다. 아이컨그린이 제안한 복수통화제도(유로, 달러, 위안)를 만들어 환율을 안정시킬 필요가 있다. 영락없이 올슨의 유목강도(한 지역을 약탈한 후 다른 지역으로 이동하기 때문에 어떤 지역의 공공재 공급에도 관심이 없다)를 연상시키는 금융자본의 활보도 일정하게 제한해야 한다. 뭉뚱그려서 로드릭이 제안한 "얇은 세계화" 구상을 바탕으로 새로운 국제경제질서를 모색해야 한다. 미국의 '자유주의 헤게모니'는 중국의 '천하' 구상이나 아세안의 '협의주의(Amitiv Acharya의 해석)'와 공존할 수 있어야 한다. 요컨대 새로운 비전에 대한 합의를 통해 보수행렬을 사슴-사냥게임으로 만들 때만 치킨게임은 모두가 만족하는 해결책을 찾을 수 있다. 화해의 에스컬레이션을 부르는 손길을 우리 정부가 용감하게 내밀어야 첫 번째 매듭이 풀린다. 10개월 동안 일본의 요청을 뭉개버린 원인을 제거해야 한다.

경향신문 / 정태인의 경제시평 / 2019.09.02.

아베 총리께

아마 지금쯤 총리께선 외할아버지 기시 노부스케 전 총리 때부터 이어진 가문의 소원, "보통 국가로서의 일본"을 이루기 일보 직전이라고 생각하고 있을지 모르겠습니다. 총리는 명백히 1952년 샌프란시스코체제를 바꾸려는 수정주의자(revisionist)입니다. 1950년 한국전쟁은 일본의 천운이라고 할 수밖에 없었죠. 미국은 중·소를 막아내는 냉전의 전초기지로 삼기 위해 전쟁 배상의 책임도 면제해 주고 일본을 한국전쟁의 군수품 조달기지로 삼았죠. 하지만 동시에 평화헌법은 샌프란시스코조약체제의 안정을 일본이 뒤흔들 가능성을 미리 차단하는 장치였습니다. 평화헌법은 일본에 결여되어 있는 이웃 나라들의 신뢰를 제도적으로 보충하는 역할을 한 겁니다.

또 한번 천운이 도둑처럼 다가왔습니다. 국제관계이론으로 트럼프 대통령의 전략 기조를 설명하라면 아마도 '역외 균형 전략'에 제일 가까울 겁니다. 각 지역은 자기 문제를 스스로 해결하라는 거죠. 트럼프가 유럽에 가기만 하면 돈 얘기를 하는 것도 그 때문입니다.

얼마의 돈을 들이든지 '자위대'가 아니라 공격할 수 있는 '군대'를 원하는 총리로서는 가히 천재일우입니다. 트럼프의 '역외 균형전략'과 아베의 '보통국가'는 잘 어울리는 한 쌍입니다. 그러니 한국 정부가 미국에 중재 요청을 했을 때 총리는 속으로 쾌재를 불렀을 겁니다. 트럼프에게 더 강해진 일본은 역외 균형의 적임자일 테니까요.

하지만 평화헌법의 개정은 안으로 국민의 동의를 받아야 하고 밖으로 주변 국가의 신뢰를 얻어야 합니다. 여기서 전혀 일본 관료답지 않은 무리수가 튀어나옵니다. 도대체 왜 하는지, 목표가 뭔지, 해결 방안이 뭔지도 알 수 없는 대한국 수출규제가 등장한 거죠(흔히 수정주의자의 언어는 "전략적 모호성"으로 치장됩니다). 물론 한국과 일본 간의 민족 감정이 고조되면 일본 국민의 동의를 얻기는 훨씬 쉬워지겠죠. 이에 더해 한국 정부가 압력에 굴해서 총리 뜻대로 "역사 문제가 종료됐다"고 선언하기만 하면 한·중의 자연스러운 '역사동맹'은 여지없이 깨질 겁니다.

하지만 총리는 큰 실수를 한 겁니다. 한국과 일본의 시민들은 현재의 한·일 갈등이 결국 보통 사람들의 삶을 송두리째 뒤흔드는 안보갈등으로 확대될 거라는 사실을 곧 알게 될 겁니다. 서로 신뢰하지 않는 나라 사이에서 한 나라의 군비 증강(공격 가능한 국가로의 전환)은 곧바로 '안보 딜레마'로 이어질 테니까요. 두 번째 실수는 현재의 한국 정부가, 외할아버지와 같은 '만주인맥'이었던 박정희의 정부도 아니고, 총리와 마찬가지로 '역사문맹'이었던 박근혜의 정부도(한·일 위안부 합의는 동아시아체제에 대한 이해와 역사의식이 있다면 불가능했을 겁니다) 아니라는 사실을 간과한 데서 왔습니다. 더 큰 문제는 총리가 동아시아 국제분업을 건드렸다는 사실입니다. 두 달여 뒤 큰 어려움을 겪을 삼성이 순순히 디램산업을 접고 말까요? 삼성의 적응방식은 한국 기업뿐 아니라 다른 동아시아 기업의 모범이 될 겁니다.

다행히 아직 시간은 넉넉합니다. 한국과 일본이 무역전쟁을 하고 있다지만 아직 실탄은 한 발도 쏘지 않았습니다. 실전이 벌어지지 않은 지금 바로 수습해야 합니다. 출구는 어디에 있을까요? 첫째, 샌프란시스코체제의 수정을 원한다면 그 부속품이었던 한일협정도 함께 수정해야 합니다. 일본 식민통치의 불법성을 인정하고 이에 따른 배상 문제를 합리적으로 해결해야 합니다. 한국 정부는 최선을 다해서 소송 사태를 막을 방도를 제시할 겁니다. 둘째, 저도 중·미 갈등과 북핵 문제를 해결하기 위해 샌프란시스코체제는 바뀌어야 한다고 생각합니다. 하지만 한국과 일본은 반드시 하나로 움직여야 합니다. 어느 모로 보나 세계 1, 2위의 강대국이 다투는 가운데 어느 한편에 서는 건 대단히 위험합니다. 만일 한국과 일본이 두 나라 사이에서 객관적이고 중립적인 자세를 취한다면, 그리고 똑같은 처지인 다른 나라들이 한·일을 따른다면 두 강대국 간의 충돌을 완화할 수 있을 겁니다. 셋째, 이를 전제로 한다면 총리의 또 하나의 불만일 북핵 문제에서의 '저팬 패싱'도 해결할 수 있을 겁니다. 북핵 문제 해결의 전제인 동아시아 평화체제 건설에 일본이 빠질 수는 없으니까요. 논의의 출발은 양국 정부가 역사 문제를 정치에 이용하지 않겠다는 다짐이 될 수도 있을 겁니다. 2012년 이명박 대통령의 독도 상륙, 뒤이은 2013년 총리의 야스쿠니신사 방문처럼 양국 국내 정치를 위해 양국 관계를 훼손해선 안되겠죠.

거듭 말씀드리자면 총리가 원하는 보통국가, 평화헌법의 개정은 동아시아 평화공동체의 비전 속에서 다른 나라의 신뢰를 얻을 때만 가능합니다. 큰 구도 속에서 핵심 전제를 해결하면 현재의 갈등을 해결할 실마리는 너무나 쉽게 찾을 수 있을 겁니다. 두 나라 시민사회에서 나온 아이디어는 이미 산처럼 쌓여 있으니까요.

경향신문 / 정태인의 경제시평 / 2019.08.06.

역사 문맹과의 대화

세기의 치킨게임을 벌이던 미국과 중국의 대통령이 오사카 주요 20개국 (G20) 정상회의에서 다시 휴전을 선언했다. '오사카 선언'에 담긴 '자유, 공정, 비차별 무역'의 정신도('반보호주의'는 빠졌어도) 가까스로 면을 세웠다. 하지만 이틀 뒤, 일본은 한국에 대한 수출규제를 발표했다. 2010년 센카쿠(중국명 댜오위다오) 열도 사태 때 중국의 희토류 대일 수출규제를 꼭 빼닮았다.

문제의 플루오린 폴리이미드, 포토레지스트, 에칭가스는 정확히 삼성, LG, SK를 노리고 있다. 이들 소재가 디스플레이나 메모리 반도체의 생산비에서 차지하는 비중은 미미하지만 마치 생물의 미량원소처럼 최종 제품의 성패를 좌지우지할 수 있다. 피해규모의 비대칭성을 극대화하기 위해 꽤 오랜 품을 들인 티가 역력하다.

하지만 아베 총리는 이러한 정교한 '보복'의 이유(반도체 분야에서 일본은 엄청난 흑자를 본다)와 해결 방향을 전혀 제시하지 않았다. 거의 "네 죄를 네가 알렷다" 수준이다. 짐작건대 아베는 이른바 한·일 간의 '역사 문제' 전체를 염두에 두고 있는 듯하다. 식민통치에 대한 국가 간 배상뿐 아니라 개인 보상도 1965년 한일협정으로 완전히 해결됐으며 더 이상 2015년 한·일 일본군 위안부 협상 같은 것도 있을 수 없다는 것이다.

피해 당사자들은 일관되게 진정 어린 사과를 요구하지만 아베는 "반복적으로 통절한 반성과 진심 어린 사죄의 마음을 표해 왔다"(2015년 총리 담화)며 언제까지 반성하라는 거냐고 항변했다. 그는 1995년 무라야마 담화, 2010년 간 나오토의 사과로 과거 문제가 묻혔다고 믿었는지 2013년 야스쿠니신사를 참배했다. 그의 '혼네'는 더 이상 "우리들의 아이와 손자, 그 뒤 세대의 아이들에게 사죄를 계속할 숙명을 지워선 안된다"는 것이다.

전 서독 대통령 바이츠제커 역시 아베처럼 전후 세대를 언급했다. "오늘날 인구 대부분은…스스로 한 적도 없는 행위에 대해 자기 죄를 고백할 수는 없습니다. (하지만) 모두가 과거의 귀결과 관련되어 있고 과거에 대한 책임을 지고 있습니다…문제는 과거를 극복하는 것이 아닙니다. 그런 일은 가능하지도 않습니다"라며 정반대의 역사인식을 보였다(1985년 강연 '독일인이라는 정체성에 대하여'). 거의 모든 한·일 정치인들이 똑같이 약속하는 '과거를 딛고 미래를 향하여'는 애초에 불가능한 일이다. "우리의 정체성이라는 것은 우리가 자신을 타인에게 이해시키는 것이기도 합니다…요컨대 우리가 과연 다른 민족들과 함께 살아갈 수 있는지 여부를 묻는 질문이기도 합니다." 이것이 바이츠제커의 결론이다. 아무런 죄가 없는 미래세대까지도 과거의 끝없는 반성을 통해 타국의 인정을 받아야 공생할 수 있고 그때 비로소 독일인은 정체성을 얻는다는 것이다.

나는 우리 정부도 이번 사태에서 적지 않은 잘못을 저질렀다고 생각한다. 양국의 최종심급은 강제징용 피해자 개인 보상에 대해 1965년 한일협정을 상반되게 해석했다. 일본 정부가 이 해석에 관해 협정에 근거한 중재를 요구한 것은 당연하다. 정부는 이 요구에 응해서 한국 대법원의 판단 근거를 설명하고 일본 자회사의 자산 압류의 문제도 논의했어야 했다. 그저 외면하는 것이 능사는 아니었다.

역사를 과거의 일로 묻을 것인가, 아니면 치명적 보복을 당할 것인가? 이것이 아베 총리의 양자택일 요구라면 한·일 간의 분업관계는 조만간 무너진다. 한국의 반도체기업과 일본의 소재기업 간 관계는 쌍방 독점이 서로의 발목을 잡고 있는(hold up) 상황이다. 이에 대한 거래비용이론이나 소유권이론의 결론은 삼성이 소재기업을 사들이거나 아니면 자체 생산하는 것이다. 똑같은 상황의 다른 산업에서도 같은 일이 벌어지고 다른 나라도 비슷한 상황을 우려한다면 일본은 세계최고의 동아시아 분업에서 분리될 것이다. 정치지도자나 최고법원의 역사문맹은 경제의 효율성에도 영향을 미친다.

아베 정권의 목표는 군대도 가진 보통국가다. 이렇게 당연한 일도 일본을 신뢰하지 않는 주변국들에는 위협이 된다. 여성들은 언제나 위협을 느끼지만 남성들은 자신을 범죄자 취급한다고 억울해하고 때론 보복을 하는데 일본이 지금 하는 꼴이 딱 그렇다. 독일이나 이탈리아의 그 어떤 정상이 히틀러와 나치의 무덤이나, 무솔리니와 파시스트의 묘지에 참배하거나 예물을 보냈는가? 가해의 역사를 은폐했는가?

그러나, 그렇다고 해도 이 상황을 상호보복의 치킨게임으로 만들어서는 안된다. 특히 역사 문제를 둘러싼 치킨게임은 파국으로 치닫기가 쉽다. 상호 고조되는 민족감정은 곧잘 '미친 놈'을 영웅으로 만들기 때문이다. 단지 정부뿐 아니라 재계, 시민단체와 학계도 이 논의에 참여해야 한다. 역사문맹이라도 우리는 끈질기게 대화해야 한다. 일본 시민과 세계가 알도록….

경향신문 / 정태인의 경제시평 / 2019.07.08.

사드의 정치경제학

"모든 외교를 남북관계의 시각에서 보는 게 문제야." 이제는 고인이 된 서동만 교수(당시 국가정보원 차장)가 참여정부 초기에 한 말이다. 수령제에 관한 권위있는 연구로 유명한 북한 전문가가 이런 말을 하다니, 당시에는 조금 의아했지만 그다지 마음에 두지 않았다.

　　참여정부 초기에 이 말이 적용될 만한 사건은 이라크 파병일 게다. 당시 미국이 얼마나 방치(abandonment, 예컨대 북한이 침공해도 미국의 이익 때문에 남한을 방치한다)의 위협을 했는지, 예컨대 미군 철수 위협까지 했는지 알 수 없으나 결국 참여정부는 동맹의 신뢰를 얻는 쪽을 택했다.

　　우리의 선택은 경제학에서처럼 어떤 목적함수를 통과하면 깨끗하게 하나의 해를 수치로 내놓지 않는다. 예컨대 밤새 게임에 몰두하는 아이는 단기의 쾌락(불안을 잊기 위한 것일 수도 있다)을 얻을 수 있지만 부모가 보기엔 대학 입학이라는 중기의 어마어마한 이익을 포기하는 행위일 수 있을 테다. 물론 대학을 가지 않은 이 아이가 장기적으로 빌 게이츠처럼 되지 말란 법도 없다.

　　요컨대 하나의 행위는 여러 시간대에 영향을 미칠 수 있다. 동아시아의 시간대에서 가장 장기에 속하는 것은 미국과 중국의 패권 다툼일 것이다. 이 시간대에 영향을 미치는 사건이라면 양국과 주변국 모두 전략적 문제라고 판단할 것이다. 경제적 이익은 어쩌면 중기에 속할지도 모른다. 이에 비해 대통령 임기 내에 업적을 이루거나 상황을 관리하기 위해 국내 정치에 신경을 쓰는 것은 분명 단기에 속한 결정이다.

　　사드 배치는 중국과 미국의 패권다툼 또는 세력전이에 직접 영향을 미친다. 우리가 아무리 북핵 방어용이라고 해 봐야 미국에서 아시아 미사일방어(MD)망의 일환이라고 몇 번이나 공언했으니 중국의 비판을 피할 길이 없다. 당장은 기술적 측면에서 중국의 주장이 과장됐다 하더라도 한국의 사드 배치로 물꼬가 터져 다른 나라도 여러 형태로 MD망에 들어올 가능성이 높아졌다. 망이 촘촘해지고 기술이 계속 발전한다면 중국으로선 안보딜레마 상황에 빠진다.

말하자면 우리는 방치의 위협(아마도 미군철수) 때문에 불필요하게 미국의 전략에 연루(entrapment)된 것이다.

중기적으로도 심각하다. 지금은 화장품과 자동차 등 소비재를 중심으로 수출 증가율이 대폭 감소하고 있는 정도지만, 앞으로는 한국의 중간재 및 자본재 수출도 영향을 받을 것이다. 한은은 금년도 경제성장률에 0.2% 정도 악영향을 미칠 것이라고 예측했지만 내년에는 주먹구구로 계산해 봐도 1%를 넘길 가능성이 높다. 어느덧 중국이 허브국가가 되어 버린 동아시아 생산체제, 세계 최고의 경쟁력을 자랑하는 그 체제에서 아예 왕따가 되어버릴 수도 있다.

혹자는 중·일 간의 센카쿠(댜오위다오) 열도 분쟁을 들어 경제적 충격이 오래가지 않을 것이라고 주장하지만 이 또한 잘못 짚었다. 과연 영토분쟁과 동아시아 MD 모두 중국의 핵심이익에 속한다.

하지만 센카쿠 분쟁에서 두 나라는 몇 번 펀치를 주고받은 뒤 아무 일도 없었다는 듯, 원 상태로 돌아갔다. 센카쿠 열도가 휴화산이라면 사드는 활화산이다.

서동만 교수 얘기대로 남북관계의 시각으로 세계를 본 결과가 사드 배치라면 과연 그건 합리적 행동이었을까? 북한이 매달 1000km씩 미사일의 사정거리를 늘린다 해도 우리의 안보 상황에는 아무런 변화가 없다. 경제학으로 말하면 한계적 변화가 0이므로 우리의 행동을 변화시킬 이유도 없다. 나아가서 남북의 재래식 무기만으로도 한반도는 이미 상호확증파괴

상태이므로 핵탄두의 위력이 증가하는 것도 한계적으로 그리 큰 변화가 아니다(다만 벼랑 끝 전술이나 제한전에서 위력을 발휘할 뿐이다).

장기, 중기 모두 심각한 피해를 입을 게 불을 보듯 뻔하고 북한의 도발이 한국의 안보 상황을 그다지 변화시키지 않았는데 도대체 왜 두 정권에 걸쳐 허둥지둥 사드를 배치한 것일까?

살길은 어디에 있을까? 다행히 중국 역시 한국을 쉽게 내치지는 못할 것이다. 경제 때문이 아니라 안보 때문이다. 한국은 어찌 보면 미국과 중국 양쪽 모두에 약한 고리이다(혹자는 피벗 국가라고도 한다). 한국이 미국을 허브로 하는 동아시아 군사 동맹 네트워크에 목숨을 걸게 된다면 중국도 곤혹스러울 것이다. 반대의 상황에서는 미국도 마찬가지 처지가 된다.

사드 배치를 철회하는 것이 가장 쉽다. 미국만 한국에 확장억지를 제공할 수 있는 게 아니다. 역대 중국의 외교 논쟁에서 중국 정부가 최종적으로 손을 들어주었던 얀쉐통 칭화대 교수는 한·중동맹을 언급하기도 했다(이른바 국제주의자들의 주장이다).

한·미 자유무역협정(FTA)을 중화시키기 위해 한·중 FTA를 서둘러 맺은 적도 있지 않은가? 아직도 운신의 여지는 많다. 완전히 어느 한쪽에 서면 절대로 안된다.

경향신문 / 정태인의 경제시평 / 2017.09.18.

유능제강(柔能制剛)

벌써 10년째 열리지 않고 있는 6자회담이 재개된다고 상상해 보자. 이왕 상상의 나래를 편 김에 6개국 정상이 한자리에 모인 그림까지 떠올려 보자.

문재인, 김정은, 트럼프, 시진핑, 아베, 푸틴. "아이고, 우리 '이니' 어떻게 해?"라는 탄식이 나올 법하지 않은가? 남북 정상을 빼곤 하나같이 근육질이다. 북한 역시 핵으로 "벼랑 끝 전술"을 펼치는, 말 그대로 폭탄이니 만만한 상대가 없다.

북핵 문제는 북한의 의도대로 여지없는 북·미 문제가 되었다. 전임 정부가 덜컥 결정하고 문재인 정부가 사실상 추인한 사드(고고도미사일방어체계) 배치는 미·중 갈등을 한반도로 끌고 왔다.

만일 사드가 미국의 아시아 미사일 방어망의 일부가 아니라는 걸 증명하지 못한다면 한반도를 둘러싼 동북아 신냉전 구도도 이제 '기우' 차원을 벗어난 일이 된다. 한반도는 아시아의 발칸반도가 될 수 있다. 열전은 아니더라도, 월러스틴이 예언한 대로 동북아 모든 국가가 핵무기를 가지고 군비경쟁을 벌이는 살얼음판이 될지도 모른다.

우리는 명청 교체기의 인조와 사대부 집단, 구한말의 고종과 지식인 집단의 무능을 한탄하지만 지금이 바로 그렇다. "더 이상 바랄 게 없다"는 말이 나올 정도로 국내 개혁을 한 발 한 발 진전시키고 있는 문 대통령의 이미지에 인조와 고종의 우유부단이 얹힌다면 그 얼마나 끔찍한 일인가.

중국 한고조 유방의 명장 장량에게는 황석공이라는 숨은 참모가 있었다. 그가 전해준 비결에는 노자의 도덕경에서 따온 "유능제강 약능승강(柔能制剛 弱能勝强)"이라는 어구가 있었다고 한다. 우리가 유와 약인 건 확실하고 능히 강을 제압하고 이길 수 있다는데 그 수는 무엇일까?

먼저 해야 할 일은 기정의 사실은 없다고 생각하는 것이다. 강자들이 원하는 대로 휘둘리기 시작하면 그때마다 반대쪽에서 얻어맞을 것이다. 우리가 있어야 할 곳은 어디까지나 캐스팅보터의 위치다. 즉 강자들 사이의 아슬아슬한 균형을 이용해야 한다. 나아가서 캐스팅보터들의 집단을 만들어내서 안정적 균형으로 바꿔 나가야 한다.

한국은 미국의 대중 전선과 중국의 대미 전선 양쪽 취약고리에 속한다. 어느 쪽도 한국이 상대 쪽으로 완전히 넘어가는 것을 원하지 않는다. 사드 배치는 중국의 눈에는 한국이 대중 전선의 첨병이 되겠다는 신호일 테다. 트럼프가 원하는 대로 사드 값을 치러서 우리 군이 운용하거나, 북핵 협상이 시작되면 사드의 전원을 끄겠다는 약속을 미국한테 받을 수도 있을 것이다. 물론 최선은 사드를 미국으로 돌려보내는 것일 테지만, 어떻든 현재와 같은 사드 배치와 운용을 기정사실로 만들면 안된다. 지금은 최종재의 대중 수출만 감소하고 있지만 폭발적 반도체 호황이 꺾이면, 그러니까 1~2년 뒤에는 중국 요인이 GDP를 1% 이상 떨어뜨릴 것이다.

시간은 중국 편이지만 미·중의 힘겨루기는 몇 십년간 계속될 것이다. 똑같은 앵글로색슨 국가들인 영국과 미국도 헤게모니 교체에 80년 이상 걸렸다는 점을 상기하자. 언제까지 외줄타기를 하면서 시간만 끌 수는 없다. 사드의 환경영향평가, 한·미 자유무역협정(FTA)의 영향 평가가 바로 전형적인 시간 끌기다. 요행은 없고 사태는 악화된다. 미국의 방치도 문제지만 중국의 절연은 더 큰 문제를 일으킬 테고 북핵 문제의 해결은 그만큼 멀어진다.

우리와 같은 비슷한 처지에 놓인 나라는 없을까? 눈을 뜨기만 해도 미국과 중국을 뺀 동아시아의 모든 나라가 보일 것이다. 자본주의 황금기였던 전후 30년은 제3세계의 황금기이기도 했다. 미국과 소련이 서로 구애 경쟁을 벌였을 때 이 나라들은 매년 평균 6%의 성장을 했다.

동아시아에 이런 구도를 만드는 것이야말로 한국의 기본 전략이 되어야 한다. 정부는 경제의 눈으로 아세안과 인도의 중요성을 바라보고 있지만 안보의 눈으로 봐도 마찬가지다. 아세안은 헤게모니 국가가 없는 집단 안보체제(아차랴 교수의 "합의 안보질서")를 수십년간 운용해 왔다. 한국이 여기에 참여한다면 이들 국가에는 천군만마와도 같을 것이다. 비동맹 노선을 외로이 고수하고 있는 북한도 들어오고 싶을 것이다.

중국과 미국 사이의 '제3지대'는 두 강대국의 갈등을 조정하는 충격 흡수판이 될 테니 두 나라도 군이 반대할 이유가 없다. 일본도 홀로 중국과 맞서는 것이 버거워질 때 결국 이 길로 올 것이다. 문 대통령이 근육질 속의 유일한 외유내강이었다는 사실도 증명될 것이다. 물론 또 다른 유능제강의 길도 있을 것이다. 여야, 진보·보수 할 것 없이 머리를 맞대고 새로운 길을 찾을 때다.

경향신문 / 정태인의 경제시평 / 2017.08.21.

격변기의 '선무당'

북한 문제를 두고 미국과 중국이 힘을 겨루다 '대북 제재 강화와 평화협정의 추진'이 거론되고 있다. 상황이 이런데 한국 대통령이 '한·미·일 대 북·중·러' 맞대결을 조장하는 꼴이다.

동아시아가 요동 치고 있다. 경제에서도, 외교안보 측면에서도 격변으로 이어질 만한 일들이 벌어지고 있다. 이 모든 사태 뒤에는 두 초강대국, 중국과 미국의 힘겨루기가 도사리고 있다. 한국처럼 중간에 낀 나라는 조심할 수밖에 없다. 사태를 면밀히 관찰해 큰 흐름을 거스르지 않으면서, 가능하면 캐스팅보터로서 최대 이익을 얻어내야 한다. 선무당이 함부로 칼을 휘두르다간 '훅 갈 수 있는' 위험한 상황이다.

지난 1월 말 G20에서 발표된 IMF 보고서는 '완만한 회복'을 되뇌던 지난 6년과는 사뭇 다른 분위기였다. IMF는 양적 완화에 이어 마이너스 금리까지 동원한 '비전통적인' 금융정책이 별로 효과가 없다는 사실을 인정하고 재정정책을 촉구하기에 이르렀다. 경제가 그만큼 위험해진 것이다. 이 와중에 중국에 대한 투기 공격이 감행됐다. 조지 소로스를 비롯한 헤지펀드들이 홍콩의 외환시장에서 공매도를 시작했다(《시사IN》 제440호 '중국 경제는 시한폭탄?' 기사 참조). 중국의 경착륙을 전제로 위안화의 평가절하에 돈을 건 것이다. 중국의 관영 언론들은 '전쟁'을 선언했고 인민은행은 방어에 나섰다. 2014년 여름, 거의 4조 달러에 육박했던 외환보유고가 2016년 1월 말 현재 3조2000억 달러 수준까지 줄었으니 이들의 공격은 성공한 것일까?

내 대답은 "아니요"다. 중국 경제가 나쁜 것은 사실이다. 전 세계적 침체 속에서 중국은 이중의 구조 전환을 꾀하고 있다. 하나는 외환제도의 개혁이고, 또 하나는 산업 구조조정이다. 신속하고 대대적인 전환은 허점을 드러내기 마련이다. 8월의 위안화 고시환율 결정 전환, 9월 역내 은행 간 외환시장의 개방, 11월 위안화의 SDR(IMF의 인출권) 편입, 12월 13개 통화의 환율로 구성한 위안화 인덱스 발표 등은 위안화 국제화를 향한 일련의 개혁이었다. 이 과정에서 위안화의 가치가 요동을 쳤고 국제 투기꾼들에겐 좋은 먹잇감으로 비쳤을 것이다.

물론 중국의 성장률이 7%대 이하로 떨어진 것도 공격의 빌미가 됐다. 2008년 세계 금융위기 이후 중국의 대대적인 경기부양책은 그동안의 과잉 설비를 더욱 부추겼다. 결국 중국 제조업은 2010년 이후 성장률이 뚝 떨어졌고, 지방정부와 국영기업의 부채 역시 중국 경착륙설의 근거가 되었다. 하지만 이런 현상이 중국 정부의 계획적인 산업구조 전환과 맞물려 있다는 점을 잊어서는 안 된다. 2015년 중국 GDP 성장에 대한 소비의 기여는 66.4%로 전해에 비해 15%포인트 이상 늘어났고 서비스업의 GDP 비중은 50%를 넘어섰다. 전통적 중화학공업은 심각한 어려움을 겪고 있지만, 동시에 IT 등 첨단산업은 눈이 부실 정도로 성장 중이다. 전광석화와 같은 구조 전환이 이뤄지고 있는 것이다.

경제정책이라고는 건설경기 자극과 노동시장 유연화밖에 모르나

중국 경제의 이런 변화는 한국에 어떤 영향을 미칠까? 중국의 성장률 저하는 그 자체로 한국의 중화학제품 및 부품의 수출에 바로 타격을 가했다. 세계 최고의 경쟁력을 자랑하던 동아시아 국제분업도 급변하게 될 것이다. 한국의 재벌이 이런 신속한 변화에 과연 적응할 수 있을까? 한국의 대통령은 경제정책이라고는 건설경기 자극과 노동시장 유연화밖에 모르면서 모든 게 국회 탓이라고 탁자를 내리치고 있다.

외교안보의 위기는 물론 북한의 '미친 짓'에서 비롯됐다(치킨 게임에서 승리하는 길은 미친놈으로 보이는 것이다). '세상의 중심'인 대통령은 미국과 사드 배치를 협의하겠다고 선언하고, 중국 정부는 강력한 경고 메시지를 보냈다. 한국의 대통령이 앞장서서 자칫 안보 딜레마(한쪽의 군사력 증강이 다른 쪽의 군사력 약화로 여겨져서 상호 군비 경쟁에 나서게 되는 상황)로 이어질지도 모를 강수를 둔 것이다.

경제에 신경을 쓰기 바쁜 중국이 다행히 평화협정을 대안으로 들고 나왔고, 미국도 대북 제재 강화와 평화협정의 추진을 맞바꾼 것으로 보인다. 사드 배치는 미국이 언제라도 먹을 수 있는 손안의 떡이 되었다. 그런데 또다시 세상이 자기 뜻대로 움직였다고 느낀 것일까? 대통령은 한 걸음 더 나아갔다. 북한을 "폭정"으로 묘사했고, 언론은 북한 정권의 제거를 의미한다고 해석했다. 한국은 동아시아의 세력 균형 속에서 중국과 미국을 제외한 국가들로 중간지대를 형성해야 한다. 말하자면 '제3지대'를 만들어 중국과 미국이 경쟁적으로 구애하도록 만들어야 하는 것이다. 그런 판에 한국 대통령이 나서서, 한국·미국·일본 삼각동맹과 북한·중국·러시아 삼각동맹의 형성과 맞대결을 조장하고 있으니 딱 선무당이 칼 휘두르는 꼴이 아니고 무엇이랴. 테러방지법으로 사생활마저 위협받게 됐으니 누구라도 탈출하고 싶은 '헬조선', 맞다.

시사인 / 443호 / 2016.03.18.

동아시아에 몰려오는 삭풍

탈 때까지 탄 단풍은 물론 푸른 잎마저 말라 떨어져, 정교하게 드러난 나뭇가지 사이로 삭풍이 휘이 소리를 내며 지나간다. 뒤늦게 "지속적 침체"(secular stagnation)라는 이름을 단 세계 경제 속에서 그나마 활력을 유지하던 동아시아에도 겨울바람이 불어오는가.

일본 내각부는 지난 17일 3분기 실질 국내총생산(GDP)이 전분기 대비 0.4%(전년 동기 대비 -1.6%) 감소했다고 발표했다. 2분기의 1.8% 감소(전년 동기 대비 -7.3%)에 연이은 마이너스 성장이다. 아베노믹스에 환호하던 국내의 보수지들이 일제히 입을 다물었다. 아베 총리는 중의원을 해산하고 더 적극적인 재정정책으로 국민들의 지지를 구했다.

중국의 인민은행은 지난 21일 금융기관의 대출 및 예금 금리를 각각 0.4%포인트와 0.25%포인트 내리고, 예금금리 적용 상한을 기준 금리의 1.1배에서 1.2배로 확대한다고 발표했다. 마지노선으로 여겨지던 경제성장률 7%마저 위태로울 수 있기 때문이다.

한국의 "초이노믹스"는 슬그머니 퇴장의 기회를 엿보고 있다. 부임하자마자 기자들 앞에서 생색을 냈던 주가는 곤두박질쳤고, 최경환 부총리가 잔뜩 기대를 걸었던 부동산 경기는 일부 지역에서 반짝했을 뿐 갈지자 걸음을 보이고 있다. 미국의 보수지 월스트리트저널마저 "한국의 혼란스러운 경제정책"이라는 제목으로 초이노믹스를 아베노믹스의 이복동생이라고 단정했다.

언제나 그렇듯이, 엉뚱한 해석과 위기를 악화시킬 해결책이 튀어나오고 있다. 이름만 그럴싸한 "구조 개혁"이 그것이다. 최 부총리는 초이노믹스를 "근혜노믹스" 뒤에 숨기고 "경제혁신 3개년 계획"을 중심으로 구조 개혁을 추진하겠다고 발표했다. 서비스산업 규제 완화, 공공부문 '개혁', 노동시장 유연화, 임대시장 활성화 그리고 해외순방의 성과라고 발표한 자유무역협정(FTA) 협상 타결이 그것이다. 말 그대로 "줄푸세"로의 회귀이다. 보수 경제지들은 한발 더 나아가 세금을 인하하라고 목소리를 높이고 있다.

규제 완화와 민영화, 개방이 세계의 "장기 침체"를 낳았는데 바로 그 정책을 더 강화하겠다는 것이다. 1993년 서해 훼리호 침몰사고가 터졌을 때 해운산업의 규제 완화를 추진해 결국 세월호 참사를 불러온 것과 똑같은 일이 더 큰 규모로 되풀이되고 있다.

나는 단기적인 경기대책으로 금융을 완화하고 재정을 늘리는 데 찬성한다. 하지만 장기적인 개혁의 방향은 정반대로 가야 한다. 중국처럼 단기적인 확장정책을 쓰더라도 장기적으로는 내수의 확대에 초점을 맞추어야 한다. 새누리당과 정부의 전매특허가 하나 생겼는데 "말 따로, 행동 따로"가 그것이다. 지난 대선 때 박근혜 후보는 "경제민주화"와 "맞춤형 복지"를 내세워 당선됐다. 하지만 경제민주화는커녕 규제 완화와 민영화로, 복지는커녕 서민증세로 오히려 내수를 축소시키고 있다. 최경환 후보는 인사청문회에서 "소득 주도 성장"을 내비쳤지만 실제론 "부채 주도·수출 주도 성장"으로 일관하고 있다.

중국마저 성장률이 떨어지는 가운데 수출이 획기적으로 늘어날 리 없고, 수출 전망이 어두운데 대규모 투자를 단행할 기업은 없다. 결국 소비를 늘릴 수밖에 없는데 정부는 가계부채를 확대하는 정책으로 오히려 소비를 옥죄고 있다. 돈이 밑으로 돌게 하는 아래로부터의 성장, "소득 주도 성장"이 장기적으로 올바른 방향이다. 주거와 의료, 교육의 공공성 강화로 서민들의 소비여력을 만들어주고 생태경제로의 전환을 위한 대규모 투자를 과감하게 시행해야 한다. 이런 상황에서 줄푸세와 부채 주도 성장은 최악의 정책 조합이다. 헐벗은 나뭇가지 사이로 불기 시작한 삭풍은 나무를 뿌리째 흔들지도 모른다.

경향신문 / 정동칼럼 / 2014.11.23.

동아시아의 활로

최근 국제통화기금은 구매력지수 기준으로 볼 때 중국의 GDP가 17조 6000억달러에 이르러, 미국(17조4000억달러)을 제쳤다고 발표했다. 2019년에는 이 수치가 26조9800억달러로 늘어나서 미국에 비해 20%나 더 커질 것이란다. 언론들은 미국이 142년 만에 정상에서 내려왔다고 자못 비장하게 보도했다.

언제가 될 지는 알 수 없는 노릇이지만 앞으로 중국이 세계를 좌지우지하리라는 건 불을 보듯 뻔하다. 그래서 이런 발표는 중국 경제가 지금 어떤지 살펴보게 만든다. 실로 중국이 기침하면 전 세계가 감기에 걸릴 지경에 이르렀기 때문이다.

다 알다시피 중국의 지방정부가 발표하는 통계는 그다지 믿을 만하지 못하다. 2012년 지방정부가 발표한 GDP 통계를 합치면, 국민계정상의 GDP를 9000억달러 이상 초과했을 정도다. 2007년 리커창 랴오닝성 당서기는 미국 대사에게 자신도 중국의 GDP 통계를 믿지 않는다고 실토했다. 현실 경제가 어떻게 움직이는지 알려면 전력 소비량, 은행 대출, 철도화물 운송량을 봐야 한다는 것이다. 이에 탄생한 용어가 '리커창 지수'이다.

현재 이 지수는 어떻게 움직이고 있을까? 전력 수요 증가율은 2014년 8개월 동안 4% 이하로 떨어졌다. 이 수치가 경제성장률보다 낮아진 것은 이례적이다. 한편 2008년 GDP의 150% 수준이었던 신용은 금년 들어 축소되고 있다지만 현재 200%를 훨씬 넘긴 상태이고, 중국의 총투자율은 50%를 넘어섰다. 2013년 소비 주도, 서비스 주도 경제로 이행하겠다는 3중전회의 선언이 머쓱해질 만하다.

리커창 총리는 자기 이름을 딴 지표를 보면서 지금 무슨 생각을 할까? 실물생산은 정체되어 있는데 투자가 7.5%라는 성장률 목표를 메우고 있다. 그러나 전체 투자의 3분의 1이 넘는 부동산 부문이 마냥 부풀어 오를 수는 없으며 지방정부와 국영기업의 부실투자 역시 방치할 수 없다.

물론 이런 상황은 어제오늘의 일이 아니고 툭하면 터져나오는 서방의 호들갑은 식상하기까지 하다. 나는 중국 정부가 이런 상황을 잘 알고 있으며 경제가 나선형으로 급전직하하지 않도록 할 능력을 지니고 있다고 믿는다. 1980년대 초반 한국의 전두환 정부보다 더 확실하게 경제를 통제할 수 있을 것이다. 하지만 3중전회의 야심찬 계획이 비틀거리고 있는 것은 분명한 사실이다. 성장률도 7%를 넘을 수 있을지가 앞으로의 문제일 것이다.

한국의 대중국 수출은 홍콩을 합치면 전체 수출의 30%가량을 차지한다. 금년 들어 대중국 수출 증가율은 마이너스였고 전체 수출 증가율 역시 3% 수준에 머물렀다. 미국 경제는 거품경기라는 의심을 받을 정도로 플러스와 마이너스를 오락가락하고 유럽과 일본은 장기 침체에서 벗어나지 못하고 있다. 중국이나 한국 모두 과거와 같은 수출 호황을 누릴 수 없는 상황이다.

무엇을 해야 할까? 중국 정부나 한국 정부 모두 가계소득이 늘어나야 한다는 사실을 알고 있다. 이제 소득주도 성장이 동아시아의 활로가 되었다. 무엇보다도 임금이 올라야 한다. 최저임금을 대폭 올리고 최고임금도 설정할 수 있다. 노동조합이 강화되어야 하고 적용률 역시 프랑스처럼 확대해야 한다. 부자들에게 증세해서 복지를 늘려야 한다. 요컨대 하위 50%의 소비가 늘어나야 한다. 동아시아의 치솟는 불평등이 오히려 기회가 될 수 있다.

또한 동아시아는 기후온난화의 주범이기도 하다. 생태투자는 급격한 성장률 하락을 막는 데 적격이다. 보건과 교육에 대한 투자는 경제학자 누구나 인정하는 가장 효율적인 장기 투자다. 삶의 질을 높이는 데 진력하는 것이 곧 우리가 살길이다. 반면 지금 양국 정부가 의존하고 있는 부동산 거품은 우리 아이들을 사지로 몰아넣을 것이다.

경향신문 / 정동칼럼 / 2014.10.12.

갑오년의 TPP

"안녕들 하십니까?"가 유행이라는데, 전혀 안녕하지 못했던 2013년이 저물고 갑오년이 온다. 120년 전 '갑오농민전쟁'의 그 갑오년이다. 그 해 청일전쟁이 본격적으로 한반도를 둘러싼 격변을 수면으로 드러냈다면 이번 갑오년에는 환태평양경제동반자협정(TPP)이 그 역할을 할 것이다. 120년 전에 중국과 일본이 맞대결했다면 이번엔 중국과 미국이 동아시아의 패권을 놓고 대결하고 있다. 일본은 이미 미국 편에 섰고 이제 한국은 중요한 선택을 해야 한다.

1972년 이래 미국의 대중국 전략은 경제적 포용(engagement)과 군사적 봉쇄(containment)이다. 이를 합쳐서 '봉쇄 포용'(congagement)전략이라고 부르기도 한다. 중국은 '도광양회'(빛을 감추고 힘을 기른다)의 외투를 입고 경제성장에 주력했고 미국 역시 '대순항'(Great Moderation)의 호시절을 즐겼다.

하지만 2008년 금융위기는 모든 상황을 뒤바꿨다. 우선 경제 면에서 양국의 밀월관계에 금이 갔고 미국으로선 그저 포용만 할 수는 없게 됐다. 미국이 중국의 제조업 제품을 수입하고 중국은 무역흑자로 미 재무부 증권을 사서 달러를 되돌려 주는 '차이메리카'라는 아름다운 공생관계가 더 이상 유지되기 어려워졌다. 이제 포용보다는 간섭, 나아가서 환율전쟁과 같은 갈등이 수면에 떠오르고 있다. TPP는 중국 주변국의 경제제도를 미국식으로 개조할 것이고 여러 나라가 동시다발적으로 중국에 압력을 가하게 만들 것이다. TPP의 플랫폼이 한·미 FTA+인 이유다.

군사 봉쇄도 마찬가지이다. 미국의 재정적자가 이미 천문학적인 데다 공화당은 정부폐쇄라는 극약처방까지 꺼내서 정부부채 비율 축소를 요구하는 판이다. 당연히 미국은 한·일 등 동맹국에 제공되던 대중 봉쇄의 비용을 떠맡기 원한다. 더 이상 핵우산에 무임승차하는 일은 허용되지 않을 것이다. 아시아판 미사일방어(MD) 체제에 참여하라고 강요하거나 미군 기지의 신설, 또는 재배치 비용을 떠넘기는 게 대표적 예이다.

동아시아 공동체를 내세웠던 하토야마-간의 민주당 정권은 후텐마 기지 이전과 소비세 인상 문제로 허망하게 무너졌다. 아베 총리는 이런 국제적 상황을 우파의 오랜 염원인, 일본 재무장화에 이용했다. 한국, 중국과의 영토분쟁, 역사분쟁은 아주 유용한 수단이었다. 미국은 아시아 국가들의 반대에도 불구하고 일본의 요구를 수용했고 그 대가로 일본은 TPP 참여를 결정했다. 아베의 '세 번째 화살', 충격에 의한 내부 개혁이 바로 그것이다.

도광양회 대신 중국이 내세웠던 평화발전은 주변국에 '패권굴기'로 비쳤다. 2010년 일본, 베트남, 필리핀 등 중국과 영토갈등을 일으킨 나라들은 중국이 얼마나 무섭게 성장했는지 체감했고, 결국 줄줄이 미국 품으로 달려 갔다. 하여 TPP는 미국의 원래 구상보다 더 커졌다. 중국은 태연한 척, 언뜻 참여의사까지 내비쳤다. 하지만 한·미 FTA보다도 더 강해진 지적재산권, 서비스, 투자 분야의 독소조항은 물론이고 새로 추가된 '국유기업 분야'까지 중국이 수용하는 건 불가능하다. 지난 3중전회에 제출된 개혁들이 무사히 완수된다 하더라도 그렇다.

또다시 맞은 갑오년, 우리는 무엇을 해야 할까? 무엇보다도 다른 12개 나라 시민과 힘을 합쳐 TPP 협상의 공개를 요구해야 한다. 두 번째로는 현재 협상 중인 한·중 FTA를 역내 포괄적 경제동반자협정(RCEP)의 플랫폼으로 완전히 다시 짜야 한다. 여기에 외환보유액의 공동관리를 포함한 금융협력, 환경협력, 에너지 협력 등을 집어 넣어 다른 아시아 국가들도 두 손 벌려 환영하도록 할 수 있다면 TPP 역시 예의 독소조항을 제거할 수밖에 없을 것이다. 요컨대 TPP와 RCEP가 아시아 주변국들을 향해 구애하도록 만드는 것이다. 셋째로, 어차피 우리가 이 지역의 방위비용을 내야 한다면, 동아시아 공동안보체제를 만드는 편이 대중국 봉쇄망보다 훨씬 안전할 것이다. 요컨대 미국과의 쌍무동맹을 다자간 협정으로 만들어야 한다.

박근혜 정부가 이 격랑을 헤쳐나갈 수 있을까? 절체절명의 시기에 이 정부는 국민의 재산을 국내외 자본에 팔아 넘길 궁리나 하고 있다. '동시다발적 민영화'가 바로 그것이다. 오호, 통재라. 그 옛날 조선의 위정자들과 무엇이 다른가?

경향신문 / 정동칼럼 / 2013.12.15.

중국의 거품과 '줄푸세'

지난 6월 19일 세계 금융시장이 크게 출렁였다. 이른바 "버냉키 쇼크" 때문이다. 하지만 당시에 내가 다른 지면에 쓴 대로 다소 뜬금없었던 이 해프닝은 곧 가라앉았다. 지극히 효율적이라는 금융시장이 얼마나 변덕스러운지를 보여주었을 뿐이다. 뜯어 보면 별 내용도 없는 정보 하나만으로도 아래 위로 출렁거린다면 그건 효율적이라기보다 믿을 만하지 않은 존재일 것이다.

　공교롭게도 같은 날 태평양 건너, 지구 반대편에도 지진이 일었다. 중국 인민은행이 금융시장에 더 이상의 유동성을 공급하지 않기로 결정한 것이다. 이미 2주일 전에 중간 규모의 은행 두 개가 파산할 거라는 소문에 단기 금리가 상승했고 인민은행이 자금 경색을 막기 위해 뭔가 조치를 취할 것이라는 기대가 모락 모락 피어오르던 터였다. 중국의 금융시장 역시 격렬하게 반응했다. 상하이 지수는 폭락했고 은행 간 금리는 25%까지 치솟았다. 버냉키와 마찬가지로 인민은행도 "납득할 만한 범위 내에서 시장 금리가 움직이도록 하겠다"고 한발 물러섰다. 미국의 거품은 이미 터졌지만 중국제 풍선은 여전히 부풀어 오르고 있다. 그런 의미에서 중국 쪽 쇼크가 세계경제에 미칠 영향, 특히 한국경제에 미칠 영향은 훨씬 더 크다.

　중국 지방정부의 부채는 2012년말 1조 7000억 달러에 이르렀고 중앙정부는 은행 대출을 통제했다. 지방정부는 국유지를 팔아서 적자를 메꾸고 있지만 그 또한 한계에 부딪혔다. 국영기업이나 민간 부동산 개발회사도 마찬가지로 빚투성이인데 사실 중앙·지방정부의 공무원과 국영·민간기업 경영진은 혈연, 지연으로 어지럽게 얽혀 있다. 공식 통로가 막힌 은행들은 장부외 거래(그림자금융)로 이들에게 돈을 대고 있다. 돈줄을 풀면 그림자금융과 정부·민간 부채의 위험을 통제할 수 있겠지만 거품을 더 키울 것이고 위험을 줄이기 위해 돈줄을 죄면 미국과 같은 시스템 위기가 닥칠지도 모른다.

한편 최근 베이징대에서 발표한 가계조사는 중국의 빈부격차가 심각한 상태라는 걸 숫자로 보여줬다. 중국의 상위 5% 가계가 전체 소득의 23%를 차지한 반면 하위 5%는 겨우 0.1%에 머물렀다. 2012년 지니계수는 0.49로 공산당이라는 당명이 부끄러울 지경이다.

원자바오 총리 말마따나 중국 사회는 "불안정하고 불균형하며 조정되지 않아서 지속불가능하다". 중국경제의 경착륙은 한국경제를 낭떠러지 끝까지 밀어붙일 것이다. 한국 수출의 4분의 1, 홍콩을 포함하면 30%가량을 중국에 의존하고 있기 때문이다.

정신을 바짝 차려도 위태위태한 상황인데 한국 정부는 갈 길을 잃고 헤매고 있다. 아니 일본과 미국에서 확실히 망하는 길로 거듭 판명난 경로를 선택했다. 상반기 수출은 겨우 0.6% 늘었고 정부 지출을 늘려야 하는 상황인데 세금은 계획의 41%밖에 거두지 못했다. 대통령 선거 때 약속했던 경제민주화와 "맞춤형 복지"는 어찌할 것인가? 중국 지방정부처럼 박근혜 정부는 국민 모두의 재산을 팔려고 할 것이다. 이미 발표된 KTX 일부 민영화는 그 신호탄일 뿐이다.

한국경제 역시 부동산 거품이 잔뜩 끼어 있다. 그런데도 7월 11일 '관계 부처 합동'으로 발표한 "2단계 투자활성화 대책"은 "부동산투기 종합선물세트"라고 해도 과언이 아니다. 특히 재벌들의 오랜 숙원이었던 수도권 규제가 완전히 풀렸다. 지방도 마찬가지다. 산지를 전용하는 기준도 지자체별로 정하도록 해서 지역토호들의 건설사도 소원을 풀었다. 과연 "줄푸세"의 여왕이다.

나는 중국이 경착륙할 것으로 보지는 않는다. 거품이 터지더라도 힘센 공산당 정부는 재빠르게 위기를 수습할 수 있을 것이다. 하지만 다음 번에 올 위기는 쉽사리 처리하기는커녕 오히려 공산당의 위기로 이어질지 모른다. 우리에게 남은 시간이 별로 없다. 내수 위주의 생태경제로 재편해야 할 시점에 우리는 줄푸세라는 시대착오에 의해 다시는 기어오를 수 없는 낭떠러지 밑으로 떨어지고 있다.

경향신문 / 정동칼럼 / 2013.07.21.

6부
한반도와 남북관계

비핵-경제 병진노선

북한 경제가 위험하다. 중국의 대북한 수출입 수치는 북한 관련 통계 중 가장 믿을 만하다. 북한의 대중국 무역은 국제제재가 강화된 2008년경부터 급증해서 전체 무역의 90% 이상을 차지한다. 2017년 유엔 안보리에서 역사상 최강의 제재를 결의한 뒤 북한의 대중국 수출입은 급전직하했다. 2013년 29억1300만달러로 최고치를 기록한 수출은 2019년 2억1500만달러를 기록해서 15분의 1로, 90% 이상 감소했다. 반면 수입은 2014년 40억달러로 정점을 찍은 뒤 2019년 28억8300만달러로 60%가량 줄어들었다. 지난 3년간 누적된 무역적자만 70억달러로 이 수치만으로도, 한국의 약 40분의 1로 추정되는 북한 GDP의 17.5%나 차지한다.

설상가상, 지난해 말 중국에서 발생한 코로나19는 북한의 수출액을 상반기 동안 또다시 50% 이상 감소시켰다. 주먹구구로 계산해서 현재 북한의 대중국 수출은 2010년대 중반 북한 경제가 활기를 띠었을 때의 5%가량에 불과하다. 핵무기 보유는 물론 북한의 안보를 강화했지만 그보다 훨씬 더 경제를 강타했다. 현재와 같은 제재가 국제적으로 수용되는 한, 핵-경제 병진 노선은 앞으로도 실패할 것이다.

최근에 공개된 전 국가안보 보좌관 볼턴의 자서전은 '비핵화'의 길도 그리 마땅치 않다는 사실을 보여준다. 볼턴이 하노이 정상회담에서 한 요구는 미국 매파의 생각과 행동을 대변한다. "포괄적이고 증명 가능하며 돌이킬 수 없는 비핵화"(CVID, 뒤에 미국이 사용한 FFVD도 사실상 동일한 내용이다)에 관한 기본 신고(basic declaration)를 하지 않고서는 협상을 시작할 수 없다는 것이다. 볼턴이 여러 번 강조한 대로 이 신고가 현재 미국이 가진 정보와 일치하지 않는 경우엔 언제든 협상이 중단된다. 이처럼 미국 매파는

6자회담 때의 "행동 대 행동" 원칙을 받아들이지 않으며 미국 의회는 정권이 바뀌어도 마찬가지 태도를 보일 것이다.

"영변 핵시설의 파괴와 2017년 이래의 제재 완화"라는 '스몰딜'은 남북 정부, 그리고 미국무부 일부(비건 특사) 사이의 암묵적 합의였던 듯하다. 트럼프 대통령 역시 이 정도로 "일단 성공했다"며 트윗을 날리고 싶었지만, 탄핵 와중에 미국 의회와 언론의 비난을 두려워했다. 되돌아보면 하노이 회담은 시작하기도 전에 결렬이 예정되어 있었는데 김정은 위원장은 플랜 B도 마련하지 않은 채 회담에 임했다. 한국 정부는 그의 낭패와 분노를 달래기는커녕 명백히 인도적 지원에 해당하는 타미플루조차 보내지 않았다.

북한은 1950년대부터 일관되게 "한반도 비핵지대"를 주장했다. 물론 냉전 전기와 후기, 그리고 핵 보유 이후라는 시대적 배경에 따라 상이한 목적을 가지고 있었지만 어쨌든 그 결과는 CVID에 해당한다. 많은 사례와 국제법적 근거를 지닌 비핵지대화는 남북이 동시에 "기본 신고"를 하고 같은 방식으로 검증을 한다는 점에서 공정하며 따라서 대상과 절차에 관한 규칙을 만들기도 편리하다.

그래도 북한의 의구심은 남을 것이다. 북한의 솔직한 신고는 곧 첨단 무기로 무장한 미국에 외과수술형 '선제공격'의 대상과 위치를 친절하게 고지하는 것이기 때문이다. 한국이 그런 걱정을 하지 않는 것은 미국의 "확장억제" 약속 때문이다. 그렇다면 북한도 한반도 평화체제가 정착할 때까지 중국의 확장억제를 약속받을 수 있지 않을까?

물론 일제강점기의 만보산 사건, 1958년 종파 사건, 중국 문화혁명기 홍위병의 비난 등의 역사적 기억 때문에 북·중 동맹은 확장억제를 주고받을 정도로 신뢰가 강하지 않았고 군사력의 비대칭성도 그리 크지 않았다. 이런 사정은 15년 전인 6자회담 때도 마찬가지였다. 하지만 지금은 다르다. 북·중 간 경제력과 군사력 격차는 한·미 간보다 더 벌어졌다. 중국은 미·중 간의 직접적 군사적 대립에서 벗어날 수 있으므로 환영할 것이다. 핵보유국에 위협받는 처지에서 벗어날 수 있는 한국이 이에 반대할 이유가 없다. 미국도 핵 확산 금지라는 최상위 전략을 만족시킬 수 있으니 만족할 수 있다.

핵무기를 보유하면서 경제를 정상화할 방법은 없다. 김정은 위원장의 경제개혁 방안은 2002년과는 비교할 수 없을 정도로 완성도가 높고 점진적 실천도 이뤄지고 있다. 이제 북한은 핵-경제 병진이 아니라 비핵-경제 병진 노선에서 탈출로를 찾아야 한다. 바야흐로 재편과정을 겪을 동아시아 분업구조에 북한이 편입할 수 있다면 "대동강의 기적"도 불가능한 일이 아니다.

분명히 주체사상의 경제적 자립은 고립을 의미하는 것이 아니다.

경향신문 / 정태인의 경제시평 / 2020.07.07.

한반도 완충지대

처음엔 눈을 의심했다. "북한의 비핵화? 맞다. 빠르게 완료하자. 그런데 동시에 할 일이 있다. 미국 핵도 없애야 한다. 왜 북한 핵만 없애야 하나? 핵확산금지조약(NPT)은 결국 소수 핵보유국의 독점 보장 협약이다." 이런 글을 누가 썼을까? 이건 북한의 속마음이 아닌가. 하버드 경제학자, 제프리 삭스가 그 사람이다. 42세의 나이로 대통령 자문위원을 하면서 폴란드와 러시아에 '쇼크요법'을 퍼뜨린 바로 그 사람. 신속한 가격자유화는 하이퍼인플레이션을 낳았고 전격적인 사유화는 자산의 헐값 매각과 매판자본이나 외국자본의 자산탈취로 이어졌다. 대혼란을 수습하기 위한 안정화 정책까지, 이들 나라는 10여년에 걸친 '전환 불황'을 겪어야 했다. 그는 말 그대로 자유주의 경제정책 또는 시장 확대의 사명을 띤 선교사였다. 무슨 수를 써서라도 시장과 민주주의를 세계에 전파해야 세계의 번영과 평화가 온다는 자유주의 헤게모니는 20세기 미국 외교의 성경이었다. 삭스는 이 성경의 '미국 예외주의'를 통렬하게 비판하는 책(《미국의 새로운 외교정책》)까지 썼다.

미국의 '대전략(grand strategy)' 논쟁은 1991년 소련이 붕괴하면서 앞으로 어떤 전략을 취해야 하는가로 시작했고, 2000년대 들어 중국이 우뚝 서자 한층 뜨거워졌다. 미국이 헤게모니를 행사하기 위해 세계에 계속 관여하는 것이 옳은가, 아니면 냉전 시대가 끝났으니 이제 그만 후퇴해야 하는가? 아주 거칠게 분류하자면 후퇴를 주장하는 사람들은 크게 두 부류가 있다. "이제 미국의 힘이 예전만큼 압도적이지 못하니까 다른 지역 문제는 그 지역에 맡기자"(역외 균형론)는 현실주의자들과, 원래부터 미국의 모든 군사적 개입에 반대했던 평화주의자들이다. 독재를 없애고 민주주의를 뿌리내리겠다는 미국의 개입은 곧잘 수많은 인명의 살상과 내전으로 이어졌다. 아름다운 기치와 달리 또 다른 독재 집단을 지원하는 경우가 많았고, 곧잘 종족 간 힘의 균형을 깨뜨렸기 때문이다. 삭스는 말하자면 관여론자에서 평화주의 후퇴론자로 변신한 것이다.

미국과 중국의 힘겨루기는 "21세기판 투키디데스 함정은 이런 거구나", 한탄하게 만든다. 그 어느 때보다 광범한 국제협력이 필요한 때 두 강대국은 바이러스의 진원지를 놓고 설전을 벌였다. 미국 대통령은 이럴 때 능력을 발휘하라고 만든 세계보건기구(WHO)에 돈을 대지 않겠다고 위협한다. 25% 관세로 미봉한 1차 미·중전쟁은 5G의 주도권 싸움으로 번졌고 급기야 거미줄처럼 얽혀 있는 글로벌생산사슬에서 중국을 빼버리자는 주장으로 치달았다. 미국은 아예 탈중국 경제번영네트워크(EPN)를 만들어서 다른 나라에 선택을 강요한다. 중국에 바로 붙어 있는 한국이야말로 이 포위망에 없어서는 안 될 존재일 것이다. 지난 10년 내내 양 대국 사이에 끼여 시달렸으니 그리 새삼스러운 일은 아니지만 갈수록 압력의 강도가 높아지니까 점점 더 괴롭다.

이런 와중에 북핵 협상이 진행되고 있다. 관련국 어디든 중재안을 내놓으면 두 나라는 어느 쪽에 이익인가를 따져서 조금이라도 손해다 싶으면 단호하게 반대할 것이다. 제로섬게임이다. 미국은 오바마 정부 때처럼 '우아하게' 현재의 교착상태를 방치할지도 모른다. 계속되는 경제제재에 숨쉬기 힘들어진 북한이 눈길이라도 끌려고 도발을 한다면 이번엔 정말 위험해질 것이다. 대륙간 탄도탄, 즉 미국 본토를 확실하게 위협하는 것밖에 별수가 없기 때문이다.

시간이 얼마 남지 않았다. 마침 평화연구자, 정욱식이 〈한반도의 길, 왜 비핵지대인가?〉라는 상세한 지도를 내놓았다. 이미 몇 지역에 선례가 있는 비핵지대 조약은 국제법적 구속력을 지니고 있고 관련국들도 한반도 평화에 대한 의무를 지게 된다. 남북한이 모두 검증을 받으니 그 범위와 수단의 선택도 공정해진다. 핵사찰과 핵무기 제거에는 오랜 시간이 걸린다. 그동안 한국은 미국의 확장억제를 보호막으로 삼을 것이다. 그렇다면 북한도 중국(과 러시아)의 한시적 확장억제라는 방패를 사용할 수 있다. 마침내 한반도가 비핵지대가 되었을 때 미국과 중국, 또는 일본 어느 나라의 공격도 불가능하게 하는 일종의 '공동안보' 방안도 조약에 포함되어야 할 것이다. 이 완충지대는 정의상, 주변 강대국 어느 한쪽의 손을 들어주면 안 된다.

미국과 중국이 자제하지 않으면 세계는 말 그대로 절단난다. 한반도가 두 나라 사이의 완충지대가 되어 절단을 막는 것은 둘 모두의 이익이다. 제로섬게임의 해를 찾는 방법은 간단하다. 내가 선택지를 만들고 상대가 고르게 하면 된다. 물론 그 선택지를 남북이 만들 수도 있다.

경향신문 / 정태인의 경제시평 / 2020.06.09.

한반도 트릴레마

선거가 민주주의의 꽃이 되려면 각당은 정책을 내놓아야 할 것이다. "그럼 상대 당을 찍으란 말이냐"라는 주장만 난무한다면 선거는 진흙탕이 될 뿐이다. 4년 전 총선에선 '복지논쟁'이 우리의 선택을 이끌었다면 지금은?

불평등위기, 생태위기, 그리고 북핵위기가 현재의 3대 당면과제라는 데는 별 이견이 없을 것이다. 아직까지는 오직 정의당과 녹색당만 '넷 제로 (탄소 순배출 제로)'라는 기후위기 대책을 내놓았고 불평등위기에 대해 종합 부동산세 강화나 소유제한을 대안으로 제시했을 뿐이다.

문재인 정부의 가장 큰 성과로 꼽힐 북핵 문제의 해결, 나아가서 한반도 평화체제의 건설은 싱가포르 회담 이후 교착 상태에 빠졌다. 북핵 문제가 난항을 겪는 것은 관련 국가들의 트릴레마(세개의 목표 중 한개는 포기해야 한다)가 중국과 미국 간의 투키디데스 함정 속에서 해결되어야 하기 때문이다.

2018년 미국의 국제정치학자들은 미국의 동아시아 안보정책에 존재하는 트릴레마를 지적했고 한국의 북한대학원 교수들은 이 트릴레마가 한·일 갈등과 어떤 관련이 있는지(김정), 그리고 한국 정부의 대북정책 트릴레마(구갑우)를 제시했다.

미국의 동아시아 정책(뎁스와 몬테이로의 공동 논문), 그리고 북핵 대응(잭슨, 앤더슨의 독립 논문 두 편)의 트릴레마란 ①억제에 기초한 전쟁 방지 ②전진배치(forward deployment, 김정 교수는 "전방전개"로 번역)에 기초한 지역안정화 ③핵우산 등 적극적인 안전보증(security assuarance)에 기초한 핵비확산 중 어느 두개만 선택할 수 있다는 것이다. 구갑우 교수는 한국의 트릴레마로 ①평화체제 ②한·미 동맹과 주한미군 ③비핵화를 들었는데 이는 앞의 트릴레마 순서에 대체로 조응한다.

예를 들어 두 정부가 각각 ① ②에 해당하는 전쟁방지(평화체제)와 지역안정(한·미 동맹)을 선택하면 핵비확산(비핵화)은 이룰 수 없다. 핵 전략 자산이나 미군을 전진배치하면서 전쟁을 하지 않으려면 북한의 핵무장을 용인할 수밖에 없다(상호 억제에 의한 평화). 반대로 비핵화를 핵심 목표로 삼고 이를 평화체제로 발전시키려면 한·미 동맹의 변화를 꾀하지 않으면 안 된다. 실제로 한·미 연합군사훈련의 연기(지역안정의 약화)가 북한을 대화로 끌어냈고 반면 북한의 안전보장(평화체제) 없이 비핵화 협상이 더 나아갈 수 없다는 것은 이러한 트릴레마가 상당한 설득력을 지닌다는 것을 의미한다.

한편 중·미 간 투키디데스 함정을 보면 경제 쪽의 미·중 통상마찰은 미봉의 합의로 일단 빠져 나왔지만 안보 쪽은 남중국해 문제가 여전한 가운데 북한 비핵화에 대한 물밑 대립이 지속되고 있다. 예컨대 중국은 미국의 예방전쟁에 절대 반대하고, 경제제재를 극단적으로 강화하는 비핵화 방안에는 소극적이다. 무엇보다도 북한의 파멸이나 자멸 모두 미군이 압록강과 두만강까지 진출하는 것을 의미하기 때문이다. 사드의 추가 배치 역시 마찬가지이다.

북한 역시 트릴레마를 지니고 있다. 북한은 핵무장과 경제발전, 그리고 국내외 정치적 안정을 모두 달성할 수 없다. 핵무장은 국내 정치 안정과 함께 갈 수 있지만 국제제재의 강화로 경제 발전을 가로막는다. 또한 경제발전에 의한 정치적 안정을 선택하려면 핵무장을 포기해야 한다. 핵무장과 경제발전을 동시에 이루려는 목표(핵·경제 병진노선)는 기술적으로 불가능하다는 사실이 증명되었을 뿐 아니라 극심한 외부의 반발을 낳을 것이다.

결국 우리는 미·중의 대립을 완화하고 북한의 안전을 보장하는 동시에 완전한 비핵화를 달성하는 방안을 선택해야 한다. 예컨대 현재의 미군을 평화유지군으로 재편하고 동아시아의 집단안보체제 구상을 북한이 믿을 수 있도록 해야 하며 한반도를 미·중 직접 충돌 완화의 '제3지대' 또는 중립지대로 만들 수 있다. 이럴 때만 북한도 동아시아형 경제발전을 이룰 수 있고, 남북의 평화공존 비용은 획기적으로 낮아진다.

물론 저 유명한 경제학의 트릴레마(유명한 고정환율제, 자본이동, 금융정책의 자율성)가 그렇듯이 이러한 조건이 엄격하게 고정되어 있는 건 아니지만 그 자체로 훌륭한 토론 대상임에는 틀림없다. 총선이 북핵 문제, 불평등, 생태위기를 해결하기 위한 백가쟁명의 장이 되기를 바란다. 전국의 와이파이는 이러한 토론을 기술적으로 도울 수 있을 뿐이다.

경향신문 / 정태인의 경제시평 / 2020.02.17.

노무현 전 대통령의 숙원

고 노무현 대통령이 가장 심혈을 기울인 사업은 무엇이었을까? 2003년부터 2008년까지, 그의 전 임기와 운명을 같이 한 6자회담은 강력한 후보 중 하나다. 이 기획은 비핵화라는 최종 목표에 이르지 못한 채 중단됐으며 2006년 북한이 1차 핵실험까지 했으니 "결국 실패했다"고 판단할 수도 있다. 하지만 남북한과 내로라하는 4대 강국이 끝없는 협상을 통해 발표했던 '9·19 공동선언'은, 지금 돌이켜 보면 거의 기적에 가까운 성과였다. 노무현 대통령과 안보팀은 6자회담의 성공을 위해 온몸을 바쳤고 6개국의 합의로 우리가 꿈꾸는 동아시아의 평화체제, 그리고 경제공동체로 가는 여정을 그려내는 데 성공했다.

그런데 왜 이 귀중한 경험이 현재의 북핵 협상에 적극적으로 활용되지 않는 걸까? 그 무엇보다도 북핵 문제는 우선 북한과 미국이 직접적 당사자이기 때문이다. 두 나라의 합의가 25년간 복잡다단하게 뒤엉킨 실마리를 푸는, 가장 중요한 첫걸음이라는 사실은 아무도 부정할 수 없다. 또한 부시 전 미국 대통령이 '테러와의 전쟁'에 몰두하기 위해 북핵 협상이라는 골치 아픈 항해의 운전대를 중국에 맡겼던 데 비해, 트럼프 대통령은 북핵 문제 해결이 자신의 재선에 매우 중요하다고 여기는 점도 중요한 차이다. 더구나 그 스스로 평생 몸에 익힌 '협상의 기술'을 활용하면 단숨에 문제를 해결할 수 있으며, 여러 나라의 이해를 조정하는 다자회담은 별 성과를 내지 못한 채 지리멸렬하기 마련이라고 믿는 점도 무시할 수 없다. 나아가서 김정은 위원장 역시 '통큰 결단'으로 단칼에 문제를 해결하고 싶어한다. 하노이회담의 결렬에도 불구하고 양국이 막말을 애써 자제하고 있는 것도 양자협상이 여전히 열쇠를 쥐고 있다는 사실을 보여준다.

하노이에서 우리는 두가지 사실을 새삼 확인했다. 첫째, 북한은 체제 안전에 대한 보장을 가장 중요하게 여긴다는 것(하여 북한은 국제제재의 해제는 더 이상 미국의 지렛대가 될 수 없다는 "새로운 셈법"을 선언했다), 둘째, 미국의 '대내 협상'이야말로 트럼프의 행동반경을 좁히는 가장 큰 제약이라는 사실이다.

2005년 9·19 공동성명 직후 미국 재무부는 북한의 달러 위조지폐 문제를 폭로했고 뒤이어 방코델타아시아은행의 북한 자산을 동결했다. 2년여의 협상 속에서 쌓은 신뢰는 깨졌고 북한은 핵실험으로 맞섰다. 미국이 너무 많은 양보를 했다고 판단한 미국 내 보수파들이 합의 파기를 유도했다는 혐의가 짙다. 더 거슬러 올라가 보면 제1차 북핵 위기를 일단락시킨 '제네바 기본합의' 때도 미 의회는 북한에 제공할 중유 예산을 전액 삭감한 바 있다.

북한이 간절히 원하는 체제 안보는 미국 홀로 해결할 수 있는 문제가 아니다. 북·미가 연락사무소를 개설하고 나아가 '정상적 외교관계'를 수립한다 해도 주변국의 동의와 구체적인 평화체제의 수립이 없다면 양국 간의 오래된 불신과 오판은 언제든 사태를 뒤집을 수 있다. 푸틴 대통령은 북·러 정상회담에서 "북·미 두 나라 간의 합의만으로는 북한의 안전이 보장되지 않는다"며 진정한 평화를 원한다면 6자회담을 재개해야 한다고 주장했다.

지금 우리는 6자회담의 소중한 경험을 되살려 2+4 협상을 준비해야 한다. 과거와 달리 이번에는 현재 북·미 협상의 주도를 전제로 해서, 2+4 회담이 양국 간의 기본 합의를 구체화해 실행에 옮기고 어느 한 나라가 '되돌릴 수 없는' 국제제도와 규범을 만들어야 한다. 그것은 9·19 공동성명과 2007년 2·13 합의를 현시점에서 되살리는 일이기도 하다. 즉 두 나라의 지도자가 양자회담의 장점을 살려 신속하게 굵은 줄거리를 그려내면 나머지 나라들은 그 실행과 영속화를 꾀하는 일종의 분업이다.

여러 나라가 참여한 합의는 미국 내의 정치적 공격을 무디게 할 수 있으며 나아가서 미국의 재정 부담을 나눠서 의회의 반대도 누그러뜨릴 수 있다. 미·중 양국이 '책임있는 대국'으로서 아주 중요한 국제문제를 해결한 경험은 앞으로도 계속 닥칠 투키디데스 함정에서 벗어나는 요령을 보여줄 것이다.

2+4 회담은 악화일로의 한·일 갈등을 해결하는 실마리가 될 수 있다. 현재의 핵협상에서 일본이 아무런 목소리를 내지 못하고 있다는 사실도 현재 진행 중인 한·일 마찰의 원인 중 하나이기 때문이다. 일본이 국제제재 해제 이외의 추가적 대북 경제지원을 맡는다면, 그리고 그 일환으로 장차 북·일 식민지 배상 문제까지 합리적으로 처리할 수 있다면 일본은 '보통국가'에 한 걸음 다가서게 될 것이다.

중국은 6자회담의 교훈, 그리고 현재의 미·중 무역전쟁을 의식하여 다시 '도광양회'를 실천하는 듯하다. 바로 지금이 우리가 2+4 회담을 제안해서 결국 남북 모두를 궁극적 승리자로 만들 절호의 기회가 아닐까? 6자회담의 부활은 노무현 대통령의 숙원을 기어이 해결할 '신의 한수'일지도 모른다.

경향신문 / 정태인의 경제시평 / 2019.09.30.

새로운 길, 새로운 계산법

4월 12일 김정은 북한 국무위원장은 최고인민위원회의에서 북한이 "새로운 길"을 걸을 것이라고 선언하고, 북·미 협상 재개의 조건으로 "새로운 계산법"을 미국에 요구했다.

3월 30일 로이터통신은 '문서 하나로 트럼프는 김에게 핵무기를 넘기라고 요구했다'는 제목의 기사를 실었다. 이 문서에 북한의 핵무기와 핵물질, 탄도미사일뿐 아니라 생화학 무기와 이중 용도의 생산시설까지 폐기해야 대북 제재를 풀겠다는 내용이 담겼다. 협상장에서 득의의 미소를 지은 존 볼턴 안보보좌관은 미국에 돌아와서 협상 결렬과정을 신나게 설명했다.

미국 드라마 〈종이로 만들어진 집〉(house of cards)에서 대통령은 상원의 초당적 반대를 회피하기 위해 의회 휴회기간에 자신의 부인을 유엔 대사에 임명한다. 이 기상천외한 장면은 부시 대통령이 유엔대사로 볼턴을 지명했을 때 실제로 벌어졌다. 공화당마저 등을 돌리고 국무부 관료들의 극혐 대상이었던 초강경 매파 볼턴은 미국의 힘을 최대한 활용해서 상대를 굴복시켜야 한다는 강압 외교의 대변자이자 대북 선제타격론의 핵심 주창자이다.

적어도 공식적으로 북핵 개발의 목표는 현 체제의 안전보장이다. 즉 북한 비핵화의 조건은 종전선언, 북·미관계 정상화, 평화협정, 한반도 비핵화, 집단안보 등으로 구성되어야 할 "항구적이며 공고한 평화체제"(인민회의 연설)이다. 그런데 미국은 제재 해제=경제발전과 비핵화를 하나로 묶었다. 핵 문제 해결의 길은 지도자가 살해된 리비아식이고 "북한의 기적"의 경제모델은 도이머이(개혁) 30년의 결과 2016년 1인당 GDP가 고작 2170

달러인 베트남식이라니 김 위원장은 황당했을 것이고 나아가 치욕스러웠을지도 모른다.

트럼프 대통령의 "협상의 기술" 핵심은 구조적 선택의 강요이다. 상대방이 둘 중 하나를 선택하도록 협상의 구조를 짠 뒤 자신의 안을 받아들이도록 레버리지를 극대화하는 것이다. 승리를 위해서라면 그는 과장, 허장성세, 위협, 소송을 마다하지 않는다. 예컨대 2017년 미·중 정상회담 장소인 마라라고 리조트 부지를 사들일 때 그는 원래의 마라라고 저택과 바다 사이의 해변을 몽땅 사들인 뒤, 고층 빌딩을 세우겠다고 위협해서 가격을 계속 떨어뜨렸다. 한편으론 자신의 안을 수용할 경우 북한이 맞게 될 (필시 과장된) 기적의 영상을, 다른 한편으론 정상국가라면 수용하기 힘든 "문서하나"를 제시한 것이다. 고심 끝에 북한은 국제제재와 무관한 경제건설, 즉 자력갱생을 선언했다. 안전보장을 최종 목표로 삼고 그 협상 과정 동안 단계적 제재 완화와 핵 실험 중지, 동결 및 폐기를 차례로 연계하려 했던 달콤한 목표를 포기한 것이다. 이제 미국도 국제제재를 레버리지로 삼을 생각은 버려라! 이것이 "새로운 계산법"이다.

하지만 북한의 "새로운 길"은 그다지 새롭지 않다. 할아버지 김일성 주석 때부터 무려 60년간 반복된 구호가 "자력갱생"이기 때문이다. 다양한 외부 지식과의 차단을 의미하는 이 구호의 성공 사례는 극히 드물다. 중국의 초기 개혁이 가장 근사할 것이다. 1978년부터 80년대 말까지 중국의 생산성을 끌어올린 것은 농업부문과 향진기업이었고 수출입이나 외국인 투자는 미미한 역할만 했다. 즉 성공은 계획경제 바깥의 시장경제를 확대하고 합법화하는 데 있었다. 농업의 '포전담당제'(중국의 책임생산제)를 지금보다 강화하되 정책의 신뢰성을 높이기 위해서는 정률의 사용료(세금) 외의 추가 징수를 엄격히 금지해야 한다. 현재의 계획생산 네트워크도 '일원화, 세부화'가 아니라 반대로 '다원화, 간접화'로 뒤바꿔야 한다. 북한 생산성 정체의 원인은 생산요소를 한곳에서 사고 생산물을 한곳에만 파는 '경성생산제약'에 있기 때문이다.

북·미 양 정상은 상대가 치킨게임의 달인이라는 사실을 서로 잘 알고 있는 듯하다. 벼랑 끝까지 다다른 두 적군이 동시에 사는 방법은 서로의 발목을 밧줄로 동여매는 것이다. 트럼프 대통령은 재무부의 추가 제재 요구를 거부했고 한·미 정상회담에서도 모호한 수사(빅딜이 지금 목표지만 스몰딜도 가능하다)를 거듭 구사했다. 한편 북한도 과거와 같은 감정적 비난을 최대한 자제한 채 트럼프 전술의 허를 찔렀다. 회담의 성공이 두 정상의 동시 목표가 되도록 타결집합(win set)을 조정해야 한다.

무엇을 할 것인가? 다음 정상회담을 위해 북한은 목표, 즉 평화체제의 내용을 "문서 하나"로 정리해야 한다. 물론 이 체제는 두 나라뿐만 아니라 주변국 모두의 합의가 필요하다. 무엇보다 문재인 정부의 노력과 창의, 그리고 중국의 공조가 절실하다. 트럼프는 레버리지를 높이기 위해 '최대의 압박'을 가하지만 실리를 얻을 수만 있다면 언제라도 전술을 바꿔 타협하는 것('최대의 관여')으로도 유명하다. 북한의 신속한 비핵화를 부르는 레버리지는 제재 유지나 강화가 아니라 오히려 완화라는 사실을 트럼프 대통령이 깨닫는 순간 볼턴은 미국 국내 협상용 패로 용도폐기될 것이다.

경향신문 / 정태인의 경제시평 / 2019.04.15.

'양면게임'의 논리

북·미 회담 결렬의 진정한 원인은 미국의 교환 조건에 북한의 안전 보장이 빠졌기 때문이다. 북의 안전보장을 포함하는 양국 '타결 집합'의 윤곽을 그리면서 손에 쥘 수 있는 성과도 만들어야 한다.

"찬반이 뜨거웠기에 협상의 결과가 더 좋아졌을 것입니다. 반대하신 분들의 주장이 우리의 협상력을 높이는 데 큰 도움이 되었을 것입니다. 그리고 전략적으로 그렇게 하신 분들도 있을 것입니다. 감사하게 생각합니다." 2007년 4월 2일 한·미 자유무역협정(FTA) 협상이 타결된 날 노무현 대통령의 담화에 나오는 구절이다.

　'사회적 자본'으로 유명한 로버트 퍼트넘은 1988년 〈외교와 국내정치:양면게임(two-level games)의 논리〉라는 논문을 썼다. 모든 국제 협상은 대내 협상을 동반하기 마련이고 이 구조에서 독특한 논리가 생겨난다는 것이다. 동질적이고 강한 반대 세력은 협상에 두 가지 영향을 미친다. 당장 협상팀이 활용할 수 있는 '타결 집합(win set)'은 줄어들지만 바로 그만큼 상대에 대한 협상력은 강해진다. 양국 타결 집합의 교집합이 얼마나 큰지가 협상의 성공 가능성을 좌우한다.

협상력 강해졌지만, 타결 집합 잃은 트럼프

예컨대 한국에서 투자자·국가 중재제도(ISDS)를 절대로 받아들일 수 없다는 주장이 강하고 치밀하면 정부 협상팀은 그만큼 힘들겠지만 이제 ISDS

는 대미 협상의 레버리지가 될 수 있다. 미국 쪽은 더 확실하다. 미국 대통령은 법안 하나를 의회에서 통과시키기 위해서 전화기를 붙들고 반대 의원 한 명, 한 명과 협상한다. 한·미 FTA와 같은 어마어마한 법안의 경우 농업이나 자동차, 의약품 등 핵심 쟁점 분야의 한 문장, 한 문장이 모두 이들 의원의 이익과 직결되어 있다. 그만큼 미국 협상팀의 타결 집합은 줄어든다.

지난 2월 28일 북·미 정상회담은 점심까지 취소할 정도의 파장 분위기로 끝났고 벌써 한 달이 지났다. 북한과 트럼프 대통령에 대한 미국 정치권과 언론의 '초당적' 혐오는 신기할 정도다. 그 어떤 합의를 한다 해도 "자신의 정치적 이익을 위한 퍼주기"라는 비난이 쏟아질 상황이다. 그만큼 트럼프 대통령의 협상력은 강해졌을 테지만 그의 타결 집합은 사실상 공집합이 되었다. 트럼프 대통령의 불만은 회담 후 기자회견에서 적나라하게 드러났다.

이제 "김정일 위원장은 미국의 셈법을 이해하지 못하는 듯 보였다"라는 최선희 북한 외무성 부상의 말도 이해가 간다. 북한은 영변의 핵시설 폐기는 앞으로의 지난한 협상에서 훌륭한 출발점이 되리라 믿었다. 이 정도면 2006년 이후 다섯 차례에 걸쳐 강화된 제재 일부, 민간경제에 타격을 주는 조항이 어느 정도 포함될 것인가가 협상의 대상이 될 만했다. 그런데 비핵화라는 최종 목표가 난데없이 협상의 전제로 둔갑했다.

회담 결렬의 진정한 원인은 '핵 및 대량살상무기 폐기 대 제재 철회'라는 미국의 교환 조건에 북한의 안전보장이 빠졌다는 데 있다. 핵개발 포기 후 최고 지도자가 처형된 리비아, 주변 강국의 합의에 따른 핵 폐기 후 러시아의 공격을 받은 우크라이나의 예는 이 조건이 난제 중 난제라는 사실을 웅변한다.

다행히 괄목할 만한 진전도 있다. 회담이 결렬됐어도 양국 정상은 여전히 우정을 강조하고 있다. 트럼프 대통령의 트윗대로라면 오로지 돈을 낭비하지 않기 위해서 한·미 합동 군사훈련은 중지됐고 북한이 핵미사일 실험을 중단한 지도 1년이 넘었다.

앞으로 펼쳐질 긴 협상에서 한국 정부는 할 일이 많다. 먼저 '비핵화' '단계 대 단계' 또는 '조치 대 조치' 등 기본 개념을 정의하는 것부터 다시금 협상해야 한다. 미국 의회의 현재 요구는 사실상 협상을 거부하는 것이라는 사실을 차근차근 밝혀야 한다. 남북관계 개선, 예컨대 개성공단의 재개가 유엔의 제재와 무관하다는 사실을 트럼프 대통령이 슬그머니 인정할 수 있도록 분위기를 조성할 수 있다. 북한의 안전보장은 북·미의 합의만으로 해결될 사안이 아니다. 이제 '쌍중단(핵미사일 실험과 한·미 군사훈련의 동시 중단)'이 실현됐으니 중국이 '쌍궤(비핵화와 평화체제 구축)'의 길에 참여할 때가 되지 않았는가.

북한의 안전보장을 포함하는 양국 타결 집합의 윤곽을 그려내면서 손에 쥘 수 있는 성과도 만들어내야 한다. 국회에서 김연철 통일부 장관 후보를 인준하는 것은 교집합 부재라는 현재 상황을 타개하는 한 걸음이 될 것이다.

시사인 / 603호 / 2019.04.05.

뚜벅뚜벅, 호시우행

딱 하나, 동의할 만한 주장을 찾았다. "제멋대로 예비타당성 조사 면제로 전국에 낭비성 예산을 퍼붓습니다." 지난 12일 나경원 자유한국당 원내대표의 교섭단체 연설 얘기다. 예컨대 새만금 공항 건설은 경제성이 전혀 없기에 예비타당성 조사를 통과할 리 없다. 하지만 '공단의 전봇대' '손톱 밑의 가시'인 규제를 샅샅이 제거해서 투자를 늘려야 한다는 주장이야말로 자유한국당과 그 전신인 새누리당, 그리고 한나라당의 핵심 정책이 아닌가? "기업에게, 그리고 우리 경제에 '자유'를 허락하라"는 나 원내대표 주장의 과감한 실천이다.

경제 분야에서 나 원내대표의 핵심 주장은 "소득주도성장의 실패는 자명"하다는 것이다. 그렇다면 나 원내대표는 만세를 불러야 했다. 왜냐하면 이 정부의 2019년 경제정책은 '예타 면제'가 포함된 "경제활성화"로 방향을 틀었고 사실상 소득주도성장을 폐기했기 때문이다. 즉 나 원내대표의 오해와 달리 한국당과 민주당은 경제정책에서 거의 완전히 동일하다.

그런데 과연 소득주도성장정책, 특히 최저임금정책은 실패했는가? 적어도 지금까지 나온 통계와, 믿을 만한 실증분석에 따르면 전혀 근거가 없다. 소득주도성장론은 1980년대 중반부터 1990년대 초반까지 평균 8%, 그 후 민주당 정부 5%, 한국당 정부 3%로 일관되게 경제성장률이 떨어진 가장 큰 이유는 불평등의 확대라고 주장한다. 특히 근로소득이 GDP에서 차지하는 비중이 떨어진 데 원인이 있으므로 최저임금 인상은 물론 불로소득인 임대료 인하 등을 통해 중하위층의 가처분 소득을 증가시켜야 한다. 이제 막 1년이 지난 정책의 효과인지는 불확실해도 경제성장률보다 민간소비 증가율이 높아지고 근로소득 내의 불평등이 완화하는 등 긍정적인 결과가 나오고 있었다. 나 원내대표가 노심초사 걱정하는 청년 고용률도 미미하지만 높아졌다. 악화된 지표는 하위 10%에 대한 복지의 확대, 즉 적극적 재분배정책의 필요성을 보여주고 있을 뿐, 시장의 분배정책과는 무관하다.

2월 28일 북·미 정상회담이 없었다면 나 원내대표는 어떤 연설을 했을까? 그는 "북한은 핵폐기 의지가 없다는 사실을 확인"하고 대통령을 "김정은 수석대변인"에 빗댔다. 노무현 전 대통령의 "동북아 비서관"이었고, 이제 밥벌이조차 접고 북한 공부에 전념하고 있는 나로선 그저 뜨악할 뿐이다. 북의 핵실험과 미사일 발사가 집중된 시기는 정확히 한국당 집권 시기와 일치한다. 미국발 '북한 붕괴론'이 한국당을 들뜨게 한 시기이기도 했다. 밖에서 한껏 압력을 가하고, 북은 발악을 하듯 핵 위력과 미사일 사정반경을 늘렸다. 말 그대로 악순환이 끝없이 벌어졌다.

그리고 이제 2년, 우리는 전쟁 가능성이 아니라 평화 가능성을 타진하고 있다. 회담 후 기자회견에서 트럼프 대통령은 마음속의 분노를 드러냈다. 북한 주장에 맞춰 합의를 할 수도 있었지만 그 정도론 실패한 협상이라는 비난을 받을 것이란 얘기다. 그는 회담이 시작되기 전부터 "서두르지 않겠다"는 말을 반복했다.

나 원내대표는 북한의 '핵폐기'와 문재인 정부의 '핵폐기'가 다르다고 비난했지만 사실을 말하자면 당사자와 관계자, 그 어느 누구도 핵폐기의 정의에 합의한 바가 없다. 국내외 언론 모두 핵폐기 대 제재 해제를 협상 대상으로 보는데, 그것은 정확히 미국의 프레임일 뿐이다. 북한이 제재를 완화하려고 핵건설을 했다는 말인가? 북한에 경제만큼, 아니 그보다 더 중요한 것은 체제의 안전보장이다. 북핵 문제 해결의 모델로 거론됐던 우크라이나(소련의 해체로 세계 2위의 핵보유국이 되었다)의 경우도 관련 6개 강국이 나서서 안전을 약속했지만 핵 폐기 후 러시아의 공격을 당해야 했다. 도대체 무슨 수가 있을 것인가?

내가 보기에 북한은 그런 묘수, 예컨대 집단안보와 같은 복잡한 상황은 일단 뒤로 미뤄두고 일단 영변의 핵시설을 폐기할 테니, 경제제재 상당 부분을 해체하자고 한 것이다. 그리고 불행하게도 그 정도론 미국 내에서 사면초가에 몰려 있는 트럼프가 '위대한 승리'를 선언할 수 없었다. 또 그에겐 차기 대선까지 꽤 시간이 남아있다.

나 원내대표와 한국당의 기대와 달리 북한과 미국은 벼랑 끝으로 발길을 돌리지 않았다. 적어도 두 정상은 과거처럼 막말을 주고받지 않고 우정을 강조했다. 북·미 협상은 3원 연립방정식이다. 그중 세 번째 변수인 체제 안전보장은 고도의 신뢰와 시간을 필요로 한다. 불씨는 꺼지지 않았다. 적어도 군사훈련과 핵미사일 실험은 중단됐다. 나 원내대표는 그 악순환을 다시 시작하자는 말인가? 그가 장사정포를 퍼부은 김연철 교수(통일연구원 원장)는 내가 보기에 이 '시간차 연립방정식'을 푸는 데 최적의 인사 중 한 명이다.

문재인 정부는 나 원내대표가 상찬한 노무현 전 대통령 말대로 '호시우행'하면 된다. 제발 안보만큼은 뚜벅뚜벅….

경향신문 / 정태인의 경제시평 / 2019.03.18.

한반도의 촛불

서정주가 그랬던가. "나를 키운 건 팔할이 바람"이라고…. 문재인 대통령의 지지도를 키운 건 몇 할이 '북핵 문제'였을까? 이 여름의 무더위를 더욱 짜증나게 한 이 정부의 경제사회정책을 비판하려다 급히 칼럼 주제를 바꾼 건 문득 떠오른 이 질문 때문이다.

기본적으로 북핵 문제는 미국과 북한 간의 관계이고, 북핵협상에 대한 미국 주류의 초당적인 비판에는 자국과 상대국 두 지도자에 대한 혐오가 짙게 깔려 있다. 협상 국면의 한 고비가 될 9월에 때 아닌 살얼음이 뒤덮일 판이다. 양 지도자의 목표는 확실하다. 트럼프 대통령은 구체적인 비핵화 일정을 받아내서 중간선거에서 승리해야 하고, 김정은 위원장은 체제안전을 보장받아 경제에 전념할 수 있어야 한다.

지난 70년간 남북관계의 역사는 8할 이상 불신이었다. 정전 협상에 즈음해서는 이승만 전 대통령의 '벼랑 끝 전술'이 빛을 발했고 결국 한·미 동맹과 국군의 전력 강화를 얻어냈다. 김일성 주석 역시 북·소, 북·중 동맹을 이끌어냈고 양쪽은 무력통일을 장담했다. 1970년대 초 냉전의 얼음이 쩍쩍 갈라지는 소리를 내자 남북 모두 내부를 챙기기 바빴다. '남북공동선언'으로 세계를 놀라게 하면서 내부적으로는 각각 1인 지배를 강화했다. 단언컨대 요즘 아이들은 '국민교육헌장'과 '주체사상에 대하여'를 구분하지 못할 것이다.

날로 벌어지는 경제적 격차를 이데올로기 강화로 상쇄할 수 없었던 북한은 1970년대부터 적극적인 개방정책을 썼지만 2차에 걸친 석유위기 와중에 1986년 모라토리엄을 선언하는 데 이르렀고, 설상가상 1989년 사회주의권의 붕괴는 경제체제를 완전히 마비시켰다. 북한은 핵무기 개발에 체제의 명운을 걸었고, 1993년의 1차 핵위기로부터 오늘에 이르기까지 병진노선에 맞춰 끊임없이 '경제관리 개선' 정책을 내놓았지만 결국 실패했다.

김정은 위원장은 핵전력의 완성을 선언함으로써 1970년대 이래 군사·경제 병진노선을 벗어나 경제에 전념하려고 한다. 하지만 생산성 향상 메커니즘을 새로 만들지 않고서는 북한 경제의 회생은 불가능하다. 각 기업이나 협동농장이 아무리 노력해 봐야 자기 집단에도, 나라에도 별 변화가 없을 테니 자포자기 상태로 몇백일 작전의 노동 연장으로 공급량을 꾸역꾸역 채우는 게 현재 북한 경제의 현실이다. "아래로부터의 시장화"가 급증했지만 생존의 차원일 뿐 투자와 성장의 동적 메커니즘이 만들어진 것은 아니다. 무역과 사금융의 "위로부터의 시장화" 역시 원자재 수출, 또는 노동력 수출에 의존하고 있을 뿐 이익이 생산적 투자로 이어지지 않는다. 2002년 '7·1경제관리개선조치'의 부분적 가격자유화에 따른 인플레이션, 그리고 2009년 '화폐개혁'이 초래한 의외의 하이퍼인플레이션은 초유의 거시적 충격이었다. 시장확대가 거시적 위기의 전파경로가 된 것이다. 결국 생산성 향상이 되지 않는 한, 시장의 확대나 30여년간 되풀이된 '경제관리개선대책' 모두 새로운 체제를 만들어낼 수는 없다. 다만 과거 전통적 모델의 붕괴를 재삼 확인할 뿐이다.

문재인 정부가 해야 할 일은 확실하다. 첫째는 외교안보 협상에서 북·미 양쪽의 타협안을 만들어내야 한다. 북한이 최소한의 비용으로 '관대한 TFT 전략(상호 보복상황에서의 양보)'을 구사할 수 있도록 해서 미국 내부의 비관을 희망으로 바꿔야 한다. 이 타협이 중국을 소외시키지 않아야 하니, 고차원의 외교력을 발휘해야 한다. 둘째는 북한의 양보에 대해 우리의 독자적인 보상, 즉 경제적 이익이 피부에 와 닿도록 해야 한다. 지금 북한에 가장 절실한 것은 북한 내부의 '과잉화폐(물자부족으로 인한 민간의 과잉 현금 보유)'를 은행에 모으는 것이다. 하지만 북한 주민은 적어도 금융에 관한 한, 당국을 전혀 신뢰하지 않는다. 예금보험공사가 기껏해야 얼마 되지도 않을 북한 예금의 안전을 보장하는 것은 그리 어려운 일이 아닐 테다. 박근혜 정부 스스로 폐쇄한 개성공단의 문을 재개하는 것은 자연스러운 결자해지일 뿐이며(과연 그런다고 핵공격의 위협이 증가할까?) 이 조치가 미국의 협상에도 결코 해가 되지 않는다는 점을 설득해야 한다. 나아가 2차 개성공단에 북한기업과 외국기업이 입주할 계획도 논의해야 할 것이다.

어느 정도 숨통이 트이고 희망이 보여야 비로소 북한도 이미 타국의 역사에서 실효성이 입증된 농업의 자율적 소농 경영이나 군단위의 민간기업 허용, 점진적 가격자유화를 적극 고려할 수 있을 것이다. 이런 상황에서 '한반도 신경제 지도'나 동북아 철도협력 구상, 100조 규모 프로젝트를 제시하는 것은 한가로울 뿐 아니라 북한당국의 자존심만 건드릴지도 모른다. 구체적인 협력으로 북한이 협상 중단을 선언하지 않도록 해야 한다. 한반도의 촛불마저 꺼트릴 수는 없다.

경향신문 / 정태인의 경제시평 / 2018.08.20.

북한 특수, '통일 대박'은 없다

온 나라가 북한 특수를 입에 올리고 있다. 하지만 북한과의 관계가 개선된 후에 확실히 필요한 사업, 북한의 점진적 발전에 딱 들어맞는 사업부터 시작해야 한다.

지난해 내내 나는 핵 위기의 게임이론을 공부했다. 북한과 미국의 최고 지도자들은 곧 핵전쟁을 벌일 수 있다는 위협을 점점 강도 높게 주고받는 상황이었다. 하지만 상황은 급변해서 이젠 온 나라가 북한 특수를 입에 올리고 있다. 장하성 정책실장이 남북 경협을 맡았다는 뉴스를 내보낸 청와대보다 돈 냄새에 민감한 변호사들과 투자자들이 더 빨리 움직인다. 금융기관들 역시 평양에 지점을 내는 문제를 검토하고 중국의 투기꾼들은 훨씬 더 빠르게 움직이고 있다. 언론에는 연일 북한의 지하자원 매장량이 소개되며 30년 전부터의 꿈인 부산-파리 간의 철길이 연일 입에 오르내린다. 가스관, 경제특구, 문화 교류 등 15년 전 내가 청와대 동북아비서관일 때 검토했던 항목들도 빠질 리 없다.

최순실씨의 작명대로 '통일 대박'이 터지려는 걸까? 하지만 무슨 투자를 하건, 협력을 하건 북한 정권, 더 정확히 말해서 김정은 국무위원장이 무슨 계획을 가지고 있는지부터 정확히 이해해야 한다. 지난 10년 동안 북한 연구자 어느 누구도 현지에 다녀오지 못했다. 북한 통계는 존재하지 않는다고 말하는 편이 더 나아서 이리저리 추정할 뿐이다. 가장 신뢰할 만한 한국은행의 GDP 통계마저 국정원이 제공한 기초자료, 예컨대 흥남의 공장 굴뚝에서 나온 연기의 양으로 추정한 생산량에 기대는 식이다.

우리는 아무것도 모른다. 게다가 보수 정권 9년 동안 모든 연구는 북한의 붕괴를 전제로 한 것이었다. 우리가 들여다볼 수 있는 시장경제로의 이행 경험은 소련·동구의 사례, 그리고 중국이나 베트남의 역사다. 동구권에선 당이 먼저 붕괴했다. 당의 계획에 입각한 경제는 완전히 마비되어 생산은 줄어들고 물가는 치솟았다. 여기에 IMF 등 국제기구와 미국의 주류 경제학자들이 제시한 쇼크 요법(급속한 가격자유화·개방화·민영화·안정화)은 '이행 불황'의 골을 더욱 깊이 팠다. 이들 나라의 신흥 부르주아와 새로운 투자처를 찾은 국제금융자본, 투자 전문 변호사들은 제도의 허점, 제도의 구멍을 찾아 떼돈을 벌었다. 〈바람과 함께 사라지다〉의 레트 버틀러도 전쟁은 곧 돈벌이 기회라고 갈파하지 않았던가? 대대적 '자산 탈취(asset stripping)'가 벌어졌고, 주민들의 삶이 구사회주의 시기 수준으로 돌아오는 데 10년 정도 걸렸다.

동독의 사례는 인상적이다. 서독의 제도를 별 정치적 논란 없이 도입했고 1대 1 통화 교환으로 발생한 경제침체에 대응해서 옛 동독 재정의 30%가 넘는 돈이 수년간 지원됐다. 그래도 통일 독일은 심각한 어려움을 겪었고 그 후유증은 지금도 동독 지역에 남아 있다.

남한·중국 자본이 북한의 자원을 탈취하는 방식이라면

이런 사태가 발생하면 남한과 중국의 자본은 북한의 자원을 탈취해서 단기간에 떼돈을 벌 수는 있겠지만 중장기적으로는 모두 불행해진다. 더구나 현재 상황에서는 한국 정부가 북한에 재정 지원을 할 수도 없다. 다행히 우리에겐 중국과 베트남의 이행 경험이 있고 이 경우엔 당이 개혁·개방을 주도했다. 그간 북한의 '경제 개선(개혁)' 정책 방향이나 김정은 위원장의 방침을 볼 때 북한은 중국·베트남형 길을 택하려 하겠지만 북한의 경제이론지 〈경제연구〉 일부 필자들의 지나치게 과감한 주장(각종 민자 사업을 지지하고 심지어 파생금융 상품을 만들어 돈을 벌자는 얘기도 나온다)이 한국과 중국의 투자자들, 국제 금융기구의 '권고'와 결합하면 불행한 사태가 벌어질 수도 있다. 북한 특수, 통일 대박은 존재하지 않는다. 또는 존재해서는 안 된다.

아무리 선의로 가득 차 있다 하더라도 그렇다. 모든 가능성을 고려해도 확실히 필요한 사업, 북한의 점진적 발전에 딱 들어맞는 사업부터 출발해야 한다. 북한 철도 현대화와 연결, 개성공단 재개, 그리고 9년여의 교훈(제도와 규범)을 확산시키는 일이 바로 그것이다. 내 짧은 경험으론 그마저도 지난한 사업이다. 오히려 한국 정부가 해야 할 일은 전 세계에서 몰려들 투기꾼들의 감언이설에 넘어가지 않도록 신중하고 또 신중한 정책을 북한과 협의하는 일이다. 남북 주민들이 모두 행복해질 공동의 사회 경제상을 함께 그릴 수 있다면 말 그대로 금상첨화일 것이다.

시사인 / 561호 / 2018.06.17.

보수의 터무니없는 비난, 애처롭다

'경천동지'가 이리도 자주 일어날 수 있는 걸까? 지난 3박4일 동안 도널드 트럼프 미국 대통령은 말 그대로 두 번 '표변'했다. 그가 북·미 정상회담 결렬을 선언하자 기다렸다는 듯이 국내의 보수야당과 언론들이 최대로 목소리를 돋웠다. 그들에게 문재인 대통령은 김정은의 "위장평화쇼"에 들러리나 선, "김정은 신원 보증인"에 불과하다.

북핵 문제의 직접적 당사자는 북한과 미국이지만, 이 지난한 평화과정의 최종 출구인 북한의 '체제안전 보장'과 '한반도 비핵화'는 두 나라 간 합의로도 해결할 수 없다. 중·미 간의 균형, 집단 안전보장이 필수적이기 때문이다. 하여 산 넘어 산, 앞으로도 고비가 많을 텐데 트럼프 대통령은 이 협상을 치킨게임으로 인식하고("미친 사람처럼 행동하라"), 여기에 살라미 전술(협상을 여러 개로 토막 내서 단계마다 이익을 얻는 전술)을 구사하고 있다.

북한은 대대로 치킨게임 또는 벼랑 끝 전술의 귀재로 알려져 있지만, 기실 북한의 인식과 행동은 일관되게 팃포탯("눈에는 눈, 이에는 이"·TFT)이었다. 돌이켜 보면 한·미 연합군사훈련의 연기부터 최선희의 비난 성명에 이르기까지 북한은 정확히 TFT에 따랐다. 하지만 이 전략의 가장 큰 결함은 어떤 이유로든 양자가 배반과 배반을 반복하는 상호보복 상황에 빠지면 헤어날 길이 없다는 데 있다. 해법은 어느 한쪽이(여유가 있든지, 아니면 절박하든지) 먼저 협동으로 돌아서는 것(관대한 TFT·GTFT)이다. 흥미로운 것은 TFT의 상호보복 상황이 치킨게임과 동일하고 GTFT를 쓴 쪽은 상대에게 치킨(겁쟁이 또는 바보)으로 인식된다는 점이다. 트럼프 대통령은 치킨게임의 승리에 만족하고 김정은 위원장은 반복죄수의 딜레마에서 최고의 전략을 사용했다. 앞으로도 고비마다 이런 상황이 되풀이될 것이다. 문재인 대통령은 그때마다 트럼프가 요구하는(살라미) 실리를 재빨리 파악해서 딱 그 수준으로 북한이 관대함을 보여주도록 해야 한다. 즉 고비마다 문턱을 넘어설 수 있도록 양쪽에 정보를 제공하여 가능한 균형을 찾아내는 것, 즉 '선량한 중재자'의 역할이 그것이다.

이번에 한국의 보수는 트럼프의 전술에 한껏 농락당했으며 앞으로도 그럴 것이다. 하여 마지막으로 기댈 언덕은 역시 경제다. 1·4분기의 고용 실적이 발표되자 이들은 일제히 목소리를 높였다. '소득주도성장'의 실패라는 것이다. 현재까지 유일한 실증 분석인 노동연구원의 연구결과(홍민기, '2018년 최저임금의 고용효과 추정', 5·3)가 발표됐지만 마이동풍이다. 산업별 고용추세를 고려한 이 연구는 최저임금이 고용량에 미친 영향은 양이지만 통계적으로 별 의미가 없고, 근로시간은 유의미하게 감소했다고 결론을 내렸다. 즉 적어도 현재까지 최저임금 인상의 부작용에 대한 비판은 별 근거가 없다.

증거는 필요 없다는 걸까? 어제(28일) 한 경제지는 과거의 장관 10명이 9대 1로 소득주도성장을 반대했다고 보도했다. 이 중 5명은 국민의정부와 참여정부에서 녹을 먹었으니 여야 막론, 만장일치에 가깝다. 이 기사의 인용만 보고 판단한다면 한국 경제의 저력에 또 한번 경탄할 수밖에 없다.

먼저 한국 경제를 책임졌던 이들이 기본적인 이론조차 모른다는 증거. 소득주도성장이 "과거 절대빈곤 시절에나 통하는 정책"(전윤철)이라니 오히려 그 반대다. 과거 자본이 부족하던 시대에는 자본소득이 생산적 투자에 사용되어 성장률을 높일 수 있었지만(트리클 다운) 이젠 그 반대이며 세계 각국에 대한 실증자료를 봐도 대체로 선진국이 소득주도성장 국가이다.

"본말이 전도돼 소득, 분배 더 악화"(윤증현), "부작용 크기 때문에 수정 필요"(노대래)는 통계는 물론 경제현실에 대한 감도 떨어진다는 증거다. 분배 악화의 증거로 제시된 1분위의 소득 감소는 최저임금 인상과 거의 관계가 없다. 세계 최고의 빈곤율을 보이는 한국 고령층이 이 분위에 속하며 이분들은 복지정책, 즉 2차 분배의 대상이다.

이런 터무니없는 비난이 아니더라도 경제를 걱정해야 할 이유는 많다. 수출증가율이 확연하게 떨어지고, 재고율이나 가동률을 고려해 보면 설비투자 증가율 역시 더 감소할 것이며 건설투자는 확실히 한계에 이르렀다.

정부가 해야 할 일도 명확하다. 임대업자들의 전·월세 인상을 막아야 하고, 분배 개선과 혁신 투자를 이루려면 자산소득 증가율이 경제성장률을 넘지 못하도록 해야 한다. 종부세나 국토세를 마다할 이유가 없다. 당장 부족한 투자는 정부 투자로 메워야 할 텐데 무엇보다도 생태 인프라투자가 절실하다. 현실을 모르거나 분석 능력을 결여한 비판은 애처로우며 결국 그들의 정치적 패배로 귀결될 것이다. 안보뿐 아니라 경제도 마찬가지다.

경향신문 / 정태인의 경제시평 / 2018.05.28.

김정은 위원장께

한반도에 엄청난 변화가 일어나고 있습니다. 지난해 11월 문재인 대통령의 한·미 군사훈련 연기 제안이 시발점이었죠. 김정은 북한 국무위원장이 신년사에서 남북관계에 '사변적인 해'를 만들자고 화답한 얘기는 북·중 정상회담, 남북정상회담으로 실현됐고 이제 북·미 정상회담을 남겨 놓고 있을 뿐입니다. 그리고 김 위원장은 '핵·경제 병진 노선'을 완성했으니 이제 경제에 전념하겠노라고 선언했습니다.

　　필경 전달되지 않을 편지를 지금 쓰는 이유가 여기에 있습니다. 믿을 수 없는 통계(제발 공식 통계 좀 공개해 주세요!)와 '경제 연구'(북한의 경제 학술지), 그리고 북한 탈주민의 전언을 종합해 보면 북한 경제는 전통적인 '사회주의체제'에서 이미 많이 벗어났습니다. 무역을 통한 위로부터의 시장화, 주민들의 삶을 통한 아래로부터의 시장화가 동시에 진행되고 있으니까요. 세계의 학자들이 일컫는 대로 '이행경제'라고 부르든, 아니면 북한에서 명명한 것처럼 '우리식 사회주의'라고 부르든 그건 상관없습니다.

　　기우부터 털어 놓자면 국제금융기구나 주류 경제학자들이 권고하는 '빅뱅'식 개혁을 채택하면 절대로 안된다는 겁니다. 러시아 등의 빅뱅은 정치적 혼란 속에서 가격자유화, 민영화, 금융안정정책, 조세개혁을 단숨에 해치우려다 GDP가 30% 이상 줄어드는 장기 '이행 불황'을 초래했습니다. 이런 거대한 전환이 사회시스템과 사람들의 규범을 혼돈 속에 빠뜨린다는 사실을 전혀 짐작하지 못했기 때문입니다.

　　중국이나 베트남의 선택은 이와 달랐습니다. 기존 체제의 빠른 해체가 아니라 향진기업이나 경제특구를 통해 시장경제의 비중을 점진적으로 늘리는 전략이었죠. 그들은 기존 '경제관리체제의 개선'과 시장경제를 조화시키는 방법을 찾아냈고 그 과정에서 인민들 역시 시장경제의 원리를 체득했습니다.

시장경제의 경험이라는 면에서 북한은 1980년대 초·중반의 중국보다 훨씬 더 시장경제에 노출된 상태에서 출발하고 있습니다. 인프라의 개·보수만 빨리 이뤄진다면 '동아시아의 기적'이 북한에서만 재현되지 않을 리 없습니다. 하지만 오랫동안 북한체제에 단단히 틀어박힌 문제에 손을 대지 않을 수는 없을 겁니다. 제 보기에 세계 어느 사회주의국가보다도 오랫동안 정성을 기울인 '계획의 세밀화, 일원화'가 바로 그것입니다. 사회주의체제의 문제는 '연성 예산제약'(J 코르나이)에 있다기보다 '경성 생산제약', 즉 극히 소수의 대상에서만 투입요소를 확보하도록 한 데 있습니다. 제 시간에 최고 품질의 자재가 도착하지 않는다면 어떤 기업이 아무리 열심히 일해도 최종 결과는 실망스러울 테고 결국 최저 품질의 요소가 전체 생산물의 질을 결정하는 일이 발생합니다. 이미 '물자교류시장'의 허용, 주문제나 계약제의 확대 등 현재 이 분야에서도 새 바람을 일으키고 있습니다만 조금 더 과감할 필요가 있습니다. 기업이 투입요소를, 국내 시장은 물론 해외 시장에서도 자유롭게 선택할 수 있도록 해서 모든 기업들이 경쟁에 나서게 해야 합니다. 시장경제의 장점은 바로 이렇게 국지적 정보가 생산성 향상으로 이어지도록 하는 데 있습니다. 지금처럼 단순히 '정치적, 도덕적 자극'을 강화하는 것으로 이 문제를 절대로 해결할 수 없을 겁니다.

또한 '주체'라는 이름이 붙은 기술체계 역시 과감히 손봐야 할 겁니다. '주체농법' '주체철' 등 기본 산업의 기술은 1950년대 북한의 비교우위를 반영하고 있습니다. 즉 상대적으로 풍부했던 전기를 많이 사용하는 기술인데 이제 에너지는 북한의 취약 부문입니다. 김 위원장이 신기술 산업에서 강조하는 '최첨단 돌파'는 기존 산업에도 적용해야 합니다.

제 능력으로 '거대한 전환'을 이 짧은 편지에 담는 것은 불가능합니다. 역사상 최고 지성의 얘기를 들을 필요가 있습니다. 저는 남북한 모두 폴라니의 다원적 경제와 민주주의, 오스트롬의 '다중심 접근'을 택해야 한다고 믿습니다. 국가(공공경제)와 시장, 그리고 공동체(사회적경제)가 민주주의에 의해 조화를 이루는 모델이죠. 조금 더 구체적인 경제전략을 찾으려면 조지프 스티글리츠(칼럼비아대)·대니 로드릭(하버드대) 교수, 그리고 중국 전문가로 A 왈더 교수(스탠퍼드대)를 추천합니다. 경제학이라는 안경을 벗고 맨눈으로 구체적인 현실에서 해법을 찾아온 학자들입니다.

　아… 가장 중요한 돈 얘기를 안 했군요. 국제기구에 가입할 조건이 충족될 때까지 중국의 AIIB를 이용할 수 있을 테고 일본의 식민지 배상금(또는 경협자금)도 활용할 수 있겠죠. 미국 자본에 대한 의존은 트럼프 대통령도, 물론 김 위원장도 원하지 않을 겁니다.

　금년이 경제 분야에서도 '사변의 해'로 기록되기를 바랍니다.

경향신문 / 정태인의 경제시평 / 2018.04.30.

햇볕정책의 국제화

속도의 완급은 있겠지만 결국 북한 경제는 시장화를 확대할 것이다. 북한이 국제사회로 나오는 것이야말로 김정은의 유일한 활로임을 설득해야 한다.

2011년 12월17일 김정일 북한 국방위원장이 심근경색으로 사망했다. 뒤를 이어 김정은이 '경애하는 최고 령도자'가 된 지 벌써 6년이 지났다. 3대에 걸친 핵실험 여섯 번 중 네 번을, 그리고 63번(116발)의 미사일 발사 중 50번(85발)을 그가 이 짧은 기간에 감행했다. 이제 어느 누구도 조만간 북한이 미국 본토에 이르는 핵미사일을 발사할 수 있으리라는 사실을 부정하지 못한다.

김정은 국무위원장은 '핵·경제 병진 노선'을 내세웠고 이미 '핵무력의 완성'을 선언했다. 그렇다면 경제는 어떻게 됐을까? 한국은행이 추정한 북한의 2016년 경제성장률은 3.9%로 우리의 2.8%를 넘어섰으며 그동안 1% 가까운 성장을 했다.

지난 6년간 북한의 경제이론지 〈경제연구〉는 핵·경제 병진 노선 외에도 '새 세기 과학기술혁명(또는 지식산업시대)' '인민 경제생활의 향상'이라는 구호로 점철되어 있다. 최근 북한의 경제 전략은 '최첨단 돌파'라는 말로 표현된다. 김정일 시대부터 강조했던 CNC(Computerized Numerical Control·컴퓨터 수치제어) 기술이 마침내 광명성 3-2호의 성공 덕에 우주산업으로 이어졌고 장차 원자력산업에 응용할 수 있는 핵기술 역시 '최첨단 돌파'를 이미 증명했으니 이제 북한의 '인재대군'을 밑천으로 해서 나노기술이나 생명기술에도 도전해야 한다는 것이다.

아직도 〈경제연구〉의 거의 모든 논문이 사회주의 소유제도가 계획과 집단주의 때문에 자본주의보다 우월하다고 선언하고 있지만 그것은 일종의 알리바이처럼 보인다. 2012년 김정은 국무위원장이 연구하라고 지시한 '우리식 사회주의 경제관리 방안'의 내용은 현실의 시장화를 기존 이론으로 합리화하고 나아가서 정책적으로 시장화를 대폭 확대하는 것이라 밝혀지고 있다.

2015년경부터 과거의 '독립채산제'는 '사회주의 기업 책임관리체제'로 정식화되었는데, 기업이 '실제적 경영권'을 가지고 스스로 모든 문제를 해결하라는 것이다. 재정과 금융에 관한 논문이 부쩍 많아진 것도 시장화에 따른 거시적 조정의 필요성 때문이며, 구체적으로는 20년 시장화로 민간에 쌓인 돈을 국가 기업의 운영에 동원하는 방안을 모색하고 있다.

이뿐 아니다. 국제금융 제도나 기법에 대한 소개가 매호 3분의 1을 차지할 정도로 늘어났고 경제특구의 외국인 투자 유치 방안에 대한 조사도 소개되고 있다. 파생 금융상품의 가격 변동을 독자적으로 예측하고, 새로운 파생상품을 설계할 뿐 아니라 이를 조작해서 외화를 벌어들이자는 주장까지 나왔다.

2002년 '7·1 조치'를 주도했다가 보수파의 반격으로 2007년 순천비날론연합기업소 지배인으로 좌천됐던 박봉주가 다시 총리로 등용됐다. 지난해 5월에는 정치국 상무위원으로 선임됐으며 당 중앙군사위 위원에까지 올라 당·군·내각에서 모두 입지를 굳힌 것도 의미심장하다.

북한은 비핵화 과정을 밟을 수밖에 없다

하지만 이 야심찬 전략은 '핵보유국'을 인정하라는 주장과 함께 곧바로 휴지조각이 되고 말 것이다. 2009년 화폐개혁과 같은 조치로 아래로부터의 시장화를 좌초시킨다면 그때처럼 경제위기가 닥칠 뿐 아니라 이제는 책임자 한 명(박남기 노동당 계획재정부장)의 사형으로 수습할 수 없을 것이다. 속도의 완급은 있다 하더라도 결국 북한 경제는 국제화로 나아갈 수밖에 없다. 나노와 바이오기술의 개발과 산업화 및 당장 절실한 외화 획득을 위해서는 국제제재가 풀리고 국제기구에 가입해야 한다. 결국 체제 안보에 대한 국제적 보장이 진전되는 데 맞춰 비핵화 과정을 밟을 수밖에 없다.

한국도 '한반도 비핵화'를 대화의 조건이 아니라 장기 목표로 삼아야 한다. 문재인 정부는 트럼프와 시진핑을 설득해서 김정은 정권의 안전을 국제적으로 보장하는 방도를 찾아야 한다. 국제사회로 나오는 것이야말로 김정은의 유일한 활로라는 점도 설득해야 한다. 북한 경제가 더욱 발전해서 국제사회에 녹아들면 들수록 한반도 평화도 굳건해질 것이다. 굳이 이름 붙이자면 국제판 햇볕정책이다.

시사인 / 535호 / 2017.12.20.

트럼프 대통령께

저는 지금 아마도 세상에서 가장 힘센 분에게, 필경 100% 전달되지 않을 편지를 씁니다. 그래도 이렇게 편지를 쓰는 건 혹시라도 도널드 트럼프 대통령 당신께서 너무 쉬워서 오히려 못 보는 답이 있지 않을까, 싶어섭니다. 대통령께서 "지금 가장 중요한 현안"이라고 말한 북핵 얘기입니다.

지금 대통령이 처한 궁지에서 벗어나는 길은 물론 확실한 성공 하나를 세계에 보여주는 것이겠죠. 그리고 북핵 문제야말로 대통령의 능력을 보여줄 최상의 대상임에 틀림없습니다. 2000년 10월 12일 북·미 공동 코뮈니케로 평화의 희망을 한껏 고조시킨 뒤, 무려 17년 동안 어느 대통령도 이 문제를 해결하지 못했고 오히려 북·미관계는 가파른 내리막길만 걸었습니다.

북한은 2000년대 초 어느 시점에, 이제 누가 뭐래도 웬만한 대외적 변화가 없는 한 MAD(Mutual Assured Distruction·상호확증파괴) 전략으로 끝까지 가 보겠다고 결심한 듯합니다. 핵(대량살상무기)을 보유한 국가가 먼저 (핵)공격을 받는다 해도 보복 능력이 살아 남는다면 상대방도 초토화의 운명을 피할 길이 없겠죠. 그래서 오히려 평화가 유지된다는 얘긴데 북한의 미사일은 MAD의 범위를 이제 하와이 부근까지 넓힌 모양입니다.

거기다 북한은 살아 남기 위한 '벼랑 끝 전술'을 가장 잘 구사하는 나라입니다. 기본적으로 치킨게임에서는 '미친 놈'이 이기게 되어 있죠. 노벨 경제학상 수상자인 셸링 교수와 버클리대의 파월 교수는 핵을 가진 약한 나라가 모든 걸 희생할 각오를 하는 경우 어마어마한 강대국도 후퇴시킬 수 있다는 사실을 논증했습니다. 국력 싸움을 '결의(resolve)의 싸움'으로 전환시키는 것, 이것이 연약한 새우가 고래들을 농락하는 비결인 셈입니다.

물론 핵·미사일 실험은 '배반' 행위니까 '응징'을 해야 합니다. 유엔이 연이어 점점 센 제재조치를 내놓는 것도 그 때문이죠. 하지만 북한의 에너지와 식량 줄을 쥔 중국은 대화를 강조할 뿐 화끈하게 제재에 동참하지 않고 있습니다.

대통령이 옳습니다. 이 문제는 중국이 풀어야 합니다. 단 북핵의 동결과 단계적 해체에 대해서 응징뿐 아니라 보상을 결합해야 합니다. 돌이킬 수 없는 비핵화를 하려면 북한이 다시 돌아가고 싶지 않을 정도의 보상도 주어져야 합니다. 북한이 핵무장으로 돌진하면서 완전히 잃어버린 그것, 바로 국제관계가 북한에는 당근이자 동시에 '행복한 족쇄'입니다.

중국은 북한이 믿을 만한 약속을 할 수 있습니다. 바로 아시아인프라투자은행(AIIB)을 통한 대규모 투자입니다. AIIB가 발족할 때 북한도 가입을 원했지만 중국이 냉정하게 거절한 바 있죠. 북핵 동결을 기점으로 핵 폐기까지 단계적으로 AIIB가 점증하는 인프라투자를 약속하는 겁니다. 이제 MAD에 의한 평화는 '핵 없는 세상' 주창자들의 용어인 MAED(Mutual Assured Economic Destruction·상호확증경제파괴)에 의한 평화로 서서히 대체됩니다.

문제는 중국이라는 고양이 목에 방울을 다는 겁니다. 그 방울은 바로 사드 배치의 철회, 적어도 레이더의 교체입니다. 사드에 대한 조치 하나로 중국이 대북 제재의 강화와 AIIB 지원에 적극 나선다면 북한도 협상에 나설 수밖에 없습니다. 이제 대통령의 대차대조표를 들여다볼까요? 모든 항목에서 흑자입니다. 이 어마어마한 성과를 내는 데 미국은 돈 한 푼 들지 않습니다.

이제 대통령은 역대 최초로 북핵 문제를 해결한 분이 됩니다. 사드가 원안대로 배치된다 하더라도 대통령의 업적으로 치부될 리 없습니다. 그건 오바마 대통령이 결정한 일이니까요. 한·미 정부는 한목소리로 성주의 사드는 오로지 북한 미사일 방어용이라고 했습니다. 북한용으로 레이더를 바꾸면 그 목적은 더 효율적으로 달성됩니다. 나아가서 굳이 사드를 배치해서 중국과의 본격적 대립에 나서는 것이 과연 중장기적으로 미국의 이익이 될지도 의문입니다(미국의 국제관계 학자마다 서로 다른 의견을 내고 있으니 골고루 들어보시기 바랍니다).

며칠 뒤 대통령께서는 대한민국 문재인 대통령과 정상회담을 합니다. 바로 이 회담에서 양국 정상은 '신의 한 수'에 합의할 수 있습니다. 양국의 동맹은 굳건해지고 중국 역시 대환영할 겁니다. 그리고 '트럼프 대통령'은 세계의 평화를 한 걸음 전진시킨 사람으로 기억될 겁니다.

추신: 악수할 때 힘자랑은 마시기를…. 마크롱한테도 한번 당하셨잖아요. 이건 비밀인데 문 대통령도 그리 만만한 분이 아닙니다.

경향신문 / 정태인의 경제시평 / 2017.06.26.

북핵 문제 해결의 입구로 들어가려면

북핵 문제 해결의 입구로 들어가려면 한·미 군사훈련 중단과 북핵 동결을 교환해야 한다. 북핵을 돌이키지 못하게 하는 것은 국제관계의 과실이지, 경제제재가 아니다.

촛불이 대통령을 바꿨다. 박근혜씨의 탄핵 결정이 첫 번째 고비였다면 이제 막 두 번째 고비를 넘었다.

　　잠깐 한숨을 돌린 안보 위기와 경제 위기를 어떻게 돌파할 것인가? 북한의 핵전략은 정확히 '상호 확증 파괴(MAD:Mutual Assured Destruction)'를 따르고 있다. 냉전 시대 강대국의 행동 원리를 이론화했다는 미어샤이머 유의 공격적 현실주의나 셸링의 게임이론은 오히려 북한의 행동, 벼랑끝 전술을 정확히 묘사해준다. 북한의 행동은 순수하게 안보를 목표로 하고 있기 때문이다. 북한은 당 안에 모든 정치행위를(심지어 경제도) 흡수했고, 또한 주체사상이라는 이데올로기가 거의 완벽하게 이런 통제 시스템을 합리화하고 있다.

　　그런데 우리는 왜 훨씬 더 숫자도 많고 강력한 중국의 핵무기는 걱정하지 않는 것일까? 미국의 핵무기는? 그들이 우리를 공격할 이유가 없다고 믿기 때문이다. 여기에는 국제 규범이나 경제적 이해관계, 국내 정치 등이 관련되어 있다. 이런 사고를 경제 쪽으로만 단순화하면 페리 전 국방장관이 주창하는 '상호 확증 경제파괴(MAED:Mutual Assured Economic Destruction)'가 된다. 잃어버릴 게 많으면 서로 공격하지 않을 것이란 얘기다. 중국과 미국이 으르렁거리면서도 쉽게 보복하지 못하는 이유다. MAD와 MAED, 이 둘은 어떤 관계일까?

트럼프에게 사드는 '목표' 아닌 '협상의 지렛대'

그동안의 역사를 보나 북한의 요구를 보나 북핵 문제 해결의 입구로 들어가려면 한·미 군사훈련 중단과 북핵 동결을 교환해야 한다. 출구는 일단 한반도 비핵화일 텐데, 그 조건은 평화협정 체결 등 북한이 안보 위험을 걱정하지 않을 정도가 되어야 한다. 여기까지 어떻게 이를 것인가?

문재인 정부는 이 과정을 주도해야 한다. 이미 훌륭한 사례가 있다. 한반도 평화의 모범적 사례로 일컫는 '페리 프로세스'는 기실 '임동원 프로세스'였다. 하지만 이제 그 내용은 한층 발전해야 한다. 원칙부터 말하자면 일단 입구에 들어선 뒤엔 '최대의 압박 그리고 관여'가 아니라 '최대의 혜택 그리고 관여'여야 한다. 그 혜택은 국제적이어야 한다. 북핵을 돌이키지 못하게 하는 것은 국제관계의 과실이지, 경제제재가 아니다. 말하자면 국제판 햇볕정책이다.

입구에 이르는 첫 단추는 사드 배치의 철회 또는 축소(북한 지역만 감시하는 레이더로 교체)이다. 트럼프 대통령의 직접적 목표는 되도록 이른 시점에 협상을 시작해서 미국 내외의 각종 비판을 잠재우는 것이고, 사드 배치는 오바마 정부의 결정이다. 트럼프에게 사드는 협상의 지렛대이지 목표가 아니다.

사드 배치의 철회나 축소는 중국에게는 크나큰 선물이다. 중국은 그 비용을 기꺼이 치르려 할 것이다. 우리는 바로 아시아인프라투자은행(AIIB)을 활용해 북한의 철도와 도로망을 현대화하고, 나아가 송유관과 가스관 그리고 통신망을 까는 프로젝트를 제안할 수 있다. 물론 현재 상태로 북한은 어떠한 국제기구에도 가입할 수 없지만 중국과 한국, 러시아와 아세안(ASEAN) 국가들이 합의한다면 AIIB에는 가입할 수 있다. 북한의 국제관계가 새롭게 시작되는 것이다. 트럼프 역시 북핵 해결의 비용을 중국

주도의 AIIB가 대는 것이니 반대할 이유가 없고, 무엇보다도 한국 내부의 '퍼주기'라는 비판도 설 자리가 없어진다.

　　AIIB 가입과 북한 인프라 개발에 따른 북핵 해체의 진행 정도에 맞춰 북·일 관계 정상화와 경협 자금(전쟁배상금)도 동원할 수 있다. 비핵화의 출구에는 북·미 관계 정상화가 있을 테고, 이후에는 국제통화기금(IMF)과 국제부흥개발은행(IBRD), 아시아개발은행(ADB)의 지원이 기다릴 것이다.

　　한국이나 북한 모두 중국과 미국 사이에 끼어 있다. 외따로 떨어지면 아무리 동맹을 맺는다 해도 연루와 방치의 위험에 처하게 된다. 아세안의 전략에 주목할 필요가 있다. 냉전 시대의 '제3세계' 역시 마찬가지였다. 중국과 미국이 이들 나라를 위협하는 것이 아니라 둘 사이의 완충지대에 구애하도록 만들어야 한다. 통일과 관련한 장기 목표도 새롭게 세워야 한다. 예컨대 남북이 모두 북유럽 복지국가 체제를 목표로 각각 개혁에 나선다면 언젠가는 훨씬 편하게 통일을 이야기할 수 있을 것이다.

시사인 / 505호 / 2017.05.24.

남북이 나란히 망하고 있다

북한 경제가 비약을 이룰 가능성은 없다. 핵과 미사일 개발에만 목을
맨다. 한국 경제 또한 절망적이다. 재벌 개혁과 경제민주주의는 후퇴
했다. 남북 모두 정권 유지에만 관심이 있다.

북한 경제에 관한 견해는 크게 봐서 둘로 나뉜다. 하나는 파국, 다른 하나
는 개혁. 양자 모두 인정하는 현상은 이른바 '시장화'다.

만일 최소한의 의식주가 보장되는 배급제가 사회주의의 필수 요소라
면 북한 경제는 이미 사회주의가 아니다. 군과 당의 상층부, 인구로 봐서
대략 15%만 온전한 의미의 배급을 누린다. 나머지는 시장에서 삶을 꾸려
나가야 한다. 국가 소유인 공장의 가동률은 20% 정도에 머물고 있다. 장기
침체와 위기의 언저리에 있는 한국의 설비가동률이 70%에 이르는 것과
비교하면 북한 경제는 가히 파국이라 할 만하다. 그러나 일각에서 말하는,
또는 간절히 원하는 정권 붕괴와는 거리가 멀다. 1990년대 중반부터 10여
년의 '고난의 행군' 시대에는 성장이 뒷걸음쳤지만 지난 몇 년간 북한 경제
는 비록 1% 내외라 해도 분명 성장하고 있다.

북한은 장사꾼의 나라다. 북한의 당과 군은 국가가 소유한 설비와 무
역권(와크라고 불리는 무역할 권리)을 임대한 수입으로 소득을 올린다. 외국
의 북한 식당도 유력한 외화벌이 수단이다. 중국과의 무역에서 돈을 번 '돈
주'(신흥 부르주아)들은 국유 시설과 무역권을 이용해서 부를 축적하고 있다.
이들은 북한 전역의 시장을 연결하고 교통망도 만들어냈다. 일반 주민들
은 이 시장에서 어떤 방식으로든 살아가고 있다. 박완서의 〈나목〉에 나오
는 상황, 즉 전쟁 직후 우리가 시장통에서 꾸역꾸역 살아냈던 모습을 연상

케 한다.

북한 경제가 조만간 비약을 이룰 가능성은 없다. 북한은 기술경제적 잠김(lock-in), 사회문화적 잠김 현상에 깊이 빠져 있다. 이른바 '주체철-주체섬유-주체비료'라는 전기 과소비의 낡은 기술은 '자력갱생'이라는 이름으로 미화되고 있다. 김일성·김정일주의라는 유일사상이 세상을 지배하는 한 사회·문화적 잠김은 더욱더 심각해진다. 모든 물질적 유인이 주체사상이라는 사회규범을 위협하는 적으로 간주된다면 북한 경제가 세계적 환경 변화에 적응하기란 더욱 어려울 것이다. 천리마 운동으로 시작해서 지금도 잊을 만하면 시작하는 100일 투쟁, 1000일 투쟁은 단지 노동시간을 늘려 일시적으로 생산량을 늘릴 뿐이다. 그럴수록 생산성은 오히려 후퇴한다.

북한의 시장화는 '개혁·개방'이라기보다 러시아식 '무법사회'나 '자산수탈 경제'(스티글리츠의 표현)를 떠올리게 한다. 이런 상황에서 북한이 정권을 유지하기 위해 선택한 전략이 핵무기다. 김정은 정권은 이른바 핵·경제 병진노선을 헌법에 명기했다. 북한의 핵심 인력과 자원이 핵 개발에 투입되어서인지, 핵과 미사일의 개발 속도는 전문가들의 예상을 뛰어넘는다. 외부의 위협에 대응하는 '영웅적 핵 개발'은 현재 북한 사회의 내부 안정을 촉진하는 강력한 수단이다.

한국 경제 또한 절망적이다. 1990년대 중반 외환위기를 기점으로 성장률은 계속 떨어지는 한편, 불평등은 세계에서 가장 빠른 속도로 증가하고 있다. 재벌을 정점으로 수직 통합된 수출 체제는 하청기업을 쥐어짜거나, 땅 짚고 헤엄치는 유통과 부동산에서 돈을 벌어들이고 있을 뿐이다. 1990년대 혁신주도 경제로 접어들 것 같던 한국 경제는 이제 자산 주도 경제 또는 지대 추구 경제로 굳어지고 있다.

한국 경제 성장률은 떨어지고, 불평등은 빠르게 증가하고

재벌 개혁과 사회적 경제로 대표되는 경제민주주의, 시장분배 자체를 개선하는 소득 주도 성장, 자산과 소득의 재분배에 의한 복지국가 건설 등 절실한 개혁은 오히려 후퇴를 거듭하고 있다. 보수 정권 9년 동안 정부는 부동산에 매달렸을 뿐이고 과거의 구조를 더욱 굳건히 보장해주었다. 박근혜의 '혁신'이란 기존 구조의 강화나 다름없다.

남북 모두 정권 유지에 목숨을 거는 공도(共倒)의 길을 택했다. 북한 핵을 둘러싼 군사 대결이 그것이다. 박근혜 정부의 사드 배치는 제4차 핵실험에 대한 국제 제재의 그물에 집채만 한 구멍을 뚫었다. 현재 북한 경제를 사실상 지탱하는 중국이 북한을 더 강하게 옥죌 이유는 사라졌다. 중국이 북한을 압박한 것은 미국이 아시아에 개입할 여지를 줄여서 동북아 안정을 꾀하기 위함이었다. 사드는 그런 아슬아슬한 균형 자체를 무너뜨렸다.

국가 안보의 위협은 내부의 모든 비판 세력을 잠재울 테고 기존 경제 체제는 한껏 완고해질 것이다. 오로지 정권 유지를 위해 양 정권은 함께 망하는 길 위에서 100m 경쟁을 하듯 가속도를 붙이고 있다. 어느 쪽이 먼저 이 틀에서 벗어날 것인가? 물론 우리가 해야 할 일이다. 그 어떤 두려움도 떨쳐버리고.

시사인 / 468호 / 2016.09.09.

북한의 신뢰 얻기, 의외로 간단하다

"꽃이 피는 건 힘들어도 지는 건 잠깐이더군." 뚝뚝 허무하게 떨어지는 선운사의 동백꽃을 보며 어느 시인이 한탄했지만 이번 봄엔 피는 것도 실로 잠깐이었다. 하룻밤 새 개나리, 진달래, 벚꽃이 일제히 꽃봉오리를 터뜨렸다. 천하의 음치인 나도 버스커 버스커의 '벚꽃 엔딩'을 흥얼거릴 정도다.

한반도에도 봄이 오려나? 박근혜 대통령의 드레스덴 선언은 진정 훌륭하다. "군사적 대결의 장벽", "불신의 장벽", "사회문화적 장벽", "단절과 고립의 장벽"을 넘어 "인도적 의제", "공동번영 의제", "통합 의제"를 실현하자는 얘기는 김대중 전 대통령이나 노무현 전 대통령이 했다 해도 전혀 어색하지 않다. 박 대통령이나 메르켈 총리의 말대로 "통일 대박"의 시대가 열리는 것일까?

흡수통일론이나 슬슬 흘리던 보수 쪽에서 이런 희망의 메시지가 터져 나온 것은 더더욱 긍정적이다. 그런데 왜 남북관계는 이렇듯 따뜻한 봄 기운이 차오르다가도 급랭하는 것일까? 드레스덴 선언 직전 헤이그에서 열린 한·미·일 정상회담 전후도 그랬다. "북핵문제가 역내 평화와 안정에 중대한 위협이 되고 있는데 한·미·일 3국을 포함한 국제사회의 단합된 대응이 매우 중요하다고 봅니다." 굳이 박 대통령이 하지 않아도 될 얘기다. 북한은 정상회담이 시작되자마자 2시 35분과 45분에 노동미사일 두 발을 발사했다.

박근혜 정부의 대북 정책기조는 이명박 정부와 마찬가지로 "상호주의 원칙"을 따르고 있다. "협동에는 협동으로, 배반에는 배반으로"라는 이 전략(TFT)은 남북관계처럼 반복되는 게임에서 대단히 우수한 성과를 낼 수 있다.

하지만 이 전략은 치명적인 약점도 지니고 있다. 어느 한 쪽이 실수로 배반했을 경우에도 보복을 한다면 그것이 또 다시 상대의 보복을 부르는 배반의 악순환을 불러올 수 있다. 박왕자씨 살해 사건은 북한 소년병의 실수로 보는 것이 온당할 것이다. 하지만 이명박 정부는 상호주의 원칙에 따라 금강산관광을 중단시켰고 남북관계는 급속하게 얼어붙었다.

협동의 이익이 계속 줄어들자 북한은 이 상황을 치킨게임으로 만들어 버렸다. 치킨게임은 "미친놈"이 이기는 게임이다. 상대가 배반을 해도 어쩔 수 없이 참아야 하는 상황을 만들면 치킨게임이 된다. 연평도 포격이 바로 그것이다. 상호주의에 따르면 우리도 포격을 해야 하지만 그건 전쟁을 불러일으킬 테고 남한이 더 큰 피해를 보기 때문에 이명박 정부는 치킨(바보)이 될 수밖에 없었다.

박근혜 대통령의 드레스덴 선언은 사실상 "햇볕정책"이다. 죄수의 딜레마와 치킨게임을 번갈아 오가는 현재 상황을, 양쪽 다 협동의 이익을 누릴 수 있는 사슴사냥게임으로 바꾸겠다는 선언이다. 박 대통령이 세가지 의제를 실현해서 "통일 대박"을 터뜨리려면 두 가지 전제를 충족시켜야 한다. 먼저 협동의 이익을 대폭 늘려야 하고 다음으론 서로 믿을 수 있어야 한다. 물질적 이익과 상호신뢰, 이 두 가지가 무럭무럭 커나가야 사슴사냥게임에서 협동의 기쁨을 누릴 수 있다.

신뢰는 선운사의 동백처럼 쌓기는 어려워도 무너지는 건 잠깐이다. 어느 한쪽만 배반해도 바로 붕괴하는 게 신뢰다. 북한의 신뢰를 얻는 일은 의외로 간단하다. 개성공단에 삼성이나 현대가 입주하면 된다. 북한의 낙후한 도로와 철로를 최신식으로 바꾸고 에너지 낭비적인 건물들을 개량하면 된다. 지금 동아시아에는 돈이 남아 돌아 걱정이다. 한·중·일 세 나라의 외환보유액만 해도 4조달러를 넘는다. 이 돈의 10%만 동아시아협력기금으로 만들어 북한에 투자한다면 동아시아 나라들은 물론, 총수요 부족에 시달리고 있는 전 세계가 환영할 것이다. 대통령을 비롯한 지도자들이 쓸데없는 소리를 해서 북한 정권이 배반으로 돌아설 빌미를 제공해선 안 된다.

박 대통령의 드레스덴 구상이 활짝 개화하면 그 얼마나 좋을까? 남남 북녀가 벚꽃 엔딩을 흥얼거리는 그림은 상상만 해도 정녕 흐뭇하지 않은가?

봄바람 휘날리며
흩날리는 벚꽃 잎이
울려 퍼질 이 거리를
둘이 걸어요

경향신문 / 정동칼럼 / 2014.03.30.

어느 해 봄의 개성

"하늘 아래 녹슬지 않은 것이 없다!" 2003년 봄, 나는 대통령의 동북아비서관 자격으로 국회 건교위 의원들과 버스로 휴전선을 넘었다. 여의도에서 1시간 남짓, 일산에서는 불과 30분이었다. 군인들이 동원돼 공사하는 도로를 지나 인가가 나타났을 때 내 첫 느낌이 그랬다. 키 작고 얼굴 까만 아이들이 하얀 이를 드러내 웃으며 손을 흔드는 모습…. 가슴에서부터 차오르는 눈물을 막을 수 없었다.

당시 공단부지는 그저 논과 밭이었다. 안내를 맡은 북한 담당자는 "개성공단을 건설한다고 우리 농민들이 밭도 갈지 않았는데 이게 뭡니까?", 하소연했고, 민화협 관계자는 "삼성은 왜 안 들어온답니까? 재벌들이 들어온다면 남포까지 공단을 확대할 것"이라고 했다.

개성공단은 2000년 김대중 전 대통령과 김정일 국방위원장의 '6·15 남북 정상회담'의 역사적 산물이었다. 70년대에 머물러 있는 나라가 다시 전쟁을 일으킨다는 건 상상하기 어려웠을 터, 한나라당 의원들도 점심상의 대동강 송어회 앞에서 개성공단 사업을 앞장서 추진하겠노라 호언했다. 2003년 여름 개성공단은 첫 삽을 떴고 2004년 말 1호 공장이 돌아가기 시작했다. 이렇게 개성공단은 남북의 희망이 되었지만 2008년 이명박씨가 대통령에 취임하면서 모든 사업은 동결됐고 그예 영구 폐쇄를 걱정하는 지경에 이른 것이다.

이런 결과는 이명박 정부의 상호주의 논리에 이미 내재돼 있었다. '반복 죄수의 딜레마 게임'(분명히 남북관계를 이렇게 볼 수 있다)에서 최선의 전략은 "이에는 이, 눈에는 눈"(TFT전략), 즉 상호주의가 맞다. 처음에는 협력하지만 그 다음부터는 상대방이 협력하면 나도 협력하고 배반하면 배반으로 응징하는 것이다. 하지만 이 전략의 취약점은 어떤 계기로 양쪽이 모두 배반하는 사태가 벌어지면 그 다음부터 영원히 상호 보복이 반복된다는 점이다. 하여 게임이론은 악순환을 막기 위해 어느 한쪽이 협력으로 돌아서야 한다고 가르친다(GTFT, 관대한 TFT). 아무래도 여유있고 잃을 게 더 많은 우리가 그래야 할 것이다.

나는 박근혜 정부의 개성공단 잠정 폐쇄를 비판할 생각이 없다. 우선 국민의 안전을 생각해야 하니 당연하고, 어쩌면 수위가 점점 높아지는 북한의 배반을 응징하기에 적당한 전략인지도 모르겠다. 하지만 협력의 이익을 늘리지 않는 한 북한은 남북관계를 치킨게임으로 인식해서 '미친 놈' 역할을 계속할 것이다. 이를 막으려면 적당한 시점에, 적절한 크기로 관대함을 보여서(GTFT), 서로 협력하는 것이야말로 북한도 살 길이라는 것을 인식하도록 만들어야 한다(사슴사냥게임).

그것이 바로 박근혜 정부의 '한반도 신뢰 프로세스'의 첫 발걸음이 될 것이다. 나아가서 북한 정권에 가장 큰 관대함은 정권을 보장하는 것이다. 미국이 존재하는 한 한국이 독자적으로 북한의 정권을 보장할 방법은 없을지도 모른다. 북한은 "우리 민족끼리"를 내팽개치고 미국과의 치킨게임에 몰두하고 있다. 하지만 '미친 놈'의 위협이 통하기에 워싱턴은 너무나 멀리 있다. 결국 우리 스스로 나서서 미국을 설득하고 중국이 동의하도록 만들어야 한다. 남북이 먼저 한반도 비핵화와 평화협정을 동시에 진행하는 수밖에 없다.

더 길게 보면 한반도는 미국과 중국 사이의 중립 지대가 돼야 한다. 중국의 패권도, 미국의 패권도 원하지 않는 나라들의 동맹을 남북이 함께 주도해야 한다. 일본, 아세안, 러시아, 나아가서 인도도 동의할 것이다. 중국의 패권에 휘둘리지 않고 동시에 미국도 견제해야 한다. 남북이 G2의 어느 한편에 서서 대리 충돌을 하지 않는 길이기도 하다. 과거 미국과 소련이 '제3세계'에 경쟁적으로 구애했던 것처럼 중국과 미국도 그렇게 만들 수 있다. 남북관계가 획기적으로 개선돼야 비로소 열리는 길이다. 선죽교를 건너면서 북한 관계자를 넌지시 떠봤다. "역시 군부 강경파가 문제죠?" "남한의 국회도 마찬가지잖아요?"가 그의 답이었다. 다시 어느 화창한 봄날에, 개성박물관에서 고려시대의 유물을 아주 천천히 음미하고 싶다.

경향신문 / 정동칼럼 / 2013.04.28.

칼럼 목록(시기별 분류)

	2020년(20건)			
2020.12.22.	젊은 그들의 혁명을 지지한다	경향신문	정태인의 경제시평	서문
2020.12.22.	'탄소중립', 때 놓치고 후회할 텐가	시사인	692호	생태위기
2020.11.24.	동아시아 방역이 '선방'한 이유	경향신문	정태인의 경제시평	생태위기
2020.11.05	미·중에 맞서는 '제3지대'	시사인	685호	동북아 정세
2020.10.27.	전쟁기의 정책	경향신문	정태인의 경제시평	세계경제
2020.09.29.	미·중 기술전쟁서 살아남는 법	경향신문	정태인의 경제시평	세계경제
2020.09.12.	말세를 맞은 한반도의 자세	시사인	677호	생태위기
2020.09.01.	생태위기 극복의 조건	경향신문	정태인의 경제시평	생태위기
2020.08.04.	시베리아 산불과 한국판 뉴딜	경향신문	정태인의 경제시평	생태위기
2020.07.22.	응답하라, 청와대	시사인	670호	문재인 정부의 경제정책
2020.07.07.	비핵-경제 병진노선	경향신문	정태인의 경제시평	한반도와 남북관계
2020.06.09.	한반도 완충지대	경향신문	정태인의 경제시평	한반도와 남북관계
2020.06.03.	문재인 정부가 '그린 뉴딜' 추진하는 이유	시사인	663호	생태위기
2020.05.11.	'한국형 뉴딜'과 그린뉴딜	경향신문	정태인의 경제시평	생태위기
2020.04.18.	이중의 공포에서 벗어나는 길	시사인	656호	한국경제 시평
2020.04.13.	경제회복의 조건	경향신문	정태인의 경제시평	생태위기
2020.03.16.	최고의 방역에 빈곤한 대책	경향신문	정태인의 경제시평	생태위기
2020.02.22.	탄소 순배출량 '0'을 위하여	시사인	648호	생태위기
2020.02.17.	한반도 트릴레마	경향신문	정태인의 경제시평	한반도와 남북관계
2020.01.20.	한·중·일 공통 탄소가격	경향신문	정태인의 경제시평	생태위기

2019년(21건)				
2019.12.29.	'녹색 전환'과 발전국가	시사인	640호	생태위기
2019.12.23.	온실가스 순배출 제로 시대	경향신문	정태인의 경제시평	생태위기
2019.11.25.	"이럭저럭 버티기"와 "우왕좌왕"	경향신문	정태인의 경제시평	동북아 정세
2019.11.08.	아이야, 혁명의 때가 왔구나	시사인	633호	생태위기
2019.10.28.	너도 나도 '생태 시민'이 되어야 한다	경향신문	정태인의 경제시평	생태위기
2019.09.30.	노무현 전 대통령의 숙원	경향신문	정태인의 경제시평	한반도와 남북관계
2019.09.11.	동아시아의 '신냉전'	시사인	625호	동북아 정세
2019.09.02.	치킨게임에서 벗어나는 법	경향신문	정태인의 경제시평	동북아 정세
2019.08.06.	아베 총리께	경향신문	정태인의 경제시평	동북아 정세
2019.07.26.	'반도체 전쟁'의 전화위복	시사인	618호	세계경제와 자유무역협정
2019.07.08.	역사 문맹과의 대화	경향신문	정태인의 경제시평	동북아 정세
2019.06.21.	한국 경제 거덜 낼 '재정긴축'	시사인	613호	한국경제 시평
2019.06.10.	'21세기 자본'과 투키디데스 함정	경향신문	정태인의 경제시평	세계경제
2019.05.16.	반도체에서 반도체로	시사인	608호	한국경제 시평
2019.05.13.	'트럼프 선물'	경향신문	정태인의 경제시평	세계경제
2019.04.15.	새로운 길, 새로운 계산법	경향신문	정태인의 경제시평	한반도와 남북관계
2019.04.05.	'양면게임'의 논리	시사인	603호	한반도와 남북관계
2019.03.18.	뚜벅뚜벅, 호시우행	경향신문	정태인의 경제시평	한반도와 남북관계
2019.02.18.	수소경제를 위한 변명	경향신문	정태인의 경제시평	생태위기
2019.02.01.	관료를 믿어야 하는가	시사인	594호	문재인 정부의 경제정책
2019.01.14.	역사로서의 현재	경향신문	정태인의 경제시평	세계경제

2018년(19건)				
2018.12.17.	수수깡과 진흙	경향신문	정태인의 경제시평	문재인 정부의 경제정책
2018.12.08.	섬뜩한, 멋진 신세계	시사인	586호	한국경제 시평
2018.11.19.	'방 안의 두 거인'과 한국 경제	경향신문	정태인의 경제시평	문재인 정부의 경제정책
2018.10.23.	촛불 정부, 너마저	시사인	579호	문재인 정부의 경제정책
2018.10.22.	'공유경제'와 플랫폼 협동조합	경향신문	정태인의 경제시평	사회적경제와 사회혁신
2018.09.17.	일본에서 한국을 보다	경향신문	정태인의 경제시평	문재인 정부의 경제정책
2018.08.20.	한반도의 촛불	경향신문	정태인의 경제시평	한반도와 남북관계
2018.08.10.	김현종 본부장의 빛바랜 소신	시사인	569호	세계경제와 자유무역협정
2018.07.23.	'소득주도 혁신성장'의 길	경향신문	정태인의 경제시평	문재인 정부의 경제정책
2018.06.25.	최저임금과 종부세	경향신문	정태인의 경제시평	문재인 정부의 경제정책
2018.06.17.	북한 특수, '통일 대박'은 없다	시사인	561호	한반도와 남북관계
2018.05.28.	보수의 터무니없는 비난, 애처롭다	경향신문	정태인의 경제시평	한반도와 남북관계
2018.04.30.	김정은 위원장께	경향신문	정태인의 경제시평	한반도와 남북관계
2018.04.27.	미국에 유리해 보이지만 불리한 싸움	시사인	553호	세계경제
2018.04.02.	방향 있는 '이력저력 버티기'	경향신문	정태인의 경제시평	세계경제
2018.03.05.	트럼프 사용 설명서	경향신문	정태인의 경제시평	세계경제
2018.03.01.	블록체인과 경제학의 대화	시사인	544호	한국경제 시평
2018.02.05.	따뜻한 평화	경향신문	정태인의 경제시평	세계경제
2018.01.08.	무소의 뿔처럼, 촛불의 힘을 믿고…	경향신문	정태인의 경제시평	문재인 정부의 경제정책

2017년(14건)				
2017.12.20.	햇볕정책의 국제화	시사인	535호	한반도와 남북관계
2017.12.11.	조금 더 과감한 개혁을	경향신문	정태인의 경제시평	문재인 정부의 경제정책
2017.11.13.	"좋은 세상 올 줄 알았는데"	경향신문	정태인의 경제시평	문재인 정부의 경제정책
2017.10.26.	경제학이라는 색안경	시사인	527호	한국경제 시평
2017.10.16.	소득주도성장, 올바른 토론의 시작	경향신문	정태인의 경제시평	문재인 정부의 경제정책
2017.09.18.	사드의 정치경제학	경향신문	정태인의 경제시평	동북아 정세
2017.08.21.	유능제강(柔能制剛)	경향신문	정태인의 경제시평	동북아 정세
2017.08.07.	문재인 정부 경제정책 살펴봤더니…	시사인	516호	문재인 정부의 경제정책
2017.07.24.	최저임금 타령	경향신문	정태인의 경제시평	문재인 정부의 경제정책
2017.07.06.	기대 반, '기우' 반	시사인	511호	문재인 정부의 경제정책
2017.06.26.	트럼프 대통령께	경향신문	정태인의 경제시평	한반도와 남북관계
2017.05.24.	북핵 문제 해결의 입구로 들어가려면	시사인	505호	한반도와 남북관계
2017.03.31.	촛불의 힘에만 기대어 개혁할 수 있을까?	시사인	497호	문재인 정부의 경제정책
2017.02.17.	'트럼포노믹스' 앞 대한민국의 빈곤한 상상력	시사인	491호	세계경제

	2016년(10건)			
2016.12.27.	촛불이 곧 대통령 인수위원회다	시사인	484호	문재인 정부의 경제정책
2016.12.01.	글로벌 수렁에서 핀 장미꽃	시사인	480호	문재인 정부의 경제정책
2016.10.19.	위기 외면하는 정부 경제 전망치의 비밀	시사인	474호	한국경제 시평
2016.09.09.	남북이 나란히 망하고 있다	시사인	468호	한반도와 남북관계
2016.07.20.	폴라니라면 브렉시트를 어떻게 봤을까	시사인	461호	세계경제
2016.06.10.	2017년, 다시 한번 기회가 온다	시사인	455호	박근혜 정부의 경제정책
2016.04.29.	대통령은 또 누구를 탓하고 있을까?	경향신문	정태인 칼럼	박근혜 정부의 경제정책
2016.04.25.	대통령은 또 누구를 탓하고 있을까?	시사인	449호	박근혜 정부의 경제정책
2016.03.18.	격변기의 '선무당'	시사인	443호	동북아 정세
2016.02.01.	기막힌 대통령, 기막힌 정책	시사인	437호	박근혜 정부의 경제정책

	2015년(18건)			
2015.12.27.	'21세기 유신'의 말로	시사인	432호	박근혜 정부의 경제정책
2015.11.23.	경제위기와 파시즘의 망령	한겨레신문	세상읽기	박근혜 정부의 경제정책
2015.11.13.	경제위기에도 국가는 아무 일도 하지 않았다	시사인	426호	박근혜 정부의 경제정책
2015.10.26.	경제위기와 꼭두각시 대통령	한겨레신문	세상읽기	박근혜 정부의 경제정책
2015.09.30.	GDP 3만 달러의 '헬조선'… 이 수수께끼의 답은?	시사인	419호	박근혜 정부의 경제정책
2015.08.24.	잃어버린 10년	한겨레신문	세상읽기	한국경제 시평
2015.08.14.	'가지 않은 길'을 가야 할 때	시사인	413호	한국경제 시평
2015.07.27.	배신	한겨레신문	세상읽기	박근혜 정부의 경제정책
2015.07.02.	열네 번째 환자를 위한 변호	시사인	407호	박근혜 정부의 경제정책
2015.06.29.	생명과 반생명의 지도자	한겨레신문	세상읽기	박근혜 정부의 경제정책
2015.06.01.	차라리 혁명을 준비하렴	한겨레신문	세상읽기	한국사회 위기분석
2015.06.01.	공공정책 찌르는 ISD라는 칼	시사인	402호	세계경제와 자유무역협정
2015.04.21.	세 정치인의 '소득주도성장론'	시사인	396호	한국경제 시평
2015.03.06.	강남 집값 올라서 만족하십니까	시사인	390호	박근혜 정부의 경제정책
2015.02.11.	2015년, 당신은 뭐라도 하게 될 것이다	시사인	386호	박근혜 정부의 경제정책
2015.01.25.	왜 정치가 문제인가?	경향신문	정동칼럼	박근혜 정부의 경제정책
2015.01.13.	박정희의 그림자 그리고 나쁜 예감	시사인	382호	박근혜 정부의 경제정책
2015.01.04.	'구조개혁'은 정치적 문제다	경향신문	정동칼럼	박근혜 정부의 경제정책

2014년(27건)				
2014.12.14.	위기인가, 대개혁인가	경향신문	정동칼럼	박근혜 정부의 경제정책
2014.11.29.	변화를 이끌어내는 다수의 힘	시사인	376호	사회적경제와 사회혁신
2014.11.23.	동아시아에 몰려오는 삭풍	경향신문	정동칼럼	동북아 정세
2014.10.21.	경제, 찬바람이 분다	시사인	370호	박근혜 정부의 경제정책
2014.10.12.	동아시아의 활로	경향신문	정동칼럼	동북아 정세
2014.09.21.	두 '슈퍼스타'의 경고	경향신문	정동칼럼	한국경제 시평
2014.08.31.	"대공황 그 이상"	경향신문	정동칼럼	한국경제 시평
2014.08.27.	'슈퍼스타'의 경고는 우연일까	시사인	363호	박근혜 정부의 경제정책
2014.08.17.	교황의 경제학	경향신문	정동칼럼	한국경제 시평
2014.07.27.	교황과 최경환의 경제학	경향신문	정동칼럼	박근혜 정부의 경제정책
2014.07.22.	경제민주화와 줄푸세의 잘못된 만남	시사인	357호	박근혜 정부의 경제정책
2014.06.29.	'평등'이 성장동력이다	경향신문	정동칼럼	박근혜 정부의 경제정책
2014.06.16.	등수 경쟁에서 구출하기	시사인	352호	한국사회 위기분석
2014.06.08.	정당이란 무엇인가?	경향신문	정동칼럼	박근혜 정부의 경제정책
2014.05.20.	피케티의 '21세기 자본'과 사회적 경제	한겨레신문	정태인의 협동의 경제학	사회적경제와 사회혁신
2014.05.18.	'피케티 비율'과 한국	경향신문	정동칼럼	한국경제 시평
2014.05.14.	'내 아이만' 살릴 길은 그 어디에 도 없으니	시사인	348호	한국경제 시평
2014.04.20.	누구의 책임인가	경향신문	정동칼럼	박근혜 정부의 경제정책
2014.04.09.	박근혜 대통령, 주민 의견 묻지도 않고…	시사인	342호	박근혜 정부의 경제정책
2014.04.08.	사회적 경제와 그 적들	한겨레신문	정태인의 협동의 경제학	사회적경제와 사회혁신

2014.03.30.	북한의 신뢰 얻기, 의외로 간단하다	경향신문	정동칼럼	한반도와 남북관계
2014.03.09.	한국 복지 모델의 명암, 그리고 사회적경제	경향신문	정동칼럼	사회적경제와 사회혁신
2014.02.19.	일본은 우리의 미래?	경향신문	정동칼럼	한국경제 시평
2014.02.13.	삼성의 세 얼굴	시사인	335호	한국경제 시평
2014.02.11.	사회적 경제 지원법 제정, 지금이 적기다	한겨레신문	정태인의 협동의 경제학	사회적경제와 사회혁신
2014.01.26.	'촛불' 댕긴 박상표, 그대 잘 가라	경향신문	정동칼럼	박근혜 정부의 경제정책
2014.01.05.	새해 경제는 안녕할까	경향신문	정동칼럼	박근혜 정부의 경제정책

2013년(29건)				
2013.12.31.	협동조합, 새로운 '한강의 기적' 만든다	한겨레신문	정태인의 협동의 경제학	사회적경제와 사회혁신
2013.12.31.	결국 '줄·푸·세'로 되돌아간 박근혜 정부	시사인	328호	박근혜 정부의 경제정책
2013.12.15.	갑오년의 TPP	경향신문	정동칼럼	동북아 정세
2013.11.24.	경제의 발목을 잡는 정치	경향신문	정동칼럼	한국경제 시평
2013.11.20.	서울에 움튼 폴라니의 사상	시사인	322호	사회적경제와 사회혁신
2013.11.19.	사회적경제 연대와 파고르의 파산	한겨레신문	정태인의 협동의 경제학	사회적경제와 사회혁신
2013.11.03.	"선생님 없으면 우린 어떡해요"	경향신문	정동칼럼	박근혜 정부의 경제정책
2013.10.15.	입장 바꿔 생각을 해 봐	경향신문	정동칼럼	박근혜 정부의 경제정책
2013.10.14.	워싱턴에서 '여의도'를 본다	시사인	317호	한국경제 시평
2013.09.24.	'다같이 살기' 위한 협동조합금융 실험	한겨레신문	정태인의 협동의 경제학	사회적경제와 사회혁신
2013.09.22.	쥐 한 마리 나오지 않은 이유	경향신문	정동칼럼	세계경제
2013.09.01.	민생이란 이름의 '어명'	경향신문	정동칼럼	박근혜 정부의 경제정책
2013.08.20.	촛불의진화	시사인	310호	한국사회 위기분석
2013.08.11.	부자에겐 '줄푸', 서민에겐 '늘세'	경향신문	정동칼럼	박근혜 정부의 경제정책
2013.07.21.	중국의 거품과 '줄푸세'	경향신문	정동칼럼	동북아 정세
2013.07.15.	토토리 이장 조금득	시사인	304호	사회적경제와 사회혁신
2013.06.30.	NLL과 KTX	경향신문	정동칼럼	박근혜 정부의 경제정책
2013.06.25.	협동의 유전자를 타고난 인간	한겨레신문	정태인의 협동의 경제학	사회적경제와 사회혁신
2013.06.09.	과녁을 벗어난 화살	경향신문	정동칼럼	한국경제 시평
2013.06.03.	어느 '청년 편의점주'의 호소	시사인	298호	사회적경제와 사회혁신

2013.05.28.	우연도 보상을 받아야 하는 걸까?	한겨레신문	정태인의 협동의 경제학	사회적경제와 사회혁신
2013.05.13.	'각자 열심히 살면 된다'는 착각	한겨레신문	기고	사회적경제와 사회혁신
2013.04.28.	어느 해 봄의 개성	경향신문	정동칼럼	한반도와 남북관계
2013.04.23.	'홍준표 지사여, 대처는 죽었다'	시사인	292호	한국사회 위기분석
2013.04.07.	녹색성장과 창조경제	경향신문	정동칼럼	한국경제 시평
2013.03.13.	국민을 행복하게 하는 법	시사인	286호	박근혜 정부의 경제정책
2013.03.07.	아버지와 딸	경향신문	정동칼럼	한국경제 시평
2013.02.07.	통상교섭본부는 어디로?	경향신문	정동칼럼	박근혜 정부의 경제정책
2013.01.03.	'100%의 대통령'이 되려면	경향신문	정동칼럼	박근혜 정부의 경제정책

2012년(4건)				
2012.12.06.	박근혜의 심장, 경제위기의 근원	경향신문	정동칼럼	박근혜 정부의 경제정책
2012.11.08.	오바마·시진핑… 한국의 대응은?	경향신문	정동칼럼	세계경제
2012.03.06.	협동조합이 새 경제패러다임 연다	한겨레신문	혜리 리뷰	사회적경제와 사회혁신
2012.01.05	정태인이 본 유럽위기 영향은?	시사인	224호	세계경제
2011년(3건)				
2011.10.24.	기어이 난파선에 타려는가	한겨레21	882호	세계경제와 자유무역협정
2011.07.05.	정보·기술 공유로 경쟁 메커니즘 압도	한겨레신문	혜리 리뷰	사회적경제와 사회혁신
2011.03.17.	참척 양산하는 '휴먼 삼성'	시사인	182호	한국사회 위기분석
2010년(4건)				
2010.11.05.	"바보야, 중국보다 달러가 문제야"	시사인	163호	세계경제
2010.08.04.	대한민국 살길은 부자 증세·복지 확대	시사인	150호	한국경제 시평
2010.05.04.	오바마에게 권하는 책	시사인	119호	한국경제 시평
2009년(3건)				
2009.09.15.	[진보의 재구성] 세계화의 조건은 자본시장 통제와 고정환율제 복귀	시사인	105호	한국경제 시평
2009.03.30.	국회는 '독소'를 보기나 했나	한겨레신문	연속기고	세계경제와 자유무역협정
2009.01.05.	경제도, 민주주의도 죽이려는가	시사인	69호	한국사회 위기분석
2008년(2건)				
2008.11.24.	저 빌어먹을 '게임'	시사인	63호	한국사회 위기분석
2008.02.11.	눈 내린 들판을 걸어가더라도	한겨레신문	시론	세계경제와 자유무역협정

	2007년(5건)			
2007.11.30.	애끓는 부정	한겨레21	687호	한국사회 위기분석
2007.11.16.	알 수 없어요	한겨레21	685호	한국사회 위기분석
2007.11.02.	때 아닌 초록	한겨레21	683호	세계경제와 자유무역협정
2007.04.13.	대한민국의 구조조정이 다가온다	한겨레21	655호	세계경제와 자유무역협정
2007.02.09.	'일단 중지'를 마지막 결단으로	한겨레21	647호	세계경제와 자유무역협정
	2006년(2건)			
2006.05.23.	토티야와 민주주의의 죽음	한겨레21	612호	세계경제와 자유무역협정
2006.05.16.	"저는 멕시코로 갑니다" -대통령께 드리는 편지	한겨레21	609호	세계경제와 자유무역협정
	2004년(1건)			
2004.09.09.	'플러스섬 게임'을 향해 뛰어라	한겨레21	525호/학술	세계경제

칼럼 목록(발표 매체별 분류)

	경향신문 / 82건 / 2012~2020		
2020.12.22.	젊은 그들의 혁명을 지지한다	정태인의 경제시평	서문
2020.11.24.	동아시아 방역이 '선방'한 이유	정태인의 경제시평	생태위기
2020.10.27.	전쟁기의 정책	정태인의 경제시평	세계경제
2020.09.29.	미·중 기술전쟁서 살아남는 법	정태인의 경제시평	세계경제
2020.09.01.	생태위기 극복의 조건	정태인의 경제시평	생태위기
2020.08.04.	시베리아 산불과 한국판 뉴딜	정태인의 경제시평	생태위기
2020.07.07.	비핵-경제 병진노선	정태인의 경제시평	한반도와 남북관계
2020.06.09.	한반도 완충지대	정태인의 경제시평	한반도와 남북관계
2020.05.11.	'한국형 뉴딜'과 그린뉴딜	정태인의 경제시평	생태위기
2020.04.13.	경제회복의 조건	정태인의 경제시평	생태위기
2020.03.16.	최고의 방역에 빈곤한 대책	정태인의 경제시평	생태위기
2020.02.17.	한반도 트릴레마	정태인의 경제시평	한반도와 남북관계
2020.01.20.	한·중·일 공통 탄소가격	정태인의 경제시평	생태위기
2019.12.23.	온실가스 순배출 제로 시대	정태인의 경제시평	생태위기
2019.11.25.	"이럭저럭 버티기"와 "우왕좌왕"	정태인의 경제시평	동북아 정세
2019.10.28.	너도 나도 '생태 시민'이 되어야 한다	정태인의 경제시평	생태위기
2019.09.30.	노무현 전 대통령의 숙원	정태인의 경제시평	한반도와 남북관계
2019.09.02.	치킨게임에서 벗어나는 법	정태인의 경제시평	동북아 정세
2019.08.06.	아베 총리께	정태인의 경제시평	동북아 정세
2019.07.08.	역사 문맹과의 대화	정태인의 경제시평	동북아 정세
2019.06.10.	'21세기 자본'과 투키디데스 함정	정태인의 경제시평	세계경제
2019.05.13.	'트럼프 선물'	정태인의 경제시평	세계경제
2019.04.15.	새로운 길, 새로운 계산법	정태인의 경제시평	한반도와 남북관계
2019.03.18.	뚜벅뚜벅, 호시우행	정태인의 경제시평	한반도와 남북관계
2019.02.18.	수소경제를 위한 변명	정태인의 경제시평	생태위기
2019.01.14.	역사로서의 현재	정태인의 경제시평	세계경제
2018.12.17.	수수깡과 진흙	정태인의 경제시평	문재인 정부의 경제정책
2018.11.19.	'방 안의 두 거인'과 한국 경제	정태인의 경제시평	문재인 정부의 경제정책
2018.10.22.	'공유경제'와 플랫폼 협동조합	정태인의 경제시평	사회적경제와 사회혁신
2018.09.17.	일본에서 한국을 보다	정태인의 경제시평	문재인 정부의 경제정책

2018.08.20.	한반도의 촛불	정태인의 경제시평	한반도와 남북관계
2018.07.23.	'소득주도 혁신성장'의 길	정태인의 경제시평	문재인 정부의 경제정책
2018.06.25.	최저임금과 종부세	정태인의 경제시평	문재인 정부의 경제정책
2018.05.28.	보수의 터무니없는 비난, 애처롭다	정태인의 경제시평	한반도와 남북관계
2018.04.30.	김정은 위원장께	정태인의 경제시평	한반도와 남북관계
2018.04.02.	방향 있는 '이럭저럭 버티기'	정태인의 경제시평	세계경제
2018.03.05.	트럼프 사용 설명서	정태인의 경제시평	세계경제
2018.02.05.	따뜻한 평화	정태인의 경제시평	세계경제
2018.01.08.	무소의 뿔처럼, 촛불의 힘을 믿고…	정태인의 경제시평	문재인 정부의 경제정책
2017.12.11.	조금 더 과감한 개혁을	정태인의 경제시평	문재인 정부의 경제정책
2017.11.13.	"좋은 세상 올 줄 알았는데"	정태인의 경제시평	문재인 정부의 경제정책
2017.10.16.	소득주도성장, 올바른 토론의 시작	정태인의 경제시평	문재인 정부의 경제정책
2017.09.18.	사드의 정치경제학	정태인의 경제시평	동북아 정세
2017.08.21.	유능제강(柔能制剛)	정태인의 경제시평	동북아 정세
2017.07.24.	최저임금 타령	정태인의 경제시평	문재인 정부의 경제정책
2017.06.26.	트럼프 대통령께	정태인의 경제시평	한반도와 남북관계
2016.04.29.	대통령은 또 누구를 탓하고 있을까?	정태인 칼럼	박근혜 정부의 경제정책
2015.01.25.	왜 정치가 문제인가?	정동칼럼	박근혜 정부의 경제정책
2015.01.04.	'구조개혁'은 정치적 문제다	정동칼럼	박근혜 정부의 경제정책
2014.12.14.	위기인가, 대개혁인가	정동칼럼	박근혜 정부의 경제정책
2014.11.23.	동아시아에 몰려오는 삭풍	정동칼럼	동북아 정세
2014.10.12.	동아시아의 활로	정동칼럼	동북아 정세
2014.09.21.	두 '슈퍼스타'의 경고	정동칼럼	한국경제 시평
2014.08.31.	"대공황 그 이상"	정동칼럼	한국경제 시평
2014.08.17.	교황의 경제학	정동칼럼	한국경제 시평
2014.07.27.	교황과 최경환의 경제학	정동칼럼	박근혜 정부의 경제정책
2014.06.29.	'평등'이 성장동력이다	정동칼럼	박근혜 정부의 경제정책
2014.06.08.	정당이란 무엇인가?	정동칼럼	박근혜 정부의 경제정책
2014.05.18.	'피케티 비율'과 한국	정동칼럼	한국경제 시평
2014.04.20.	누구의 책임인가	정동칼럼	박근혜 정부의 경제정책

2014.03.30.	북한의 신뢰 얻기, 의외로 간단하다	정동칼럼	한반도와 남북관계
2014.03.09.	한국 복지 모델의 명암, 그리고 사회적경제	정동칼럼	사회적경제와 사회혁신
2014.02.19.	일본은 우리의 미래?	정동칼럼	한국경제 시평
2014.01.26.	'촛불' 댕긴 박상표, 그대 잘 가라	정동칼럼	박근혜 정부의 경제정책
2014.01.05.	새해 경제는 안녕할까	정동칼럼	박근혜 정부의 경제정책
2013.12.15.	갑오년의 TPP	정동칼럼	동북아 정세
2013.11.24.	경제의 발목을 잡는 정치	정동칼럼	한국경제 시평
2013.11.03.	"선생님 없으면 우린 어떡해요"	정동칼럼	박근혜 정부의 경제정책
2013.10.15.	입장 바꿔 생각을 해 봐	정동칼럼	박근혜 정부의 경제정책
2013.09.22.	쥐 한 마리 나오지 않은 이유	정동칼럼	세계경제
2013.09.01.	민생이란 이름의 '어명'	정동칼럼	박근혜 정부의 경제정책
2013.08.11.	부자에겐 '줄푸', 서민에겐 '늘세'	정동칼럼	박근혜 정부의 경제정책
2013.07.21.	중국의 거품과 '줄푸세'	정동칼럼	동북아 정세
2013.06.30.	NLL과 KTX	정동칼럼	박근혜 정부의 경제정책
2013.06.09.	과녁을 벗어난 화살	정동칼럼	한국경제 시평
2013.04.28.	어느 해 봄의 개성	정동칼럼	한반도와 남북관계
2013.04.07.	녹색성장과 창조경제	정동칼럼	한국경제 시평
2013.03.07.	아버지와 딸	정동칼럼	한국경제 시평
2013.02.07.	통상교섭본부는 어디로?	정동칼럼	박근혜 정부의 경제정책
2013.01.03.	'100%의 대통령'이 되려면	정동칼럼	박근혜 정부의 경제정책
2012.12.06.	박근혜의 심장, 경제위기의 근원	정동칼럼	박근혜 정부의 경제정책
2012.11.08.	오바마·시진핑… 한국의 대응은?	정동칼럼	세계경제

	시사인 / 71건 / 2008~2020		
2020.12.22.	'탄소중립', 때 놓치고 후회할 텐가	692호	생태위기
2020.11.05	미·중에 맞서는 '제3지대'	685호	동북아 정세
2020.09.12.	말세를 맞은 한반도의 자세	677호	생태위기
2020.07.22.	응답하라, 청와대	670호	문재인 정부의 경제정책
2020.06.03.	문재인 정부가 '그린 뉴딜' 추진하는 이유	663호	생태위기
2020.04.18.	이중의 공포에서 벗어나는 길	656호	한국경제 시평
2020.02.22.	탄소 순배출량 '0'을 위하여	648호	생태위기
2019.12.29.	'녹색 전환'과 발전국가	640호	생태위기
2019.11.08.	아이야, 혁명의 때가 왔구나	633호	생태위기
2019.09.11.	동아시아의 '신냉전'	625호	동북아 정세
2019.07.26.	'반도체 전쟁'의 전화위복	618호	세계경제와 자유무역협정
2019.06.21.	한국 경제 거덜 낼 '재정긴축'	613호	한국경제 시평
2019.05.16.	반도체에서 반도체로	608호	한국경제 시평
2019.04.05.	'양면게임'의 논리	603호	한반도와 남북관계
2019.02.01.	관료를 믿어야 하는가	594호	문재인 정부의 경제정책
2018.12.08.	섬뜩한, 멋진 신세계	586호	한국경제 시평
2018.10.23.	촛불 정부, 너마저	579호	문재인 정부의 경제정책
2018.08.10.	김현종 본부장의 빛바랜 소신	569호	세계경제와 자유무역협정
2018.06.17.	북한 특수, '통일 대박'은 없다	561호	한반도와 남북관계
2018.04.27.	미국에 유리해 보이지만 불리한 싸움	553호	세계경제
2018.03.01.	블록체인과 경제학의 대화	544호	한국경제 시평
2017.12.20.	햇볕정책의 국제화	535호	한반도와 남북관계
2017.10.26.	경제학이라는 색안경	527호	한국경제 시평
2017.08.07.	문재인 정부 경제정책 살펴봤더니…	516호	문재인 정부의 경제정책
2017.07.06.	기대 반, '기우' 반	511호	문재인 정부의 경제정책
2017.05.24.	북핵 문제 해결의 입구로 들어가려면	505호	한반도와 남북관계
2017.03.31.	촛불의 힘에만 기대어 개혁할 수 있을까?	497호	문재인 정부의 경제정책

2017.02.17.	'트럼포노믹스' 앞 대한민국의 빈곤한 상상력	491호	세계경제
2016.12.27.	촛불이 곧 대통령 인수위원회다	484호	문재인 정부의 경제정책
2016.12.01.	글로벌 수렁에서 핀 장미꽃	480호	문재인 정부의 경제정책
2016.10.19.	위기 외면하는 정부 경제 전망치의 비밀	474호	한국경제 시평
2016.09.09.	남북이 나란히 망하고 있다	468호	한반도와 남북관계
2016.07.20.	폴라니라면 브렉시트를 어떻게 봤을까	461호	세계경제
2016.06.10.	2017년, 다시 한번 기회가 온다	455호	박근혜 정부의 경제정책
2016.04.25.	대통령은 또 누구를 탓하고 있을까?	449호	박근혜 정부의 경제정책
2016.03.18.	격변기의 '선무당'	443호	동북아 정세
2016.02.01.	기막힌 대통령, 기막힌 정책	437호	박근혜 정부의 경제정책
2015.12.27.	'21세기 유신'의 말로	432호	박근혜 정부의 경제정책
2015.11.13.	경제위기에도 국가는 아무 일도 하지 않았다	426호	박근혜 정부의 경제정책
2015.09.30.	GDP 3만 달러의 '헬조선'… 이 수수께끼의 답은?	419호	박근혜 정부의 경제정책
2015.08.14.	'가지 않은 길'을 가야 할 때	413호	한국경제 시평
2015.07.02.	열네 번째 환자를 위한 변호	407호	박근혜 정부의 경제정책
2015.06.01.	공공정책 찌르는 ISD라는 칼	402호	세계경제와 자유무역협정
2015.04.21.	세 정치인의 '소득주도성장론'	396호	한국경제 시평
2015.03.06.	강남 집값 올라서 만족하십니까	390호	박근혜 정부의 경제정책
2015.02.11.	2015년, 당신은 뭐라도 하게 될 것이다	386호	박근혜 정부의 경제정책
2015.01.13.	박정희의 그림자 그리고 나쁜 예감	382호	박근혜 정부의 경제정책
2014.11.29.	변화를 이끌어내는 다수의 힘	376호	사회적경제와 사회혁신
2014.10.21.	경제, 찬바람이 분다	370호	박근혜 정부의 경제정책
2014.08.27.	'슈퍼스타'의 경고는 우연일까	363호	박근혜 정부의 경제정책
2014.07.22.	경제민주화와 줄푸세의 잘못된 만남	357호	박근혜 정부의 경제정책
2014.06.16.	등수 경쟁에서 구출하기	352호	한국사회 위기분석

2014.05.14.	'내 아이만' 살릴 길은 그 어디에도 없으니	348호	한국경제 시평
2014.04.09.	박근혜 대통령, 주민 의견 묻지도 않고…	342호	박근혜 정부의 경제정책
2014.02.13.	삼성의 세 얼굴	335호	한국경제 시평
2013.12.31.	결국 '줄·푸·세'로 되돌아간 박근혜 정부	328호	박근혜 정부의 경제정책
2013.11.20.	서울에 움튼 폴라니의 사상	322호	사회적경제와 사회혁신
2013.10.14.	워싱턴에서 '여의도'를 본다	317호	한국경제 시평
2013.08.20.	촛불의진화	310호	한국사회 위기분석
2013.07.15.	토토리 이장 조금득	304호	사회적경제와 사회혁신
2013.06.03.	어느 '청년 편의점주'의 호소	298호	사회적경제와 사회혁신
2013.04.23.	'홍준표 지사여, 대처는 죽었다'	292호	한국사회 위기분석
2013.03.13.	국민을 행복하게 하는 법	286호	박근혜 정부의 경제정책
2012.01.05	정태인이 본 유럽위기 영향은?	224호	세계경제
2011.03.17.	참척 양산하는 '휴먼 삼성'	182호	한국사회 위기분석
2010.11.05.	"바보야, 중국보다 달러가 문제야"	163호	세계경제
2010.08.04.	대한민국 살길은 부자 증세·복지 확대	150호	한국경제 시평
2010.05.04.	오바마에게 권하는 책	119호	한국경제 시평
2009.09.15.	[진보의 재구성] 세계화의 조건은 자본시장 통제와 고정환율제 복귀	105호	한국경제 시평
2009.01.05.	경제도, 민주주의도 죽이려는가	69호	한국사회 위기분석
2008.11.24.	저 빌어먹을 '게임'	63호	한국사회 위기분석

한겨레신문 / 19건 / 2008~2015			
2015.11.23.	경제위기와 파시즘의 망령	세상읽기	박근혜 정부의 경제정책
2015.10.26.	경제위기와 꼭두각시 대통령	세상읽기	박근혜 정부의 경제정책
2015.08.24.	잃어버린 10년	세상읽기	한국경제 시평
2015.07.27.	배신	세상읽기	박근혜 정부의 경제정책
2015.06.29.	생명과 반생명의 지도자	세상읽기	박근혜 정부의 경제정책
2015.06.01.	차라리 혁명을 준비하렴	세상읽기	한국사회 위기분석
2014.05.20.	피케티의 '21세기 자본'과 사회적 경제	정태인의 협동의 경제학	사회적경제와 사회혁신
2014.04.08.	사회적 경제와 그 적들	정태인의 협동의 경제학	사회적경제와 사회혁신
2014.02.11.	사회적 경제 지원법 제정, 지금이 적기다	정태인의 협동의 경제학	사회적경제와 사회혁신
2013.12.31.	협동조합, 새로운 '한강의 기적' 만든다	정태인의 협동의 경제학	사회적경제와 사회혁신
2013.11.19.	사회적경제 연대와 파고르의 파산	정태인의 협동의 경제학	사회적경제와 사회혁신
2013.09.24.	'다같이 살기' 위한 협동조합금융 실험	정태인의 협동의 경제학	사회적경제와 사회혁신
2013.06.25.	협동의 유전자를 타고난 인간	정태인의 협동의 경제학	사회적경제와 사회혁신
2013.05.28.	우연도 보상을 받아야 하는 걸까?	정태인의 협동의 경제학	사회적경제와 사회혁신
2013.05.13.	'각자 열심히 살면 된다'는 착각	기고	사회적경제와 사회혁신
2012.03.06.	협동조합이 새 경제패러다임 연다	혜리 리뷰	사회적경제와 사회혁신
2011.07.05.	정보·기술 공유로 경쟁 메커니즘 압도	혜리 리뷰	사회적경제와 사회혁신
2009.03.30.	국회는 '독소'를 보기나 했나	연속기고	세계경제와 자유무역협정
2008.02.11.	눈 내린 들판을 걸어가더라도	시론	세계경제와 자유무역협정

한겨레21 / 9건 / 2004~2011			
2011.10.24.	기어이 난파선에 타려는가	882호	세계경제와 자유무역협정
2007.11.30.	애끓는 부정	687호	한국사회 위기분석
2007.11.16.	알 수 없어요	685호	한국사회 위기분석
2007.11.02.	때 아닌 초록	683호	세계경제와 자유무역협정
2007.04.13.	대한민국의 구조조정이 다가온다	655호	세계경제와 자유무역협정
2007.02.09.	'일단 중지'를 마지막 결단으로	647호	세계경제와 자유무역협정
2006.05.23.	토티야와 민주주의의 죽음	612호	세계경제와 자유무역협정
2006.05.16.	"저는 멕시코로 갑니다" -대통령께 드리는 편지	609호	세계경제와 자유무역협정
2004.09.09.	'플러스섬 게임'을 향해 뛰어라	525호/학술	세계경제